本书由国家社会科学基金项目（17CTY010）、教育部人文社会科学研究项目（22YJC890046）、江西省社会科学基金项目（23TY04）、中央高校基本科研业务费资助项目（CUGQYZX1733）、湖北省体育局招标项目（HBZZ-2021043-F21043）、江西师范大学博士科研启动金（12022472）联合资助。

大别山地区户外运动旅游精准扶贫的实现路径研究

游茂林◎著

江西人民出版社
Jiangxi People's Publishing House
全国百佳出版社

图书在版编目（CIP）数据

大别山地区户外运动旅游精准扶贫的实现路径研究 / 游茂林著. -- 南昌：江西人民出版社，2024.5
ISBN 978-7-210-15133-3

Ⅰ. ①大… Ⅱ. ①游… Ⅲ. ①大别山-地方旅游业-扶贫-研究 Ⅳ. ①F592.763

中国国家版本馆 CIP 数据核字(2024)第 021926 号

大别山地区户外运动旅游精准扶贫的实现路径研究
DABIESHAN DIQU HUWAI YUNDONG LÜYOU JINGZHUN FUPIN DE SHIXIAN LUJING YANJIU
游茂林　著

责任编辑：徐　旻
封面设计：回归线视觉传达
江西人民出版社 Jiangxi People's Publishing House 全国百佳出版社 出版发行
地　　址：江西省南昌市三经路 47 号附 1 号(邮编：330006)
网　　址：www.jxpph.com
电子信箱：jxpph@tom.com
编辑部电话：0791-88629871
发行部电话：0791-86898815
承 印 厂：北京虎彩文化传播有限公司
经　　销：各地新华书店

开　　本：720 毫米×1000 毫米　1/16
印　　张：16
字　　数：247 千字
版　　次：2024 年 5 月第 1 版
印　　次：2024 年 5 月第 1 次印刷
书　　号：ISBN 978-7-210-15133-3
定　　价：65.00 元
赣版权登字-01-2023-124

目　录

第一章 绪　论

我国扶贫开发到了攻克最后堡垒的阶段（习近平，2016），而旅游业是实现扶贫脱贫的重要支柱（李克强，2016），所以《关于加快发展健身休闲产业的指导意见》《山地户外运动产业发展规划》《关于大力发展体育旅游的指导意见》等文件直接或间接要求体育旅游扶贫。大别山地区作为我国14个集中连片特困地区之一，且为革命老区，一直是备受中央人民政府重视的精准扶贫区域。近年来，当地政府积极利用大别山地区的户外运动资源，在实践中产生了一定的精准扶贫贡献。户外运动旅游作为体育旅游的重要形式，也是体育旅游中与贫困地区和贫困人口联系最为紧密的部分之一，因此，总结大别山地区户外运动旅游扶贫经验，将丰富我国体育旅游扶贫的知识体系，为大别山地区及其他集中连片特困地区提供依托户外运动旅游推动精准扶贫和乡村振兴的科学建议。

1.1 概念界定与文献述评

1.1.1 概念界定

（1）户外运动的界定

"户外运动"一词是从"outdoor sports"翻译过来的（刘凤香，2008），最早以竞技体育项目的形式进入中国，直到1980年我国对外开放山峰资源，大众户外运动项目才开始在国内兴起。目前，国内外学者对户外运动进行了多种界定，中国登山运动管理中心采用的官方界定是"一组以自然环境为场地（非专用场地）开展的带有探险性质或体验探险的体育项目群"（李致新，2003）。综合分析相关定义,可见户外运动具备 3 个核心特征:自然环境、风险性和游憩性。相较于户外探险运动、户外运动比赛、户外运动教育等活动形式,大众户外运动可以定义为:参与者在自然环境中开展的以游憩为目的,风险自评可控、可承受的体育活动。户外运动项目族群可以根据风险性和游憩性的变化予以展现(见图 1-1)。

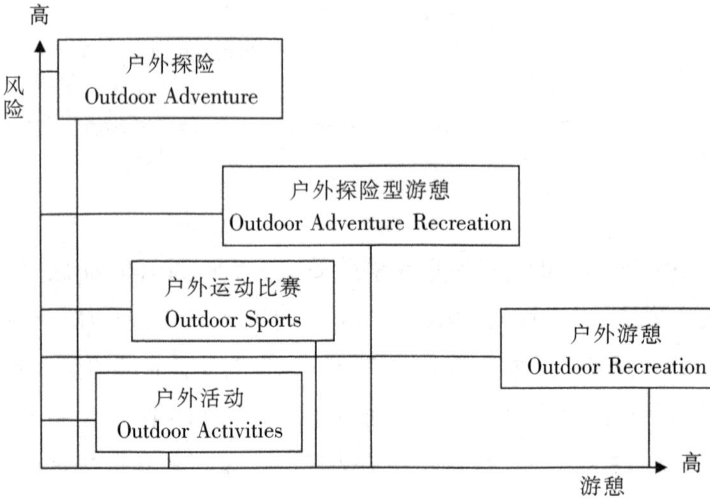

图 1-1 现代户外运动项目的族群结构

注:引自游茂林、张东军、鲍军超《户外运动发展史研究》,北京体育大学出版社,2013 年版。

(2)户外运动旅游的界定

旅游是人们利用闲暇时间对非惯常环境的一种体验,是一种短暂的生活方式和生存状态(王玉海,2010)。户外运动旅游就是指人们到大自然中以体验户外运动项目为形式的旅游活动,Swarbrooke(2003)将其定义为一种以自然资源为基础开展户外运动项目的体验式、生态型旅游项目。根据《国家体育产业统计分类》,户外运动旅游属于体育旅游活动(分类代码:081),主要涉及体验性体育旅游活动(如参与滑雪、帆船、帆板、漂流、马拉松等运动的旅游活动)和景区体育旅游活动(如户外宿营、徒步骑行、汽车露营等形式的旅游活动),它是自然、生态、体育、旅游高度融合的一个产物(鲍明晓,2015)。随着我国经济社会的发展,越来越多的人将户外运动作为休闲娱乐的方式,户外运动旅游正成为我国旅游业新的增长极。

1.1.2 文献述评

1.1.2.1 我国户外运动旅游发展情况

虽然公开水域游泳、钓鱼、低海拔登山等户外运动形式在我国存在的历史时间较长(董范和游茂林,2020),但真正意义上的户外运动开始于20世纪80年代,因我国对外开放山峰资源,国外户外运动爱好者将登山、攀岩等户外运动项目带入我国。纵观我国户外运动发展历程可见:①1979年以前,我国只有少数专业人士开展户外运动(如登山、攀岩、定向越野等),当时的户外运动更多地表现为一种工作方式,以休闲为目的的户外运动参与者较少。②1980—1999年间,越来越多的外国人来华开展户外运动(如登山、攀岩、攀冰、漂流、滑雪等),受此影响,一些城市年轻人开始参与其中,这些人成为当前推动我国户外运动发展的中坚力量(如领队、教练、俱乐部投资人)。③2000年以后,我国户外运动进入快速发展时期,业余活动和各种赛事层出不穷,并且带动旅游(如漂流、滑雪)、器材装备(如奥索卡户外运动用品公司)、户外运动俱乐部、户外运动零售(如三夫户外)等户外运动产业的发展,并且在2005年"山地户外运动"被国家体育总局认定为正式体育项目。④据统计分析,当人均GDP超过6000美元,徒步等户外休闲运动就会流行,所以2015年我国户外运动俱乐部有15000多个,会员超过300万人;2018年我国参加过户外运动的人数达到1.45亿人,占体育运动参与人数的33%(卢彬和张偲,2019)。以户外运动旅游为代表的户外运动产业蓬勃发展,贵州省等地区将山地户外运动作为支柱产业予以大力扶持。在此背景下,2016年我国政府部门连续出台多项支持户外运动产业发展的政策,提出2020年户外运动产业总规模达到9000亿元的目标,这意味着我国户外运动从业余活动向产业化发展,户外运动资源从利用向开发转变。至此,支撑我国户外运动旅游发展的产业链逐渐形成,全国各地掀起规划开发户外运动资源的热潮,而户外运动也成为人们旅游的新宠。

1.1.2.2 户外运动旅游扶贫概述

(1)旅游扶贫

20世纪70年代,学术界开始关注旅游对发展中国家经济的影响(Hall,2007),如Barry(1971)分析了英格兰游客对爱尔兰的经济贡献。后来,研究者们发现发展中国家从旅游业中获得了可观收入,同时这些国家存在很高的贫困人口比率,所以考虑利用旅游业削减贫困(Blake et al. ,2007)。澳大利亚悉尼大学高级讲师 Wu(1982)可能是第一位将旅游与扶贫直接联系起来的学者,他分析了旅游业产生的机会对亚太地区贫困人口的影响。随着“削减贫困”成为 20 世纪 90 年代主要的发展议题(Scheyvens,2011),联合国在 2000 年提出到 2015 年将全球贫困水平降低至 1990 年的一半,随后世界旅游组织将“旅游:消除贫困、创造就业与社会和谐的推动力”作为 2003 年世界旅游日的活动主题。随着联合国、世界旅游组织、世界银行等开始重视旅游扶贫(曹世武,2016),扶贫开始成为许多国家的基本任务,旅游被看作经济发展和实现新千年发展目标的重要贡献者(世界旅游组织,2011)。因为贫困地区具备发展旅游业的潜力,“绿水青山”意味着原生态的美、冒险性和体验贫困生活的机会(世界贸易组织,2002)。对贫困地区而言,旅游是宝贵的扶贫工具(宋德义等,2014)。我国学者对旅游扶贫的研究发端于 20 世纪 90 年代中期,王芳礼和王云星(1995)在贵州省布依学会第五次学术讨论会上报告了《略论布依族地区旅游扶贫开发问题》,但早在 1991 年贵州省就率先提出了“旅游扶贫”口号(李佳,2010)。

旅游扶贫理论主要有 4 种:①可持续发展旅游(Sustainable Tourism),将保证某个地区的旅游业在相当长的时间内不衰退,当地的社会和环境不发生改变,从而使当地人口获得长久的利益(Butler,1993)。②生态旅游(Ecotourism 或 Nature-Based Tourism),倡导增加当地居民的收益以激励他们保护生态环境免遭旅游业破坏(世界自然保护联盟,1996)。③以社区为基础的旅游(Community-Based Tourism,CBT),要求将当地居民纳入旅游产业,给他们提供就业或小额投资的机会(Mitchell,1998)。④可持续发展旅游、生态旅游、以社区为基础的旅游均不关心个体从旅游业中获得的收益,因为 GDP 和人均收入增长并不意味着产生扶贫实效(Hall,2007),所以有利于贫困人口的旅游(Pro-Poor Tourism,PPT)理念被提出,旨在帮助真正的贫困人口从旅游业中获得更多净利润,确保旅游业的发展有利于削减贫困。它不是一种特殊的旅游产品,也不是旅游业的一个组成部分,而是旅游业的一种发展方式和途径,其核心是使贫困人口获得更多的发展机会(Ashley,Roe & Goodwin,1999)。

习近平总书记(2015)要求“各地都要在扶持对象精准、项目安排精准、资金使用精准、措施到户精准、因村派人(第一书记)精准、脱贫成效精准上想办法、出实招、见真效”。可见,精准扶贫将着力帮助贫困人口获益,而旅游业被赋予助力精准扶贫的希望。这是一种在经济不发达地区,以当地旅游资源为依托,借助各种外部力量推动扶持当地旅游业发展,通过旅游业关联带动实现群众脱贫致富(白墨,2016),由旅游精准扶贫识别、旅游精准扶贫帮扶、旅游精准扶贫管理构成的一个动态有机系统(邓小海,2015)。以旅游扶贫为代表的中国精准扶贫工作为世界反贫困做出了杰出贡献,成为许多国家和地区缓解贫困的榜样。

(2)户外运动旅游与扶贫

虽然利用户外运动旅游扶贫的政府宣言和工作报道屡见不鲜,强调户外运动旅游经济价值的研究报告也不少(Kaval et al.,2007;蔡国祥,2011;Mackay,2014;Tirasatayapitak,2014;等),但深入探究户外运动旅游扶贫功能的文献较少。这可能缘于:①户外运动长期局限于上层社会,直到20世纪80年代才开始泛化,逐渐成为一种旅游项目(Weed & Bull,2005),所以相关研究起步较晚;②户外运动旅游通常被计入游憩(Pigram & Jenkins,2006)或生态旅游(Njumba,2012)或体育旅游(Hritz & Ross,2010)的序列。

现有研究表明,户外运动旅游能够带动当地社会经济发展(Loomis,1987),如凌平(2016)指出山地户外旅游必将产生一种社会和经济效益;Marouds et al.(2004)发现登山探险旅游有利于发展山区经济;Fredline(2005)指出体育旅游可以通过刺激经济繁荣、提供额外的社会和游憩机会、新建基础设施等改善当地居民生活条件。从现有研究和报道呈现的信息看,能够开发户外运动旅游的地区,通常地处偏远、交通不便,是贫困人口集中带,而户外运动旅游具有毋庸置疑的扶贫价值,开发户外运动旅游的地区又存在强烈的扶贫需求,所以扶贫理应成为户外运动旅游的题中之义。2016年,12个中央部委联合印发的《乡村旅游扶贫工程行动方案》要求“大力开发徒步健身、乡村体育休闲运动,培育发展自驾车房车营地、帐篷营地”等户外运动项目,指明通过发展户外运动旅游助力精准扶贫。因此,利用户外运动旅游帮助目的地居民获得工作机会和增加收入,将促使他们意识到保护户外运动资源和发展户外运动旅游的重要性,而且生活条件的改善将减少当地居民对自然资源的依赖(Shoo et al. ,2013),保障户外运动旅游可持续发展,夯实当地居民逐步脱贫致富和实现乡村振兴的基础。

综合而言,户外运动资源作为一种与贫困社区和贫困人口距离较近的自然资源,予以合理开发利用,已经在国际范围内产生了良好的扶贫贡献。随着我国精准扶贫工作的不断深化,位于贫困地区的户外运动资源以及在此基础上发展起来的户外运动旅游业顺势承担了扶贫任务。户外运动旅游蕴含的扶贫潜能早为人知,但如何将户外运动旅游与精准扶贫有效结合起来并保证基于户外运动旅游的精准扶贫效益可持续,是我国户外运动旅游精准扶贫亟待解决的问题。从精准扶贫思想的内涵与 PPT 理念的关系看,两者不谋而合地致力于"为贫困人口谋取更多福利",所以参考 PPT 理论以及 PPT 在实践中取得的成效,对指导我国户外运动旅游扶贫,将户外运动旅游打造成真正的精准扶贫工程,具有重要的实践意义。通常户外运动旅游直面贫困人口,我国拥有丰富的户外运动旅游资源,又恰逢大众户外休闲的兴起,若能利用好户外运动旅游的扶贫作用,将有力支持我国精准扶贫工作。

大别山是长江与淮河的分水岭,西接桐柏山,东延霍山和张八岭,山区占地面积约 15%,其余主要是低山丘陵,南北两侧水系发达,河流和水库众多(刘汉成和夏亚华,2014),具有优异的户外运动禀赋,是华中地区开展野外生存生活、露营、徒步、溯溪、漂流等户外运动的主要基地(周峰等,2013;陈光华等,2013;南秋红,2016)。户外运动已经成为大别山地区旅游热点项目,例如 2015 年十一黄金周有 3 万余名游客到薄刀峰登山健行(瞿祥涛,2015)、英山县 2015 年全年接待漂流游客 40 多万人(庭权等,2015)。本研究以大别山地区为代表,具体探索我国集中连片特困地区利用户外运动旅游助力精准扶贫的实现路径,不仅有助于扶贫工作的有效推进,还可以助力乡村振兴工程。

1.2 研究目标与研究思路

1.2.1 研究目标

在我国政府部门支持户外运动产业发展和大力推进精准扶贫的背景下,大别山地区户外运动旅游的扶贫成效对本地区进一步利用户外运动旅游助力经济社会发展具有重要的经验借鉴价值,还能够为我国其他贫困地区提供参考,所以本研究将着重探讨:①大别山地区户外运动旅游产业链的生产机制和利益分配模式,了解当地居民从中直接和间接获益的情况,然后构建当地居民分层、分类依托户外运动旅游减贫的策略;②通过对精准识别扶贫对象、精准构建帮扶策略、精准管理扶贫过程等方面的研究,探析大别山地区户外运动旅游精准扶贫的实现路径。

1.2.2 研究思路

首先,在前期研究的基础上查阅文献资料,提出本课题;其次,初步了解大别山地区户外运动旅游与扶贫的关系;再次,制订研究方案,对相关问题展开专题调查;最后,基于旅游扶贫相关理论构建大别山地区户外运动旅游精准扶贫的理论框架。(见图 1-2)

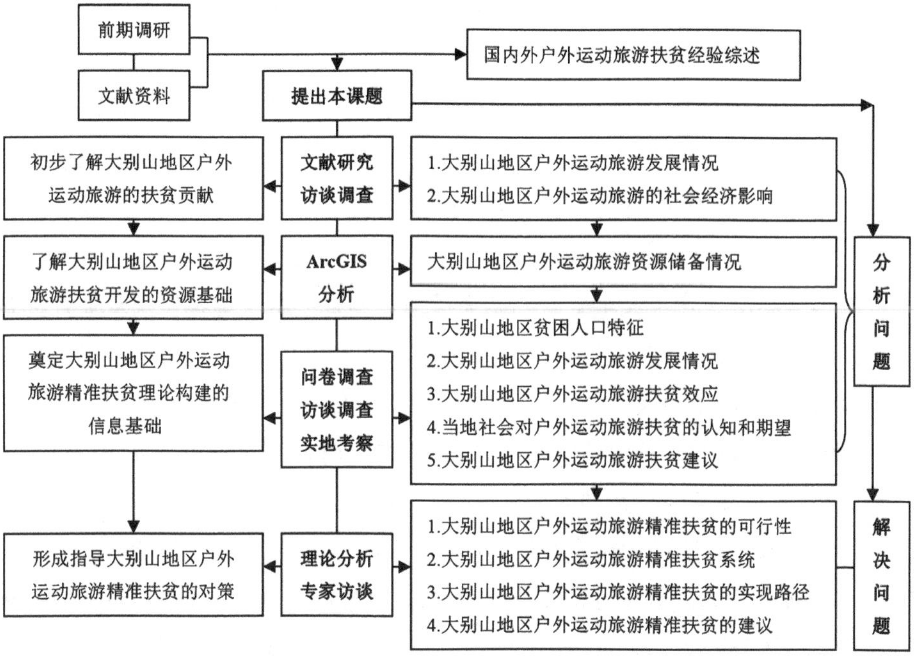

图 1-2 研究流程导图

1.3 研究方法与研究进展

1.3.1 研究方法

文献资料法。收集、整理和分析国内外有关生态旅游、体育旅游、旅游扶贫、户外运动旅游等方面的文献资料,了解本领域的研究进展和主要成果,夯实理论基础,提高本课题研究成果的呈现和解释水平。

问卷调查法。研究人员和大学生假期调查员采用课题组专门设计的《户外运动扶贫情况调查问卷》(村民版、游客版、村委会干部版、景区高管版)在户外运动俱乐部、旅行社和登山协会的支持下,对大别山地区的村民、游客、村委会干部和景区高管进行随机抽样调查,深入考察大别山地区贫困人口特征及户外运动旅游带动当地居民减贫的实际效果、主要障碍、可能途径。

访谈调查法。首先,邀请国内3名户外运动专家和2名旅游学专家指导完成调查表编制;其次,研究人员和大学生假期调查员根据访谈提纲采访村民、游客、村委会干部和景区高管,了解户外运动旅游扶贫贡献、户外运动旅游利益分配模式、依托户外运动旅游扶贫的可能途径和贫困人口建卡立档情况;最后,邀请户外运动、旅游、扶贫开发方面的专家学者商讨大别山地区户外运动旅游精准扶贫策略。

实地考察法。除了大学生假期调查员根据调查提纲收集各自家乡受户外运动旅游影响的影像和文件材料,研究人员还对黄冈市罗田县、英山县,麻城市,信阳市新县,六安市霍山县开发了户外运动旅游项目的地区进行了考察。具体方法:①研究人员以游客身份考察各地户外运动旅游利益生产和分配过程、对当地社会的影响、直接和间接带动当地居民减贫的情况;②2支调查队在旅游季节进驻户外运动旅游景区内的村庄开展为期5—7天的调查工作,总共考察5个村。

ArcGIS分析法。利用地理信息系统(Geographic Information System,GIS)分析大别山地区户外运动旅游资源储备情况:类型、数量、分布和可开发性。

数理统计法。采用SPSS 19.0和Nvivo 8.0统计软件对调查数据和信息进行分析。

1.3.2 研究进展

2017 年 3 月以前：收集、整理和分析相关文献资料，开展一定的前期调研，夯实研究基础。

2017 年 4—9 月：专门分析大别山地区户外运动旅游、旅游扶贫方面的文献资料，探究大别山地区户外运动旅游的扶贫效益。

2017 年 10 月—2019 年 10 月：①确认大别山地区户外运动资源利用情况；②制定户外运动资源分析指标；③利用 ArcGIS 软件分析大别山地区户外运动资源储备情况；④设计调查问卷和访谈提纲，完成调研工具的专家评判、预测试和修订工作。

2018 年 6 月—2020 年 1 月：①甄选和培训大学生假期调查员（尽量选择生源地属于大别山地区，家乡开发了户外运动旅游项目的人员），由他们携带村民问卷、游客问卷、村委会干部问卷、景区高管问卷和访谈提纲赴大别山地区开展调查；②3 个调查组共计 9 人（由教师和硕士研究生组成）分三路以游客身份从信阳市、六安市和黄冈市出发，考察户外运动旅游运行模式、利益生产和分配机制。

2019 年 4—10 月：①准备实地考察方案；②分析调研数据和信息，将研究成果以政策建言的形式反馈给当地人民政府；③2 个调查组（由教师、硕士研究生和大学生假期调查员组成），总共在 5 个村，各开展为期 5—7 天的驻村调查，详细考证大别山地区户外运动旅游精准扶贫的实现路径。

2019 年 11 月—2020 年 7 月：①深度分析调查数据和信息，撰写研究报告；②邀请相关领域专家学者对研究成果进行指导，完善户外运动旅游精准扶贫策略和理论框架。

2020 年 7—12 月：课题组成员分工协作，汇总研究材料，向国家社会科学基金委员会领导小组报送最终成果，申请结题。

1.4 研究范围与调研情况

1.4.1 研究范围

大别山位于我国中部地区，是全国 14 个集中连片特困地区之一，被列为国家重点扶贫对象。本研究调查发现，截至 2020 年底，大别山地区建有国家登山健身步道、国家森林步道、露营公园、滑翔飞行营地、滑雪场、漂流等 22 种 434 个体育旅游目的地，举办过自行车骑行、徒步大会、溯溪越野挑战赛等 87 种体育旅游赛事，多次获评中国体育旅游精品赛事、中国体育旅游精品线路、中国体育旅游精品景区、中国体育旅游十佳目的地等荣誉，逐步成长为我国华中地区的主要体育旅游目的地。目前对大别山地区的范围界定不统一，其中《大别山片区区域发展与扶贫攻坚规划(2011—2020 年)》划定的区域范围包括安徽、河南、湖北三省的 36 个县市；《大别山革命老区振兴发展规划》涉及的范围包括安徽省六安市、安庆市全境；河南省信阳市、驻马店市全境，南阳市的桐柏县、唐河县；湖北省黄冈市、随州市全境，孝感市的孝南区、安陆市、应城市、大悟县、孝昌县、云梦县，襄阳市的枣阳市，武汉市的黄陂区、新洲区；也有学者将大别山地区限定为核心区域的 24 个县市(周泽炯和陆苗苗,2020)。本研究根据大别山的山脉走势、当地户外运动资源分布与利用情况，将调研范围设定为大别山中心地带的区域，在该范围内开展调查工作。

1.4.2 调研情况

1.4.2.1 调查对象

当地政府(调控者)、旅游企业(投资者)、当地村民(原住民)和旅游者(消费者)等旅游利益相关者构成乡村旅游市场(李墨文和赵刚,2020)，所以本研究的调查对象包括村委会干部(15 人)、景区高管(12 人)、村民(406 人)和游客(1435 人)。问卷采用现场一对一的形式发放与回收，调研人员及时审查回收问卷，确保关键信息得到填答，拒答或填答中途放弃的问卷未纳入统计。具体情况如下。

村委会干部：湖北省 7 人、安徽省 5 人和河南省 3 人；男性 11 人、女性 4 人；年龄 28—61 岁，平均 44.4 岁；书记 4 人、前任书记 1 人、村委会主任 2 人、第一书记助理 1 人、扶贫专干 2 人、驻村工作队员 1 人、财经委员 1 人、村妇女主任 1 人、委员 1 人，1 人未报告职位。

景区高管：湖北省 6 人、安徽省 3 人和河南省 3 人；男性 6 人、女性 6 人；年龄 28—56 岁，平均 40.3 岁；总经理 2 人、主任 2 人、总经理助理 1 人、办公室主任 1 人、行政助理 1 人、运营经理 1 人、销售经理 1 人、票房主管 1 人和调度员 1 人,1 人未报告职位。

村民:湖北省 177 人、安徽省 114 人和河南省 115 人;男性 207 人、女性 192 人;年龄 15—90 岁,平均 47.95 岁;本科学历占 0.5%、大专占 8.4%、高中占 11.1%、中专占 2.5%、初中占 5.7%、小学占 17.5%,54.3%的调查对象无学历;平均家庭年收入 6.67 万元;6.2%的村民掌握厨师、户外运动、司机等专业技能,但 93.8%的人没有专业技能;7.5%的被试享受精准扶贫,0.7%的被试属于低保户。

游客:湖北省 566 人、安徽省 519 人和河南省 350 人;男性 782 人,女性 643 人;博士研究生占 0.4%,硕士研究生占 6.7%,本、专科占 66.3%,高中及以下占 21.2%。

1.4.2.2 调查发现

调查发现:①大别山地区的户外运动资源通常远离居民区(例如红花尖滑雪场周边 1 千米范围内几乎没有住户);②大别山地区户外运动旅游业尚不发达,能够为当地居民提供的就业机会较少且收入有限,其家庭收入主要来源于外出务工,平时当地居民较少;③户外运动项目的开展受季节和天气影响较大,调研人员曾 3 次赴蕲春县木石河调查,因天气炎热或断水,未能遇到游客,这些客观因素导致本研究很难调查合适的村民或村庄。调研人员在长达 9 个月的时间里,对位于湖北省、河南省和安徽省内大别山核心区的 12 个县进行了实地调查,为了尽可能多地采集合适样本,多次前往某些地方调查(见表 1-1)。因课题建设进展,相关调研工作于 2020 年 1 月 6 日完成。随后新冠疫情席卷全球,按下经济社会发展的暂停键,对旅游业造成不可估量的打击(张雪和康琼艳,2021)。后疫情时代各项工作不断恢复,本研究成果将为疫情防控常态化背景下户外运动旅游助推乡村振兴高质量发展提供重要参考。

表 1-1　大别山地区户外运动旅游精准扶贫调查情况

调查时间	调查区域	调查地点	省份	户外运动项目	调研方法
2019 年 3 月 15 日—3 月 16 日	麻城市	观天山滑翔伞基地	湖北省	滑翔伞、徒步、野外生存、露营烧烤	问卷和访谈调查
2019 年 4 月 30 日—5 月 2 日	罗田县	罗田燕儿谷风景区		徒步、拓展、营地教育	问卷和访谈调查
2019 年 5 月 3 日—5 月 8 日		罗田匡河镇石马山		徒步	问卷和访谈调查、驻村观察
2019 年 5 月 24 日—5 月 27 日	武穴市	龙珠峡漂流		漂流	问卷和访谈调查
2019 年 6 月 28 日—6 月 30 日	蕲春县	太平峡谷森林公园		徒步、露营、溯溪、岩降	问卷和访谈调查
2019 年 7 月 5 日—7 月 10 日	麻城市	麻城龙潭谷		溯溪	问卷和访谈调查、驻村观察
2019 年 7 月 12 日—7 月 14 日	金寨县	金寨县马鬃岭自然保护区	安徽省	徒步	问卷和访谈调查
2019 年 7 月 15 日—7 月 20 日		天堂寨风景区		徒步、漂流	问卷和访谈调查、驻村观察
2019 年 7 月 21 日—7 月 24 日	霍山县	霍山大峡谷漂流		漂流	问卷和访谈调查
2019 年 7 月 25 日—7 月 27 日	潜山市	天柱山风景区		徒步	问卷和访谈调查

续表

调查时间	调查区域	调查地点	省份	户外运动项目	调研方法
2019年7月29日—7月30日	信阳市	鸡公山国家自然保护区	河南省	徒步	问卷和访谈调查
		西河风景区		徒步、拓展	问卷和访谈调查
2019年7月31日—8月2日	商城县	西河漂流		漂流	问卷和访谈调查
2019年8月3日—8月4日		黄柏山风景区		徒步	问卷和访谈调查
2019年8月5日—8月11日	新县	大别山露营公园		房车露营、营地教育	问卷和访谈调查、驻村观察
		阮湾体育小镇		徒步	问卷和访谈调查
2019年8月15日	蕲春县	蕲春县木石河	湖北省	徒步	访谈调查
2019年8月16日—8月19日	罗田县	黄石河漂流		漂流	问卷和访谈调查
		大别山峡谷漂流		漂流	问卷和访谈调查
		天堂寨风景区		徒步、溯溪、野营	问卷和访谈调查
2019年8月20日—8月22日	英山县	英山桃花冲漂流		漂流	问卷和访谈调查
2019年8月23日—8月25日	红安县	对天河漂流		漂流	问卷和访谈调查
		将军红红色教育基地		拓展、徒步、露营	问卷和访谈调查
2019年9月6日—9月8日	大悟县	宣化镇九女潭		徒步、溯溪	问卷和访谈调查

续表

调查时间	调查区域	调查地点	省份	户外运动项目	调研方法
2019年10月3日—10月6日	信阳市	鸡公山国家自然保护区	河南省	徒步	问卷和访谈调查
2020年1月3日—1月6日	英山县	桃花冲滑雪场	湖北省	滑雪	问卷和访谈调查、驻村观察

第二章

“绿水青山就是金山银山”理念下的户外运动资源开发

2016 年以来，国务院办公厅、国家发展和改革委员会、国家体育总局、国家旅游局等政府部门连续颁发《关于大力发展体育旅游的指导意见》(2016)、《水上运动产业发展规划》(2016)、《山地户外运动产业发展规划》(2016)、《航空运动产业发展规划》(2016)、《冰雪运动发展规划(2016—2025 年)》(2016)、《关于加快发展健身休闲产业的指导意见》(2016)、《关于加快发展体育竞赛表演产业的指导意见》(2018)、《关于促进全域旅游发展的指导意见》(2018)、《关于以2022 年北京冬奥会为契机大力发展冰雪运动的意见》(2019)、《户外运动产业发展规划(2022—2025 年)》(2022)等多项政策文件，明确支持发展与户外运动相关的产业。随后，各地方政府积极响应，贵州、广西、云南、重庆、江苏等 10 余省区市制订了户外运动专项规划，例如《江苏省加快发展山地户外运动产业行动方案》提出，到 2020 年江苏省山地户外运动市场总规模达到 400 亿元的发展目标和大力推广山地户外运动、加快场地设施建设等主要任务。

户外运动是特指在野外或自然场地进行的、与自然界紧密结合的新兴体育运动(栾开封，2002)。有关“户外运动”的定义均强调“自然环境”(马欣祥和田庄，2015)，其与生俱来的特性赋予了“绿水青山”之于户外运动的重要性：人们可以远离城市的喧嚣和空气污染，在进行体育锻炼的同时，充分享受自然山水和新鲜空气带来的身心愉悦与放松(栾开封，2002)。现代户外运动是自然、生态、体育、旅游高度融合的一个产物(王霞光，2014)，是目前利用“绿水青山”获得“金山银山”的重要途径。例如党的十八大以来，西藏累计接待国外登山团队

189次3088人,创造经济总收入约5415万元(西藏自治区人民政府,2018)。所以,我国许多自然资源匮乏的地区在政策鼓励下开始重视开发户外运动资源。

随着户外运动逐渐成为我国许多贫困地区的发展希望,受"发展就是硬道理"的观念影响,在精准扶贫和乡村振兴的推进中,如何有效处理"绿水青山就是金山银山"与户外运动之间的关系,是目前我国户外运动资源开发利用工作面临的焦点问题:如果不发展户外运动,许多地区的"绿水青山"很难通过其他有效途径转换成"金山银山";若开发利用,户外运动与自然环境的密切联系将不可避免地威胁生态环境(如开山修路、伐林种花、筑坝蓄水、客满为患等)。习近平总书记提出"既要绿水青山,也要金山银山。宁要绿水青山,不要金山银山,而且绿水青山就是金山银山"的重要思想,对人与自然关系、经济发展同生态保护关系做出了生动而深刻的论述(马勇和郭田田,2018),也为我国户外运动资源开发工作指明了方向。

2.1 "绿水青山就是金山银山"与户外运动资源开发的关系

2.1.1 "绿水青山"是户外运动的基础

首先,户外运动源自"绿水青山"。户外运动起源于欧洲,但其形式(如自然水域游泳、滑雪、露营等)就是人们应对自然挑战的生产生活行为,后来逐渐被贵族阶层当作休闲方式(游茂林、张东军和鲍军超,2013)。"绿水青山"孕育了户外运动,户外运动项目是人类游憩需求与自然环境相结合的产物。

其次,户外运动离不开"绿水青山"。我们有很多途径开展体育运动,但参加户外运动就必须到自然环境中去。全美各州都分布着户外运动爱好者,其中参与人口最为活跃的地区在美国西北部,密西西比河北部流域沿线各州的参与率占到总数的57%,这部分地区环境污染少,有丰富的自然资源,众多的州立公园为户外运动爱好者提供了优越的户外运动环境(范旭东、于潇和张高华,2016)。如果没有"绿水青山",户外运动(除沙漠和戈壁探险)基本丧失了存在和发展的物质基础,所以自然环境直接决定人们是否能够参加户外运动。

最后,"绿水青山"是户外运动的灵魂。户外运动是特指在野外或自然场地进行的、与自然界紧密结合的新兴体育运动,有些体育运动也是在户外开展,如足球、沙滩排球、高尔夫球等,但这些运动项目是在人工场地上进行的(栾开封,2002)。随着科技的发展,一些典型户外运动(如攀岩、滑雪、冲浪、划船和跳伞),过去只能在山区、海洋、河流和天空等自然环境中进行,现在人们可以在安全、可预测和受控的室内场馆参与(Bottenburg & Salome,2010),它们保留了户外运动的形式,却脱离了自然环境,所以许多研究者认为它们不属于户外运动的主流文化范畴(Salome,2012),因为“户外”是户外运动的魅力所在,也是参与者的主要诉求。

2.1.2 户外运动是“绿水青山”变成“金山银山”的有效途径

“金山银山”是“绿水青山”的硕果,并不是自发能够完成的,也不是自然而然就能实现的,需要我们付出自觉、艰苦、顽强的努力……形成完善的绿色产业链,实现经济效益、生态效益和社会效益最大化(浙江日报评论员,2014)。那么“绿水青山”如何变成“金山银山”?习近平总书记早在2005年就指出:“如果能够把这些生态环境优势转化为生态农业、生态工业、生态旅游等生态经济的优势,那么绿水青山也就变成了金山银山。”

实践表明,“绿水青山”有多种途径转换成“金山银山”,以户外运动为代表的生态旅游贡献明显,已经在世界各地产生了良好的社会和经济效益(Hall,2007;蔡国祥,2011; Tirasatayapitak et al. ,2015)。例如,在“国际山地旅游暨山地户外运动大会”举办的三年里,举办地黔西南州2016年实现旅游总收入为226.21亿元,接待游客2866.46万人次;2017年实现旅游总收入342.5亿元,接待游客4303.92万人次;2018年上半年实现旅游总收入280亿元,接待游客3320万人次(蒲学光等,2018)。所以,国家旅游局和国家体育总局联合印发的《关于大力发展体育旅游的指导意见》明确提出:“以群众基础、市场发育较好的户外运动旅游为突破口,重点发展冰雪运动旅游、山地户外旅游、水上运动旅游、汽车摩托车旅游、航空运动旅游、健身气功养生旅游等体育旅游新产品、新业态。”

2.2 户外运动资源开发对“绿水青山”的威胁

随着越来越多的人参加户外运动,生态危害频现。例如:2015年3月22日,

5 名登山者在大连市大黑山吸烟和使用小型煤气罐野餐,引发山火(大连晚报,2015);2018 年,西藏自治区体育局开始大规模清理珠峰垃圾(新华社新青年工作室,2018),并限制登山人数(琼达卓嘎,2019);2019 年 3 月 15 日至 5 月 5 日,浙江人冯某非法穿越羌塘无人区失联,当地 10 个管护站出动 110 人次进行搜救,大约消耗油料 2500 升,每年非法穿越羌塘无人区的探险者难计其数(周世玲,2019)。从户外运动资源开发的实践经验来看,至少从 3 个方面损害自然环境。

(1)建造户外运动基础设施产生的危害

我国户外运动发展得到了较强的政策支持,国家颁发的相关文件均强调大力修建户外运动场地设施(见图 2-1 和图 2-2)。这类建设活动将不可避免地使用山、水、林、田、湖、草等自然资源,而森林砍伐、固体和卫生垃圾会带来环境挑战(Pendey,2013),修建水坝、滑雪设施、酒店等将造成永久性的生态环境破坏(Hudson,1995)。

图 2-1 云南玉龙雪山上的游客与设施

图 2-2 浙江昙华谷漂流施工现场

(2)大量户外运动参与者涌入游憩地造成的损害

根据《山地户外运动产业发展规划》《航空运动产业发展规划》《水上运动产业发展规划》和《冰雪运动发展规划(2016—2025 年)》中提出的发展目标,预计到 2020 年,我国户外运动产值约 15000 亿元,直接参与人口不低于 2 亿人。届时我国参加户外运动的人数至少超过尼日利亚等全球 224 个国家和地区的人口数量,大约是日本和德国人口的总和、接近美国人口总数的 70%。如此庞大的人群涌入各地的户外运动场所,他们的参与行为将直接威胁当地的生态安全。这种情况在美国已有先例,20 世纪 60 年代美国户外运动兴起,后来对自然和人文资源产生破坏,迫使美国林业署、国家公园署和土地管理局在 1987 年联合颁布《无痕山林土地理论》倡导手册,呼吁户外运动爱好者保护生态环境。

(3)过度开发户外运动资源造成的损害

我国山区面积占国土面积的 74.7%,其中 14 个省级单元的山区面积超过 60%,7 个省级单元的山区面积高于 99%(盈斌和方一平,2017),而且全国 18 个贫困区都在山区(石山,2013),所以游憩地既拥有丰富的户外运动资源,又存在较强的开发需求,很容易催生过度开发行为。例如,湖北省黄冈市在大别山区域开发了 19 个漂流景区(邹丽和王勇超,2018),即使产生了一定的社会经济效益,但过度使用“绿水青山”,加重区域性生态补偿机制发挥效益的负担,会产生得不偿失的后果。

2.3 自然资源向户外运动开放面临的突出矛盾

自从 20 世纪 80 年代初我国山峰资源对外开放以来,或缘于政府正式开放的政策引导,或缘于政府疏于治理的监管漏洞,在相当长的一段时间内我国自然资源并未向户外运动封闭,直到近年意外伤害事故和生态环境破坏案件频发,各地政府部门才采取管控措施。总结我国自然资源向户外运动开放多年的经验,可以发现以下突出矛盾。

2.3.1 开放与运营的矛盾

公开信息显示,我国目前有 847 个漂流景区、778 个滑雪场(63 家在 2020—2021 年雪季未对外营业)、23 条国家登山健身步道(超过 1900 千米),仅广西就有近 2000 条自然岩壁攀岩线路。相较于欧美国家的发展水平和季节性发生的拥挤现象,我国自然资源向户外运动开放程度显得不够,但不可忽视已开放户外运动场所生存困难,如我国滑雪行业一直处于微利甚至亏损的状态,而湖北省超过 60%的漂流景区被淘汰。自然资源向户外运动开放同样面临着公共体育场地设施建设的困境:需求增长与长期闲置并存的双重压力。根据户外运动场所的特点,如果加强管控,就会带来高昂的运营成本(支持 1 人漂流与 1 万人漂流的体系几乎是一样的);如果任由户外运动爱好者自行使用,就会造成伤亡事故,引发社会问题,所以解决"自然资源如何转换成有效的户外运动场所"是当务之急。

2.3.2 治理与发展的矛盾

优质户外运动资源通常位于偏远地区,这些地方交通不便、社会经济落后,保留着良好的原生态环境,所以自然资源向户外运动开放自然而然地被赋予带动当地社会走向振兴的使命。自2005年我国户外运动资源开发审批权下放至县级人民政府,以及漂流、滑雪、滑翔伞、拓展训练、登山、徒步等户外运动项目带来的社会经济效益,激发了地方政府开发利用户外运动资源的积极性。对于我国许多地区而言,户外运动资源是当地难得的可利用自然资源,如果不能依托户外运动获得发展机会,这些地区实现振兴的目标将变得更加困难,所以县政府在治理时存在"明管暗放"的现象。① 由于户外运动包含"风险"的天然属性给地方造成较大的安全生产压力,本着不出意外伤亡事故,"宁愿听到骂声,也不能听到哭声"的原则,户外运动场所较容易被关停。② 对地方政府而言,加强治理就意味着限制发展机会,放松治理就会带来意外伤害事故和消极社会舆论。

2.3.3 规划与现实的矛盾

除了必备的活动条件(如坡度、水域、气候、距离等),自然资源是否适宜向户外运动开放还需考虑社会、交通、文化、生态、地质、社区等利益相关因素,户外运动项目的发展离不开这些条件的支持。例如,交通搭建起目的地与客源地之间的联系,周边的住宿、餐饮、娱乐、购物等基础设施发展水平能够影响景区的生存能力。而且并不是自然资源向户外运动开放,户外运动爱好者就会趋之若鹜,同时户外运动若能带来明显的社会经济效益还会催生同区同质竞争。自然资源分布存在地域与禀赋差异,能够产生较好社会经济效益的优质户外运动资源有限(要么容纳力有限,要么地处偏远),大部分自然资源(如溯溪、探洞、帆船、山地自行车等)因缺乏边际效应,不具备开发价值。但是我国户外运动发展规划

---

① 2019年10月18日《海峡都市报》记者张志宏等报道开发商在福建省古田县未经审批建设一处漂流景区。

② 2019年,湖北省宜昌市通知从6月11日起严禁开展登山、溯溪、溪降、穿越、野营、探洞等具有潜在危险的一切野外户外探险活动。

普遍存在"看图说话"的现象，重点主要考虑自然资源禀赋，忽视了其他相关因素（如交通、食宿、经济、旅游等）的重要作用，导致许多规划只能停留在纸面上，如何保证被开放的自然资源得到充分利用是个难题。

2.3.4 法治与归责的矛盾

发展户外运动，难以避免地会发生意外伤害事故，随之而来的救援工作将耗费大量的人力、物力和财力，主流社会舆论认为户外运动爱好者行为造成的救援工作应由他们负全责，甚至有人认为违规开展户外运动引发的事故还应对责任人进行处罚。根据《民法典》第一千一百七十六条的规定："自愿参加具有一定风险的文体活动，因其他参加者的行为受到损害的，受害人不得请求其他参加者承担侵权责任；但是，其他参加者对损害的发生有故意或者重大过失的除外"，而户外运动爱好者基本上都是自知风险和自愿参加，对意外伤害事故负有不可推卸的责任。同时《民法典》第一千一百九十八条规定："宾馆、商场、银行、车站、机场、体育场馆、娱乐场所等经营场所、公共场所的经营者、管理者或者群众性活动的组织者，未尽到安全保障义务，造成他人损害的，应当承担侵权责任。"由此可见，《民法典》认为"对损害的发生有故意或重大过失"和"未尽到安全保障义务"，需要承担责任。因此，近年来我国户外运动意外伤害事故归责纠纷的核心问题是户外运动场所运营方是否存在故意或重大过失，以及是否尽到安全保障义务。我国发生的户外运动意外伤害事故主要分为三类：违规活动、冒险挑战和自杀倾向，一旦自然资源正式对外开放，政府就是承担"安全保障义务"的主要责任人。如果立法向户外运动爱好者归责风险，户外运动场所就会抑制户外运动爱好者的进入愿望，自然资源开放就没有实际价值；如果立法要求政府全面担责，要么最大限度管控自然环境的潜在风险，户外运动因缺乏挑战性而失去市场吸引力，要么自然资源向户外运动开放被消极处理。

2.4 "绿水青山就是金山银山"与户外运动资源开发

自然环境和场所对户外运动很重要，人们通常到自然环境中活动，以寻求和获得各种各样的体验（Andkjær & Arvidsen，2015），所以户外运动需要依托"绿水青山"生存，发展户外运动不可避免地影响自然环境。户外运动与生态环境之间的冲突历史悠久，主要表现为环境污染（如丢弃垃圾和废物）和环境破坏（如踩踏植被和捕杀动物），继而促使人们感受和认识户外运动给生态环境带来的现实或潜在危害与威胁（黄恬恬和王斌，2012）。户外运动对生态环境的影响，早在 1975 年就受到关注，当时 Dunlap 和 Heffernan 分析了参加户外运动与环境保护意识之间的关系。后来，面对日益严峻的登山活动对生态环境的影响，国际登山联合会于 1982 年 10 月在加德满都举行的大会上把保护高山自然环境作为该组织的具体行动纲领，并发布《加德满都宣言》，号召人们采取行动来减少因人的活动对高山产生的消极影响（王凤桐，1988）。由于自然环境是开展户外运动无法回避的基础条件，所以面对不断高涨的户外运动资源开发热情，必须坚持“绿水青山就是金山银山”理念。

2.4.1 适当利用："绿水青山"是因，"金山银山"是果

“绿水青山”无法自动变成“金山银山”（浙江日报评论员，2014），需要引入合适的产业模式，所以“两山”重要思想的前提是“绿水青山”，落脚点是“金山银山”。可是，发展经济不能对资源和生态环境竭泽而渔，生态环境保护也不是舍弃经济发展而缘木求鱼。正确处理经济发展和生态环境保护的关系，就要像保护眼睛一样保护生态环境，像对待生命一样对待生态环境，坚持在发展中保护、在保护中发展，使绿水青山产生巨大生态效益、经济效益、社会效益。这就点明了户外运动发展过程中“绿水青山”与“金山银山”的因果关系，即“绿水青山”是发展户外运动应备的资源基础，随之而来的户外运动旅游给当地居民带来“金山银山”。

当前我国尚有为数不少的贫困地区和人口，没有一定的物质基础，贫穷落后的面貌无法改变，老百姓的生活也没有办法改善，所以从干部到群众，都认识到建设“金山银山”的重要性，但也面临生态环境保护的重重顾虑。我们不能因噎废食地死守“绿水青山”，因为闲置户外运动资源不予利用也不符合社会发展的需要，所以要走生态发展之路，适当利用户外运动资源，获得既有“绿水青山”又有“金山银山”的双重效益。

死守“绿水青山”，不要“金山银山”，也不符合社会发展的现实需要。在“绿水青山”比较丰富、人口数量较少、生产力水平较低的时期，“绿水青山”与“金山

银山"之间的矛盾不明显。随着人口增加、生产力水平提高、"绿水青山"减少，如果继续以消耗"绿水青山"为代价获得"金山银山"，将产生"吃祖宗饭，断子孙路"的恶果。习近平总书记提出"既要绿水青山，也要金山银山"，核心目标是：①"绿水青山"可以带来"金山银山"；②"绿水青山"可以保护"金山银山"；③"绿水青山"可以适当变成"金山银山"。由此可见，只要方法得当，"绿水青山"可以开发利用。在政策层面上，并不一味要求民众"只要绿水青山，不要金山银山"，基于优势自然资源，开发户外运动项目获得一定的社会经济效益，是被允许的，所以《乡村振兴战略规划（2018—2022年）》提出利用"1%—3%治理面积从事旅游、康养、体育、设施农业等产业开发"。对于许多偏远地区而言，发展户外运动是带动当地社会经济建设的难得机会，例如湖北省秭归县2018年全县生产总值约130亿元，仅九畹溪漂流的贡献就超过1%。因此，在有效保护生态环境的前提下，我们需要适当开发和利用户外运动资源，支持扶贫和乡村振兴工作。

2.4.2 重视环保："绿水青山"是主，"金山银山"是次

在政策鼓励和利益驱使的复合作用下，户外运动资源开发不可避免地出现了破坏"绿水青山"追求"金山银山"的现象，因为开发户外运动资源，直接面对生态环境，建造场地设施、开发线路、大量外来人口涌入等，都会对当地生态环境产生一定程度的破坏。例如，程亮、祁红和付蕾（2011）对黄山太平湖风景区举行的全国摩托艇锦标赛举办场地进行测试，发现油料、清洗剂、尾气和人类排泄物造成水质严重污染，赛后两周都未能恢复到赛前水平；商业登山更是一个典型的案例：截至1999年大约有615吨垃圾被遗弃在珠峰（西风野马，2018），我国政府从2018年开始大规模清理珠峰垃圾，并于2019年无限期关闭珠峰大本营（环球时报，2019）。"绿水青山"是保证户外运动可持续发展的物质基础，一旦生态环境被破坏，户外运动将成为无本之木，不仅失去继续获得"金山银山"的机会，而且曾经获得的"金山银山"也要用来恢复生态环境。

2013年5月24日，习近平总书记在中共中央政治局第六次集体学习时强调："要正确处理好经济发展同生态环境保护的关系，牢固树立保护生态环境就是保护生产力、改善生态环境就是发展生产力的理念，更加自觉地推动绿色发展、循环发展、低碳发展，决不以牺牲环境为代价去换取一时的经济增长"，强调

了“绿水青山”与“金山银山”的主、次之分，即“绿水青山”可以开发利用，但不能破坏生态环境，否则再多的“金山银山”也不可取，所以“两山”重要思想的主角是“绿水青山”，其次才是“金山银山”。在“发展是硬道理”的观念影响下，破坏“绿水青山”换取“金山银山”的行为长期存在，雾霾、沙漠化、水污染等生态环境问题已经警示我们离不开“绿水青山”。相较于“金山银山”，“绿水青山”是人类生存和发展的基础，一旦“绿水青山”被破坏，“金山银山”也会随之消失。

修建户外运动基础设施、增加户外运动参与人口，是我国户外运动相关政策的主旨精神（如《山地户外运动产业发展规划》包含“建设一批户外营地、登山道、徒步道、骑行道等户外运动场地及相关服务设施；支持使用未利用地、废弃地、边远山地等建设山地户外运动项目；规划和完善山地户外运动综合体建设；鼓励旅游景区、国有林场等合理规划建设山地户外运动设施”等条款），而且当前我国许多地区将户外运动与精准扶贫、乡村振兴等工作紧密相连，大规模的户外运动基础设施建设和大量外来人口涌入游憩地，能够带来可观的社会经济效益，却直接威胁当地的“绿水青山”。因此，户外运动资源能开发则开发、能开发多少就开发多少，一旦“绿水青山”与“金山银山”发生冲突，应毫不犹豫地保护“绿水青山”而放弃“金山银山”。

2.4.3 着眼未来：“绿水青山”是根，“金山银山”是枝

面对“绿水青山”、盼望“金山银山”，这份愿望广泛存在于那些具备发展户外运动条件的地区。但是利用原生态的户外运动资源和社会支持系统，通常只能保障少数户外运动爱好者到游憩地开展活动，不仅社会和经济效益有限，还带去诸多安全隐患，所以我国户外运动资源开发过程中大兴土木的现象屡见不鲜。例如，湖北省荆门市东宝区圣境山滑翔伞基地建设现场“23 万平方米的场地已经平整到位，现场的施工人员和施工机械正按场地标准干得热火朝天。环山路改扩建工程投入机械设备 15 台、运输车辆 40 辆、施工技术员及工人共 50 多人，一条全长 11.9 千米、路面宽 7 米的路基已经成形”（刘洋，2018）。

我国积极开发户外运动资源的地区，通常第二和第三产业比较落后，亟待探索新模式和新路径来带动社会发展。虽然“绿水青山”可以适当开发利用，但若不加以管控，将产生破坏环境的风险。习近平总书记告诫我们：“三江源地区有

的县,三十多年前水草丰美,但由于人口超载、过度放牧、开山挖矿等原因,虽然获得过经济超速增长,但随之而来的是湖泊锐减、草场退化、沙化加剧、鼠害泛滥,最终牛羊无草可吃。"(中共中央文献研究室,2017)我们要记住"环境就是民生,青山就是美丽,蓝天也是幸福"(习近平,2016),这是"绿水青山"所蕴含的比"金山银山"更宝贵的价值,所以"两山"重要思想强调"绿水青山"是根,而"金山银山"是枝。

"绿水青山"是发展户外运动或其他生态经济的基础,当代区域经济发展和人民群众追求更高生活质量需要"金山银山"的支持,但是在发展与保护的矛盾面前,应首先重视"绿水青山"蕴含的超越户外运动的潜在价值,因为"绿水青山"蕴含着丰富的生物资源、基因资源和能源,是低碳、环保、可再生的重要自然资源,有着巨大的经济价值,是农民增收致富的重要来源,在推动绿色发展方面发挥着不可替代的作用(黄俊毅,2018)。如果现在我们找不到更好的利用手段,那么就将"绿水青山"留给子孙后代,他们将会找到"把绿水青山转化为金山银山的方法路径,让自然财富、生态财富源源不断带来社会财富、经济财富"(新华社,2018),留下"绿水青山"就为他们留下了可持续发展的"绿色银行"(中共中央宣传部,2016)。所以开发户外运动资源不能被眼前利益蒙蔽,应着眼未来的发展需要,客观正视户外运动资源开发的生态环境风险,明确"绿水青山"的深刻价值,不能为了"金山银山"而大肆开发户外运动资源。

2.5 基于"绿水青山就是金山银山"思想的户外运动资源开发策略

贫困地区的社会发展需要一定的经济支持,同时人民群众日益增长的户外运动参与需求也要求使用一定的户外运动资源,所以如何有效开发户外运动资源是我国政府当前面临的突出社会问题。

2.5.1 有的放矢:科学利用优质户外运动资源

近些年,我国每年有近2亿人参加户外运动,同时我国山区面积占国土面积的74.7%,其中14个省级单元的山区面积超过60%,7个省级单元的山区面积高于99%(盈斌和方一平,2017)。可见,我国拥有丰富的户外运动人口和户外运动资源,若不予以利用,就是一种资源闲置行为。由于户外运动体验对普通参与者而言不像风景名胜那样存在本质差异,所以户外运动资源开发若不加以控制,很容易造成同区同质竞争。例如,迄今湖北省建造了90多个漂流景区,但正常运营的只剩38个(游茂林,2019),那些废弃的漂流景区造成的社会、经济和生态环境损害不言而喻。此外,大部分具备开展户外运动条件的地区,户外运动产业比较落后,因为开展户外运动与发展户外运动产业对资源禀赋的要求不同,开展户外运动的地方不一定存在具有商业价值的户外运动资源,所以我国户外运动资源开发需要科学评估,以选择具有较好社会经济价值的资源,满足人民群众的参与需求,从而避免户外运动泛化产生的生态环境风险。

2.5.2 有限产业化:避免过度开发造成生态环境破坏

随着越来越多的人厌倦走马观花式的传统旅游(沈青,2014),加之人民群众的经济实力、空闲时间和健康意识增长,户外运动(如漂流、徒步、露营、沙漠探险、潜水、滑雪、登山等)在我国盛行,造成的生态环境破坏已经成为一个备受关注的社会问题(刘华荣和王华倬,2016)。因为依托原生态的自然条件供户外运动爱好者开展活动,对环境造成的影响比较有限,而深度利用户外运动资源和吸引更多户外运动爱好者,随之而来的户外运动场地设施修建和大量外来人口涌入,将给"绿水青山"带来较大的承载压力。"绿水青山"提供了发展户外运动的可能性,具有带动社会经济建设和满足人民群众户外运动参与需求的双重价值,但其更是当地社会可持续发展的基础,一旦破坏,不仅户外运动难以为继,当地居民的生存都将面临困难。因此,户外运动资源开发应尽量利用原生态的自然条件,避免大规模的人工改造,虽然限制了户外运动产业化,但保护了当地社会和户外运动可持续发展的自然条件。

2.5.3 保护性开发:构建区域户外运动可持续发展机制

Andkjær 和 Arvidsen(2015)指出,自然环境和场所对户外运动很重要,人们通常到自然环境中活动,以寻求和获得各种各样的体验,所以户外运动与生态环境之间的冲突历史悠久,主要表现为环境污染(如丢弃垃圾和废物)和环境破坏(如踩踏植被和捕杀动物)(黄恬恬和王斌,2012)。由于户外运动的特殊属性,即使不开发户外运动资源,也难以避免户外运动爱好者到自然环境中开展活动,所以我们要采取保护性开发策略(孙业红、闵庆文和成升魁,2009):一方面,通过向社会供给户外运动资源,培养户外运动参与者的环境保护意识,同时利用户外运动资源开发的红利补贴当地居民,减少他们对生态环境的依赖和破坏;另一方面,动员户外运动爱好者和当地居民通过植树造林等途径,使"绿水"更绿、"青山"更青,巩固户外运动可持续发展的基础,用实际行动践行"既要绿水青山,也要金山银山"的发展思想。

2.6 我国自然资源向户外运动有效开放的保障系统构建

自然资源向户外运动开放不只是允许大家使用那么简单,确保有人用且能长期安全使用才是关键。由于自然资源的被动性与户外运动爱好者的能动性是影响户外运动健康发展的两个关键要素,所以如何有效管控自然资源和户外运动爱好者成为确保自然资源向户外运动有效开放的当务之急。这就需要构建确保自然资源向户外运动有效开放的监管系统和确保开展户外运动过程中人员与环境安全的保障系统。

2.6.1 国家户外运动资源信息管理与服务系统的构建

盘点我国具备向户外运动开放的自然资源条件,在此基础上构建一套信息化管理系统,才能做到有的放矢,实现自然资源科学开放利用。高琳(2012)和彭菲(2016)指出,由于没有相关标准,地方政府对山地户外运动资源的开发与利用缺乏有效管控,无法引导户外运动爱好者健康参与,而且造成了严重的山地户外运动资源开发同区同质竞争,不利于山地户外运动资源开发和山地户外运动产业管理,并呼吁相关部门制定山地户外运动标准。对户外运动资源信息缺乏科学评价和管理,导致自然资源开放效益不足、产生危害性后果、恶化市场竞争等,是制约我国户外运动高质量发展的关键原因,所以自然资源向户外运动开放之前需要明确适宜开放的户外运动资源在哪里和能够开放的程度,才能做到有效开放户外运动资源。利用户外运动场所必须具备的核心指标(如高度、高差、坡度、水源、距离、气象等),对户外运动资源进行识别,根据不同地区、不同类型、不同水平的户外运动资源,做好相应的开放条件设计,要建立全国户外运动资源分类、分级信息管理系统,将自然资源区分为应开放、待开放和禁开放,各地自然资源向户外运动开放(含已开放资源)要经过分级评估,达标的资源才准予开放,避免盲目开放带来人身和生态安全隐患。这些信息通过县级至国家级层面的数据中心进行管控和及时更新,然后通过信息管理平台对外发布使用,一方面明确可开放的自然资源,另一方面引导户外运动爱好者合理流动(见图2-3)。

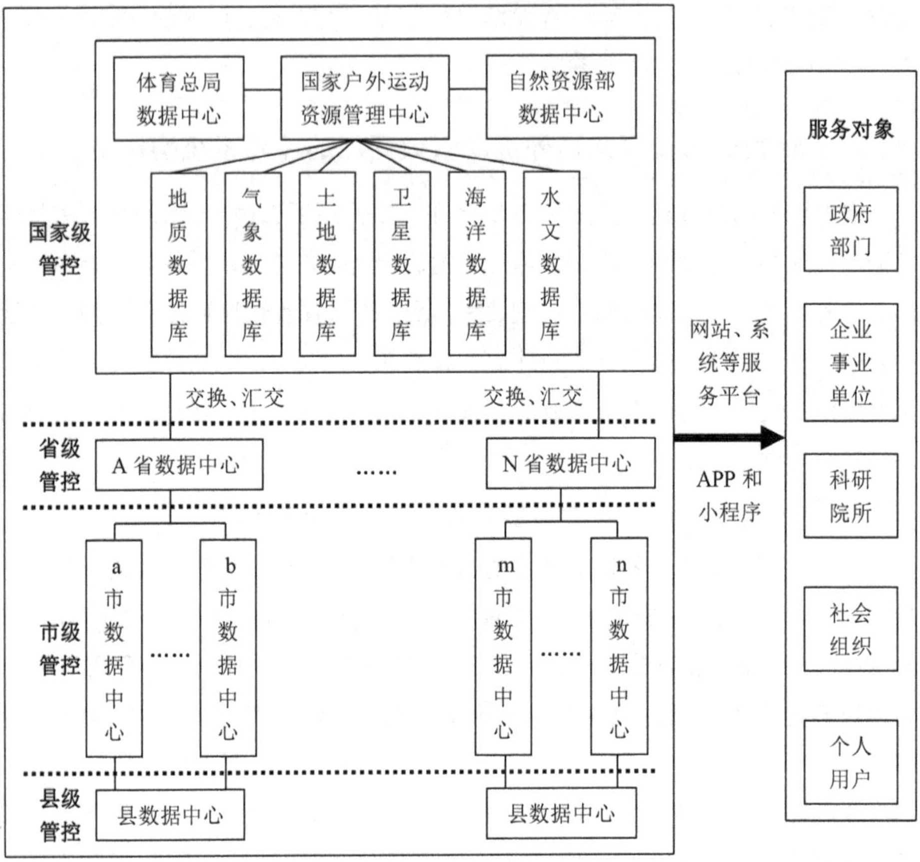

图2-3 国家户外运动资源信息管理与服务系统构想图

2.6.2 户外运动支持系统的构建

户外运动是在自然环境中开展的带有探险性且以游憩为目的,风险自评可控、可承受的体育活动(董范和游茂林,2020),所以户外运动环境的挑战性及户外运动爱好者带来的生态、社会和文化威胁,均表明自然资源不适合向户外运动自由开放。规划设置包含为户外运动爱好者提供生存和紧急救援的支持系统、满足户外运动爱好者参与需求的基本条件、对户外运动爱好者的行动和行为予以及时规制的监控系统,既可以保障他们获得充分的探险和游憩体验,又可以保障人员和生态环境安全。这就亟待建立一个覆盖全国的户外运动支持系统,向大众参加户外运动提供教育、法治、遴选、导航、轨迹监控、安全报警、应急救援等全方位的信息服务(见图 2-4)。基于户外运动不可避免的风险性,需要常态化配备一支素质高、技能强、反应快、装备精良的应急救援队伍,保障我国户外运动健康发展的同时还能做出更广泛的社会贡献。一个功能强大和完善的支持系统,不管是环境对人的潜在威胁,还是人对环境的破坏行为,都能进行及时纠正和补救,从而助推户外运动的可持续健康发展。户外运动的健康发展首先需要户外运动参与者的行为意识健康,如果广大户外运动爱好者遵守行为准则、秉持安全第一理念、主动维护户外运动场所秩序,不去开展威胁自身生命安全和户外环境安全的活动,那么自然而然地就带来户外运动的健康发展。户外运动的不健康现象,基本都是户外运动参与者引起的,所以一方面要培养他们健康的户外运动意识,另一方面要构建相应的法制体系,遏制不健康的户外运动行为,例如森林防火员熟悉地形,具备较强的林区活动能力,应培养成为山地户外运动风险营救救援队员。

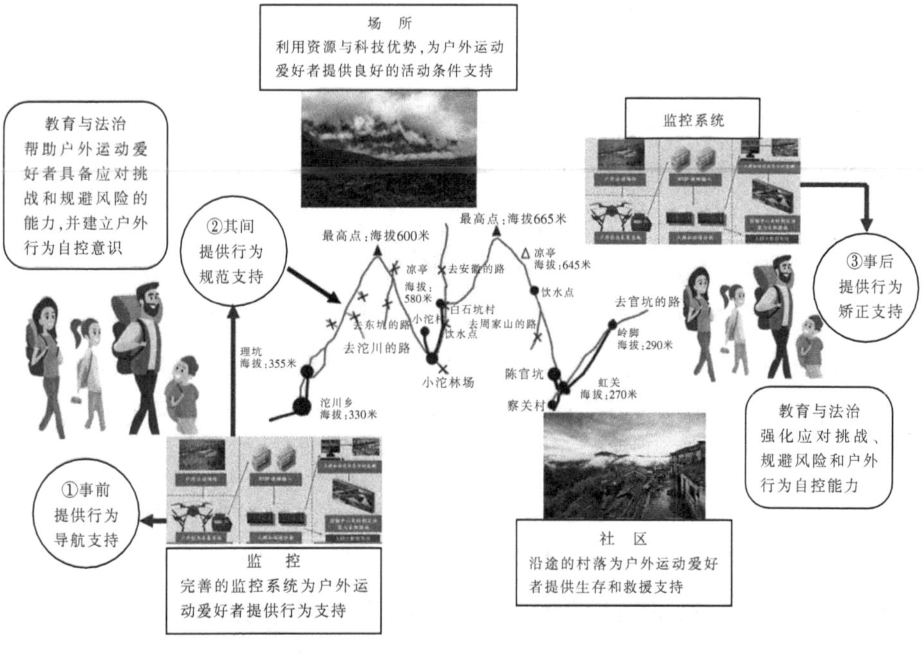

图 2-4 户外运动旅游支持系统构想图

2.7 本章小结

户外运动资源是一种可利用的自然资源，既能支持当地社会经济建设，助力精准扶贫和乡村振兴，又能满足人民群众日益增长的户外运动参与需求。虽然开发户外运动资源面临生态环境风险，但搁置不用也不符合“两山”重要思想的要求。综合而言：在条件允许的情况下，户外运动资源应予以开发利用，但是发展户外运动不能以牺牲生态环境作为代价，因为户外运动不是将“绿水青山”变成“金山银山”的唯一途径，而且“绿水青山”蕴含着比“金山银山”更重要的价值，它是支持人类社会可持续发展的基础。因此，我们要利用优质户外运动资源，发挥它们的社会服务功能，但尽量利用原生态的自然条件，谨防户外运动过度产业化，避免大兴土木和大量外来人口涌入对当地生态环境造成冲击，同时对可利用的户外运动资源采取保护性开发策略，夯实户外运动可持续发展的生态环境基础。

脱贫攻坚、全面建成小康社会、乡村振兴等工作，需要开发利用当地资源予以支持，而户外运动资源是许多地方少有的、可开发利用的自然资源。在人民群众日益增长的户外运动参与需求和国家政策的双重推动下，我国户外运动迎来发展的春天，部分地区甚至将户外运动作为支柱产业。由于户外运动直接面对生态环境，户外运动资源开发以及户外运动项目引来大量外来人口，都会对游憩地的“绿水青山”造成威胁，所以我国户外运动资源开发必须坚持“绿水青山就是金山银山”的理念：①“绿水青山”不能闲置，可以通过户外运动适度转换成“金山银山”，同时满足人民群众的户外运动参与需求；②坚持“宁要绿水青山，不要金山银山”，生态环境保护在前，经济效益获取在后，发展不能破坏生态环境；③“绿水青山”用或不用，均应考虑人民福祉，以利民的态度开发户外运动资源。

着眼于未来，增强户外运动服务能力是我国开发“绿水青山”面临的现实问题，新建户外运动场地设施是大势所趋。我国户外运动资源比较丰富，为了尽量抑制户外运动对生态环境的影响，我们需要：①制定严格的户外运动资源开发标准，促使市场洗牌，同时禁止低质量户外运动项目入市；②整体规划开发区域户外运动资源，择优利用，产生多元融合的整体效益，且有利于建立生态补偿机制；③户外运动资源开发将不可避免地产生生态环境破坏，可以借鉴"禁渔"工作经验，要求户外运动游憩地限时、限人开放，保障当地的生态环境拥有足够的修复时间；④我国人口基数大，保守估计 2020 年全国参加户外运动的人口总数将达到日本和德国人口总和、美国人口的 70%，如此庞大的人口规模很难依靠国内户外运动资源开展活动，可以引导部分户外运动爱好者赴国外参加活动，虽然失去了"金山银山"，但保护了"绿水青山"；⑤虽然户外运动资源开发会伤及生态环境，但不能等同于可以破坏，要有"宁要绿水青山，不要金山银山"的观念，必须禁止严重破坏生态环境的户外运动资源开发项目。

目前，户外运动资源开发得到了我国从中央到地方的广泛支持，也是当前较受关注的社会热点，虽然取得了可观的社会经济效益，但也产生了破坏环境、扶富未扶贫、过度开发等不利后果。"绿水青山"是人类生存发展的基础，开发利用"绿水青山"不仅关系到当代人的生存发展，也关系到子孙后代的生存发展，所以我们必须牢记习近平总书记提出的"绿水青山就是金山银山"理念，用来指导我国的户外运动资源开发，即：不能为了"金山银山"而破坏"绿水青山"，应在保证生态环境安全的前提下适度开发利用户外运动资源，主要利用现有自然条件发展户外运动，切忌开山、伐林、填湖等破坏性建设工作。

第三章
国际户外运动旅游扶贫的经验

旅游业对扶贫的贡献得到了国际社会的重视，发展旅游业也是我国政府解决贫困问题的重要手段。许多贫困地区没有名胜古迹或雄山大川，“穷山恶水”是现实写照，支持传统旅游业的基础薄弱，却是户外运动的天堂，所以近年来户外运动在我国旅游扶贫工作中扮演着越来越重要的角色，例如西藏自治区体育局副局长尼玛次仁认为“山地户外运动已经是西藏体育旅游和扶贫攻坚的重要推手”（搜狐户外，2018）。目前，我国不少具备发展户外运动条件且亟待脱贫的地区将户外运动旅游作为当地居民脱贫致富的希望，所以我们需要适当借鉴国际户外运动旅游扶贫的实践经验。

3.1 户外运动旅游的扶贫贡献

户外运动旅游通过刺激经济繁荣、提供额外的社会和游憩机会、新建基础设施等改善当地居民生活条件（Fredline，2005）和带动当地社会经济发展（凌平，2015），积极支持国际扶贫工作，具体表现为以下几个方面。

3.1.1 创造就业机会

剩余劳动力闲置是贫困的重要原因，而旅游业带来的许多工作不需要很高的技术或文化水平，贫困地区居民通过短期培训即可胜任，并且旅游业能够带动相关产业发展，创造出更多的间接就业机会（秦远好，2006），农民可以变成旅游产业工人、演员、老板、业主（刘锋，2012）。例如，户外运动旅游催生了高山向导、户外领队、护漂员、潜水教练、滑翔伞带飞员等新兴职业，并培育了民宿、农家乐、汽车租赁、土特产网店等新兴行业。户外运动旅游已经展现出较强的创造就业机会的能力,在美国提供了 610 万个工作岗位(Outdoor Industry Association,2012),而贵州省安龙国家山地户外运动示范公园建成后直接和间接解决了周边贫困村近 410 户的 1500 人就业(谭宪美,2018),因此激活了贫困地区的剩余劳动力,构建了当地居民增收创收的基本途径。

3.1.2 促使农村产业结构提质升级

我国农村实行“包产到户”的耕地管理政策形成了自给自足的“小农经济”,导致当前农民收入普遍偏低,且缺乏带领他们脱贫致富的后劲,而旅游业产生吃、住、行、玩、购等方面的需要,对农林牧渔业产生显著的正向影响(贺文和汪发元,2017)。例如,贵州省贞丰县打造“贞丰古城—双乳峰—三岔河—北盘江大峡谷—土布小镇”的山地徒步旅游线路,发展特色美食、手工艺品、民族服饰等旅游商品 5 个系列 36 种,发展农家乐及民宿客栈 138 家,吸引贫困群众加入到民宿、客栈、农家乐、特色手工艺等业态中去(唐嘉阳,2018)。围绕户外运动旅游,蕴藏在民间的土特产、民宿文化、人力资源均可以转化利用,促使农村从以传统农业为主向特产农业、特色手工业、服务业相结合的复合型产业结构转变,从而构建当地居民可持续发展的产业平台。

3.1.3 为游憩地经济注入活力

贫困地区居民一方面创收乏术,另一方面购买力不足,所以消费与供给之间缺乏互动,而收入和休闲生活需求不断增加的城市居民到农村体验户外休闲运动为乡村振兴带来希望(Garbacz,1971),能够有效激活游憩地的经济活动。例如,Sims、Hodges 和 Scruggs(2004)在美国田纳西州埃默里(Emory)河流域的摩根(Morgan)县调查发现,自然岩壁攀岩运动为当地经济提供资金和税收,并增加对当地土地、劳动力和资金的需求,从而提高当地居民的收入,激发他们产生新的商品和服务需求,继而在农村形成具备一定规模的贸易活动。农村经济繁荣将增加当地居民获得收入和福利的机会,提高社区发展水平,从而构建乡村振兴的经济基础。

3.1.4 提高当地居民的生活质量

收入增加奠定了户外运动游憩地居民提高生活质量的经济实力,而且当地居民拥有便利的户外运动参与条件也是一种福利(Frick, Degenhardt & Buchecker,2007)。由于原生态的户外运动游憩地基础设施薄弱、可进入性差、游客生存生活保障不足(张立强,2018),为了支持户外运动旅游业,地方政府和开发商将联合改善相关基础设施(如修建公路、修缮游憩地附近的房屋、改造厕所、建造自来水设施等),以增强户外运动爱好者的旅行体验。例如,重庆市南天湖镇义合村在牛牵峡漂流的带动下,狠抓水、路等基础设施建设,实现公路硬化、通自来水和公交车,当地群众明显感受到生产生活条件得到改善(林雪琴,2019)。户外运动旅游与游憩地社区之间的互动作用还会提高当地的医疗卫生质量、婚姻状况、民俗活动等(熊志鹏,2016),从而构建当地居民享受更高生活质量的物质基础平台。

3.1.5 提升贫困群众的脱贫信心

贫困地区受各种条件的制约,脱贫任务艰巨,许多地方政府采取各种办法,依然难以根治贫困问题。脱贫攻坚面临的一个重要挑战是少数人对贫困形成了习得性无助的心态,没有从心理上立下自力更生、脱贫攻坚的志向(李晓,2019),所以国务院扶贫办等13个部委联合颁发的《关于开展扶贫扶志行动的意见》要求“进一步加强扶贫扶志工作,激发贫困群众内生动力”(董铭胜,2018)。对于部分贫困地区而言,以户外运动为特色的乡村旅游业可以帮助当地群众获得实际利益,带给他们的获得感使他们看到脱贫的希望、树立脱贫致富的信心,从而构建贫困群众脱贫致富的心理基础。例如,安徽省黟县发展主题户外运动,打造户外休闲养生基地,开发户外运动旅游产品,直接撬动了贫困人口的增收和就业,让贫困群众增强脱贫信心(丁秀军和李玉君,2018)。

3.2 户外运动旅游扶贫的局限

户外运动旅游存在收益分配不均衡的问题(王伟红,2013),旅游收入增加并不意味着扶贫,因为GDP和人均收入增长不等于产生扶贫实效(Hall,2007)。如果当地居民对其发展潜力缺乏认识、不认同或无力参与,那么户外运动旅游的发展利益就不会被这些居民捕获(Sims,Hodges & Scruggs,2004),这意味着并不是所有居民都能从中获利。

3.2.1 有资金和技能的当地居民更容易获利

Mitchell 和 Ashley(2007)发现，只有 1/5—1/3 的总收益通过直接收入和供应链的方式归当地居民，大部分利益被旅行代理人、景区开发商和当地政府分享(He, Chen & Liu et al., 2008)，而且 Truong、Hall 和 Garry(2013)发现越南沙坝(Sapa)地区的非贫困人口和旅游业经营者首先从当地旅游业中获益，贫困人口由于缺乏资金和技能很难获利。我国扶贫工作经过多年努力，剩下的贫困人口大多贫困程度较深，自身发展能力比较弱(刘永富，2016)，他们既无一技之长，也没有投资的本钱，依靠微薄的兼职工资或售卖少量农副产品获得收益，对于脱贫致富，可谓杯水车薪。我国媒体经常报道的户外运动游憩地的致富典型[王凤忠、罗萍等人在贵州省格凸河的岩壁上表演攀岩，每年收入超过 10 万元(苏江元和张立人，2016)；村民刘新良在沩山漂流起漂点开"好运来土菜馆"，每年漂流季毛收入有十几万元(长沙晚报，2013)]，应称作贫困地区的居民，而不是贫困居民。

3.2.2 户外运动旅游资源开发帮助外地人获利

Hall(2007)领导的研究团队在东南亚地区开展了多年旅游扶贫研究，指出旅游业存在扶富未扶贫的现象；Kamuaro(2012)发现肯尼亚马赛人没有从当地旅游业中获益，因为旅游开发商从其他国家雇佣受过较好教育的工人，而且旅游业的投资者不是当地人，所以不会将他们的收益反馈给当地经济。这种现象在户外运动旅游资源开发过程中广泛存在，由于当地人的能力和资金有限，不仅开发户外运动旅游资源的投资商是外地人，依托户外运动旅游兴起的商铺、农家乐、宾馆、生态农庄等周边产业的投资人也主要来自外地。例如，徒步探险旅游带动了湖北省神农架的发展，但木鱼镇上的商铺、宾馆、餐厅主要由武汉、宜昌、西安及重庆、四川等外地客商经营，当地贫困人口主要通过挑担、背篓、摆摊售卖一点果菜获得收入，不仅获益较少，还要承担物价上涨造成的生活压力。

3.2.3 自然资源的消耗破坏当地居民未来的生活基础

Job 和 Paesler(2013)发现肯尼亚瓦西尼(Wasini)岛的旅游开发导致小型渔业和农业濒临消失；Farooquee 等(2008)发现印度恒河发展漂流旅游以后，孩子为了挣钱逃学，当地居民成为日薪劳动力，农业和畜牧业不断衰退，这些危害可能在自然灾害(山洪、飓风、泥石流等)中才能表现出来(Barkin,1996)。商业登山是一个典型例子,大量外来人口涌入珠峰大本营,因此定日县扎西宗乡的许多村民通过在登山团队担任民工,为他们提供运输用牦牛,每年登山季都能获得可观的收入(体育蓝皮书,2018),但是造成珠峰垃圾成灾。我国政府从 2018 年开始大规模清理珠峰垃圾,并于 2019 年无限期关闭珠峰大本营(环球时报,2019),原本因登山而起的向导、民工、牦牛工、商贩,都将因此失去一份重要的收入来源。

3.3 户外运动旅游扶贫展望

对于许多贫困地区而言,户外运动资源是当地难得的可开发利用资源,所以要充分发挥户外运动旅游的社会经济促进功能,使其成为有效的扶贫项目。

3.3.1 以社区为基础发展户外运动旅游

一方面,户外运动旅游需要依托周边社区构建的社会支持系统,保障游客的参与体验;另一方面,获得社会和经济发展效益是户外运动旅游资源开发的重要目标。所以户外运动旅游与社区发展之间密切相连,得到当地人民的支持和参与、其经济效益尽可能多地惠及目的地附近的居民、旅游行为必须保护当地人民的文化认同和自然环境(Russell,2000)应是户外运动旅游与周边社区的主要互动特征。在户外运动旅游发展过程中,不可否认开发商的利益诉求,但只有当地居民从户外运动旅游资源开发中获得大部分利益才可能保证户外运动旅游业可持续发展,因为从中获得的工作和收入增加会促使他们意识到保护生态环境的重要性,而且生活条件的改善将减少对自然资源的依赖(Shoo & Songorwa,2013)。因此,户外运动旅游要围绕所在社区制订发展方案,巩固其发展的社会基础,这样开发商才能长期获利、当地居民才能逐步脱贫致富。

3.3.2 围绕户外运动旅游发展特产经济

“旅游搭台,经济唱戏”是旅游资源扶贫开发的普遍观念,但是户外运动游憩地经常陷入“无戏可唱”的尴尬,而发展民宿、农家乐、生态农庄等又很容易造成同区同质竞争。并非任何产业都能被户外运动旅游带动发展,所以户外运动游憩地需要立足自身优势,充分联系当地特色、特产、气候、风俗、文化等与户外运动，将特色产业化，培养差异化竞争优势，才能利用户外运动旅游促使这些产业做大做强（Israr et al.，2010；张耀武等，2013）。具体有以下做法：①独具特色的乡土文化，如昭君娘家第72代后裔王作权老人在朝天吼漂流景区已先后为中外游客演出5000多场昭君出塞的历史故事（张万武，2012）；②特色农副产品，如海南省保亭县利用户外运动旅游销售瓜果、蜂蜜等土特产（掌上保亭，2019）；③特殊手工业，如我国不少山区居民有着制作竹器、木器、藤器、陶器等手艺，可以依托户外运动旅游开拓日用品、装饰品和工艺品市场。由于户外运动资源的特殊属性，其本身贡献的经济价值有限，应瞄准随之而来的乡村经济转型发展机遇，加快地方特色产业建设。

3.3.3 帮助当地居民融入户外运动旅游产业链

从实践经验看，户外运动旅游具有较强的封闭性，以漂流旅游为例，游客“下车漂流，上车走人”是常态。如果基层政府对户外运动旅游的扶贫方式缺乏引导，依靠村民个体努力争取从户外运动旅游业中获利将比较困难，尤其是贫困人口更加不易，从而造成户外运动游憩地居民收入“两极分化”，所以村委会需要发挥集体效能，引导村民积极融入户外运动旅游产业链，改善获利方式（Truong et al.，2014）。具体做法有：①培养能够承担高价值服务工作的专业人才（如西藏登山学校将日喀则地区的青少年培养成高山向导、湖北神农架林区政府将当地农民培养成户外运动指导员）；②由村集体统筹和布局乡村经济，发挥人力资源优势（如乡菜厨师、戏班师傅、供销社负责人、生态农场经理等）和集体经济的整合效益，提高劳动产值，并增强集体带动个体脱贫的经济实力。

3.3.4 积极利用扶贫资金

受招商引资观念和政策的影响，我国许多户外运动资源交给投资商开发，资本的逐利属性常常导致户外运动旅游收入与扶贫效益脱钩。例如，湖南省宁乡县沩山漂流2007年就创造了1600万元利润，其中村民务工每人每天60元，全年支付务工费180万元；占用水田11.83亩，按照5000元/亩的标准由沩山乡镇府、村委会补偿给村民（宁乡县沩山乡政府，2012）。这意味着沩山漂流景区每年大约90%的收入被投资人赚走。实际上，户外运动项目的特性和户外运动爱好者的诉求限制了户外运动资源的开发成本，同时我国政府对扶贫工作提供丰富的资金支持(如《乡村旅游扶贫工程行动方案》提出每年金融支持旅游扶贫项目不少于1000个,资金不少于3000亿元)。目前至少有政府财政、国有企业和中国扶贫基金会提供的扶贫基金以及小额信贷,所以户外运动旅游应积极利用盈利目的较小的扶贫资金(Donaghey,2012),才能保证当地社区获得更多的收益。

3.4 本章小结

户外运动旅游为游憩地居民带去了增收创收的扶贫希望,但并不是所有人都能从中获利,也并不是所有获利都具有扶贫功能。这主要缘于我国户外运动资源通常利用招商引资进行开发,导致户外运动旅游项目更关注投资效益和当地社会的整体发展,而对贫困人口缺乏重视。由于我国大部分具备发展户外运动条件的地区经济基础差、资源匮乏、脱贫难度大,如果户外运动旅游无法产生扶贫实效,将加重这些地区的扶贫负担。因此,户外运动资源开发要以社区为基础,积极承担乡村振兴的社会责任,同时地方政府要打造可以依托户外运动旅游发展的特产经济,构建当地居民融入户外运动旅游产业链的路径。此外,我们要重视户外运动旅游带来的产业结构转型发展机遇,将招商引资和产业构建的重点放在户外运动旅游相关产业上,而不是户外运动旅游本身,既能保护当地社会经济可持续发展的资源基础,又能扩大户外运动旅游的扶贫贡献,所以应主要利用原生态户外运动资源和扶贫资金,保障户外运动旅游成为有效的、可持续的扶贫项目。

第四章
大别山地区户外运动资源储备情况

党的二十大报告提出“全面推进乡村振兴”，习近平总书记在2022年中央农村工作会议上开宗明义：“全面推进乡村振兴、加快建设农业强国，是党中央着眼全面建成社会主义现代化强国作出的战略部署。”乡村振兴关键在于产业振兴(杜志雄,2021)，其中旅游等新经济项目很有潜力。为此，《乡村振兴战略规划(2018—2022年)》《关于实施乡村振兴战略的意见》《关于促进乡村旅游可持续发展的指导意见》等政策对“乡村旅游”予以设计，《“十四五”体育发展规划》《体育强国建设纲要》《户外运动产业发展规划(2022—2025年)》等文件做出了回应，《中华人民共和国体育法》还对“促进体育与旅游融合发展”做出了明确支持。同时国家旅游局和国家体育总局(2016)在《关于大力发展体育旅游的指导意见》中提出：“以群众基础、市场发育较好的户外运动旅游为突破口，重点发展冰雪运动旅游、山地户外旅游、水上运动旅游、汽车摩托车旅游、航空运动旅游、健身气功养生旅游等体育旅游新产品、新业态”，以及国家体育总局等8部委(2022)联合颁发的《户外运动产业发展规划(2022—2025年)》中提出“户外运动场地设施持续增加，普及程度大幅提升，参与人数不断增长，户外运动产业总规模超过3万亿元”等发展目标，这意味着我国户外运动旅游迎来发展契机。户外运动资源是支持户外运动旅游业发展的基础物质条件，所以评估某个地区依托户外运动旅游带动当地社会经济建设的潜力，首先应该了解该地区的户外运动资源储备情况。

4.1 户外运动场所遴选指标的确定

根据户外运动项目的划分(董范、曹志凯和牛小洪,2014),大别山地区可以开展的户外运动项目包括登山、攀岩、岩降、山地自行车、露营、滑雪、滑草、徒步/丛林穿越、山地越野、拓展训练、漂流、舟筏、滑翔伞、瀑降、攀冰、定向越野、溯溪、钓鱼和探洞。国内外体育部门和协会出台了一系列描述户外运动场所条件的标准文件,如《体育场所开放条件与技术要求》包含了对漂流等户外运动场所的规定、《国际自行车联盟章程》(2000)第四章和第五章对山地自行车和越野自行车的场地进行了规定、澳大利亚户外协会(Outdoor Council of Australia)(2019)制定的《瀑降良好活动指南》第一版(Canyoning Good Practice Guide Version 1.0)中提出了瀑降活动场地指标。由于这些规定主要针对户外运动比赛和具有较高水平户外运动技能的人设置,而支持户外运动旅游的相关资源禀赋需要满足大众户外运动参与需求,这意味着大别山地区户外运动场地的遴选指标需要在此基础上进行适当改良,所以本研究邀请我国户外运动领域的高水平专家(见表4-1)对前文提及文件拟定的户外运动场地指标进行评审和指导修订。

表4-1 行业专家基本信息表

序号	编号	行业任职
1	SDA01	原国家登山运动管理中心培训部部长、国家标准《登山健身步道配置要求》起草专家
2	SDA02	武汉市登山户外运动协会主任、中国登山户外运动学院院长、国家标准《登山健身步道配置要求》起草专家
3	SDA03	武汉市登山户外运动协会副主任、跋涉者户外运动俱乐部创始人、中国登山协会户外运动讲师
4	SDA04	中国登山协会户外运动讲师
5	SDA05	国家攀岩队前任教练、中国登山协会攀岩讲师
6	SDA06	校定向越野队教练、一级定向越野裁判员、中级定向越野制图员
7	SDA07	湖北省滑翔伞队教练员、C级飞行员

续表

序号	编号	行业任职
8	SDA08	资深山地自行车运动员、中级户外指导员

研究人员收集各位专家的反馈意见后，根据集中意见对户外运动场地的分析指标进行修订，并将存在疑问和较大分歧的地方及时与相关专家进行核实。经过两轮专家评审，确定了本研究用于 ArcGIS 分析的大别山地区户外运动资源遴选指标体系（见表 4-2）。

表 4-2　基于 ArcGIS 分析的户外运动场地条件

序号	户外运动资源	分析指标	参考依据
1	漂流场所	1. 河道长度不短于 2 千米 2. 河道宽度小于 4 米 3. 全程落差不低于 50 米 4. 单坎落差不超过 0.5 米 5. 河道坡度 30°—45°	《体育场所开放条件与技术要求 第 11 部分：漂流场所》（GB 19079.11—2005）、《陕西省水上漂流安全管理办法》、大丰门漂流开发商徐伟跃将相关文件中对户外运动场地条件的指标提取出来（刘星彤和蔡苗，2011）
2	徒步/丛林穿越线路	1. 树林 2. 河流 3. 风景区 4. 海拔低于 3500 米 5. 长度不短于 5 千米，不超过 50 千米	《徒步旅游服务规范》（DB 34/T 2766—2016）、SDA03、SDA04
3	溯溪场所	溪流	《溯溪分级说明》、SDA03、SDA04
4	定向越野线路	1. 易于通行 2. 植被覆盖 3. 高差 50—180 米 4. 面积 66.67—233.33 公顷 5. 不含果园和耕地 6. 与居民区保持 1000 米 7. 坡度小于 30°	《中国徒步定向运动竞赛规则》、SDA04、SDA06

续表

序号	户外运动资源	分析指标	参考依据
5	山地越野线路	山林小道	《中国登山协会山地越野跑比赛竞赛规则》、SDA02、SDA03、SDA04
6	山地自行车/越野自行车线路	1. 长度不短于 30 千米 2. 起点线前 30 米的路面宽不小于 8 米 3. 起点线后至少 100 米的路面宽度不小于 6 米 4. 出发后至少 750 米路面平坦 5. 终点线前 50 米路面宽至少 4 米 6. 终点线后 20 米路面宽至少 4 米 7. 重点骑行区域在平路或上坡	《国际自行车联盟章程(2000)》、SDA08
7	滑草场所	1. 长 80—300 米 2. 宽 30—80 米 3. 坡度 10°—60° 4. 相对高度不低于 30 米	《滑草服务规范》(DB 13/T 1673—2012)
8	瀑降场所	1. 高度不低于 10 米 2. 坡度不低于 70°	《瀑降良好活动指南》(第一版)(Canyoning Good Practice Guide Version 1.0)、SDA01、SDA02、SDA03、SDA04
9	攀岩/岩降场所	1. 岩壁坡度 60°—90° 2. 高度不低于 5 米 3. 考虑岩石质地	《体育场所开放条件与技术要求 第 4 部分:攀岩场所》(GB 19079.4—2005)、《福建省体育旅游休闲基地建设与服务规范(试行)》、SDA02、SDA04、SDA05
10	拓展训练场地	1. 不小于 800 平方米 2. 距离电力设施不小于 8 米 3. 距离地下管线不小于 2 米 4. 距离各类建筑不小于 5 米 5. 距离中心城区不超过 100 千米 6. 场地平坦	《体育场所开放条件与技术要求 第 19 部分:拓展场所》(GB 19079.19—2010)、SDA01、SDA02、SDA03、SDA04

续表

序号	户外运动资源	分析指标	参考依据
11	滑翔伞场地	起飞场地： 1. 场地平整 2. 长度不小于 30 米 3. 宽度不小于 20 米 4. 坡度不大于 30° 5. 周围净空，无障碍物 着陆场地： 1. 长度不小于 50 米 2. 宽度不小于 50 米 3. 场地平坦、开阔 4. 周围净空，无障碍物	《体育场所开放条件与技术要求 第 12 部分：伞翼滑翔场所》（GB 19079. 12—2013）、SDA07
12	动力伞场地	1. 起飞与着陆场地平坦、开阔，周围净空，无障碍物 2. 长度不小于 150 米 3. 宽度不小于 50 米	《体育场所开放条件与技术要求 第 12 部分：伞翼滑翔场所》（GB 19079. 12—2013）、SDA07
13	悬挂 滑翔翼场地	起飞场地： 1. 起飞场地平整 2. 长度不小于 20 米 3. 宽度不小于 20 米 4. 坡度不大于 40° 5. 周围净空，无障碍物 着陆场地： 1. 长度不小于 150 米 2. 宽度不小于 80 米 3. 周围净空，无障碍物	《体育场所开放条件与技术要求 第 12 部分：伞翼滑翔场所》（GB 19079. 12—2013）、SDA07

续表

序号	户外运动资源	分析指标	参考依据
14	青少年营地	1. 营地与最近的城市建成区在100千米内 2. 以营地为中心,车程2小时内有二级及以上公路 3. 从外部道路到营地接待点的公路等级达到三级及以上 4. 坡度小于15°,面积0.1平方千米 5. 饮用水和生活用水丰富 6. 营地总面积0.6平方千米以上 7. 通电,有移动通信信号覆盖	《休闲露营地建设与服务规范 第4部分:青少年营地》(GB/T 31710.4—2015)、SDA01、SDA02、SDA03
15	帐篷露营地	1. 周围30千米或1小时范围内有居民区 2. 周围10千米范围内有公路 3. 坡度不大于15°	《休闲露营地建设与服务规范 第3部分:帐篷露营地》(GB/T 31710.3—2015)、SDA03、SDA04
16	登山	海拔3500米及以上	《体育场所开放条件与技术要求 第31部分:高山探险场所》(GB 19079.31—2013)、SDA02、SDA03
17	登山健身步道	1. 步道宽60—150厘米,两侧缓冲带宽20厘米 2. 500米以内坡度15°—25° 3. 距离中心城区1.5—3小时车程 4. 海拔3500米以下 5. 断面坡度15°以下 6. 坡度25°	《登山健身步道配置要求》、SDA01、SDA02
18	钓鱼场所	水库、江河、湖泊、湿地	《福建省体育旅游休闲基地建设与服务规范(试行)》、SDA03、SDA04

续表

序号	户外运动资源	分析指标	参考依据
19	舟渡(筏/艇)场所	水库、湖泊、江河	《福建省体育旅游休闲基地建设与服务规范(试行)》、SDA03、SDA04
20	滑雪场	1. 面积不小于 5000 平方米 2. 终点停止区地势平缓且面积不低于 500 平方米 3. 雪道坡度 10°—22° 4. 学道宽度不小于 2.5 米	《中国滑雪场所管理规范》(2017 年修订版)、SDA02、SDA03

4.2 基于 ArcGIS 的大别山地区户外运动资源储备情况分析

自然环境是户外运动项目存在的物质基础,某块地域所具备的自然条件意味着当地能够开展何种户外运动项目,例如一块不低于 5 米高的岩壁,就可能适合开展攀岩和岩降运动,所以根据自然场景的特征即可确认某个地方是否能够开展户外运动活动。本研究采用 ArcGIS 10.2 分析软件,根据表 4-2 所列的户外运动场地技术指标,对大别山地区进行全面评估,并可视化呈现各种户外运动资源在大别山地区的分布情况。

4.2.1 研究方法

4.2.1.1 数据类型与来源

选取地理空间数据云(http://www.gscloud.cn)平台提供的 SRTMDEM 90M 分辨率的高程数据,将等高线抽稀成 30 米。

利用 ENVI 对大别山地区的高层数据进行裁剪和拼接,得到该区域完整的高层数据,并将此数据作为输出基准,使后续处理结果的像元值大小、处理范围、输出坐标系与该图层保持一致。

坐标系采用 WGS84,像元大小为 30 米×30 米。

土地利用数据来自资源环境科学与数据中心(http://www.resdc.cn)平台,选用 2015 年土地利用 1 千米栅格分辨率数据,该数据基于 2010 年的数据进行更新,采用 Landsat 8 卫星遥感影像,通过人工目视解译生成。然后对湖北、河南、安徽三个省的电子地图进行裁剪和拼接，得到大别山地区土地利用类型数据。

2018年5月26日从谷歌地球下载大别山地区的街景数据，通过人工目视解译生成房屋(不包括厂房、矿区房屋)点图层。

水域数据来自地理监测云平台(http://www.dsac.cn/DataProduct/Detail/200814)，下载最新版本的《全国水域空间分布(2008)》，该数据基于Landsat TM数字影像(以地形图纠正)，通过遥感信息(水体信息)提取，结合水体纹理特征以及光学特征等进行灰度值分析建立水域空间分布数据集，其中包括二级类河渠、湖泊、水库坑塘、永久性冰川雪地、滩涂、滩地等土地利用/覆盖类型。

道路数据来自地理监测云平台，下载《全国道路数据》，包含高速公路、国道、省道、市区主干道、其他道路等，是线状信息，数据格式为矢量数据(shp)，坐标系为WGS84地理坐标系。

评价指标采用表4-2通过权威文件和专家综合构建的指标。

4.2.1.2 数据分析

先利用DEM数据进行坡度筛选，选出平坦地区(对于不同的项目要求选取不同的范围)。之后分别对人口、道路、河流等条件进行点距离分析，选取与每个要素距离适当的区域进行筛选。之后利用土地利用数据进行最后的判别，筛选出非耕地、住宅用地等建设用地、耕地果园等农业用地以及水域和环境恶劣区域。最后利用栅格计算器综合上述结果，得到符合所有限制条件的区域。

(1)坡度

坡度是指各像元中z值的最大变化率，输出值的范围取决于测量单位的类型。如果为度，坡度值的范围为0至90°。如果为高程增量，范围为0至无穷大，平坦表面为0，45°表面为100%，随着表面变得越来越接近垂直，高程增量百分比将变得越来越大。将DEM数据输入ArcGIS 10.2分析软件，计算大别山地区的两种坡度，再根据每个项目的坡度要求，利用栅格计算器输入筛选语句进行筛选。

(2)距离

根据相关文件的要求，户外运动项目应具备良好的交通、空旷的土地、便利的水源、邻近城市等条件，所以需要考虑户外运动项目与周边设施、资源、社区的关系，计算源像元中心与每个周围像元中心之间的欧氏距离（见图 4-1），并按照所需标准进行距离筛选。

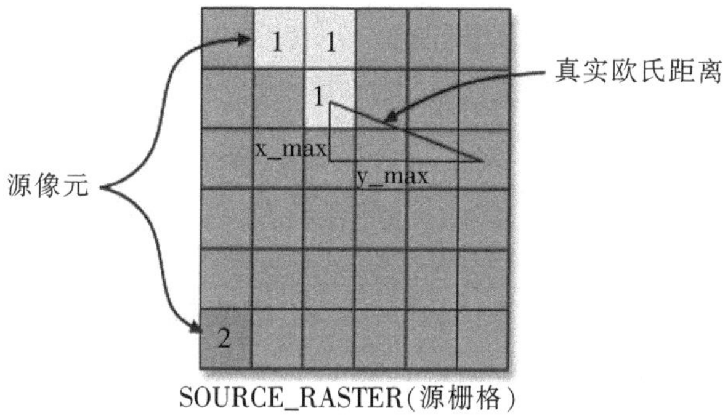

图 4-1　距离计算的理论模型

①与居民区的距离。由于居民区由若干房屋的点数据组成，所以先进行点的缓冲区分析，再对缓冲区进行要素转栅格，得到指定距离的栅格图层。

②与公路的距离。通过计算获得公路的欧氏距离图层，原理如下：对于每个像元，用 *x_max* 和 *y_max* 作为三角形的两条边来计算斜边的方法，确定其与每个源像元之间的距离，如果它小于指定的最大距离，则将该值赋给输出栅格上的像元位置。

③与水源的距离。水源数据由于比较特殊，人工勾绘无法完成，而详细的河流数据较难获取。我们采用土地分类数据中的水域类别构造水源数据。利用提取工具析出水源地理位置信息，并对水源栅格进行欧氏距离分析。

（3）高程

①相对高程。采用焦点统计的方法，计算指定邻域内的值的统计数据，即为相对高程值。例如，滑翔伞项目要求起飞场与降落场之间的落差在 50—600 米之间，根据起飞场与降落场直线距离指标，选取半径为 1000 米的圆形区域进行统计，得出该范围内高程的最大值与最小值，并利用栅格计算器进行差值计算，筛选出差值位于 50—600 的栅格。

②绝对高程。DEM 数据包含的高程值即为绝对高程，利用 ArcGIS 10.2 分

析软件自带的提取功能,按照相应条件进行直接提取。

4.2.1.3 结果处理

(1)土地利用类型筛选

根据户外运动项目场地要求,基于国家土地利用数据,利用 ArcGIS 10.2 分析软件的提取工具将符合条件的栅格析出,主要包括荒地、林地、水源等。

(2)图层合并

根据每个户外运动项目场地要求的指标,逐一进行筛选,每次筛选结果作为下一步分析的元数据。然后将每个户外运动项目的分析结果赋值为 0 和 1,“0”表示不合格,“1”表示合格。最后利用栅格计算器进行图层累加,获得大别山地区户外运动项目聚集度。

4.2.2 结果与分析

ArcGIS 是一种根据地理信息图层和数据进行专题地图编制的工具(牟乃夏等,2012)。由于目前能够建立的户外运动资源评价指标比较模糊,而通过实地调查获取大别山地区的户外运动资源信息尚难完成,所以本研究只能通过 ArcGIS 评估分析大别山地区的部分户外运动资源。目前不具备分析条件的户外运动项目包括:①大别山地区海拔普遍低于 3500 米,不具备登山条件;②大别山地区山林密布、河水众多,具备广泛的徒步、丛林穿越和山地越野条件,但这些运动的线路不是直线,根据现有指标无法有效提取活动路径;③水流速度、深度和落差是溯溪场所的核心指标,这些指标会随季节改变而发生变化,现有数据无法有效提取相应范围;④拓展训练场所需要考虑距离电力设施、地下管线、建筑物等的距离,目前缺乏公开数据可以利用,同时青少年营地、滑草场所等涵盖了大部分适合拓展训练场所的地域;⑤动力伞、悬挂滑翔翼与滑翔伞的场地,以及攀岩和岩降的场地相似,这些项目将合并分析;⑥从理论上讲,大别山地区的河流、湖泊、水库、湿地等地域均适合钓鱼,也可以开展舟渡(筏/艇)等活动,两类项目可合并分析;⑦目前掌握的帐篷露营场所指标比较抽象,而青少年营地和滑草场地能够涵盖大部分帐篷露营场所;⑧大别山地区位于江南,全年气候比较温暖,虽然符合场地指标的地域较广,但缺“雪”,分析结果没有实际指导价值,所以没有评估自然滑雪场的位置。最终提取的户外运动场地信息如下。

4.2.2.1 漂流场所

根据“河道长度不短于 2 千米、全程落差不低于 50 米、河道坡度 30°—45°”等三个条件对大别山地区的河流进行逐步筛选，结果显示大别山地区适合漂流的河道有 2976653 条，主要分布在大别山核心地区。

4.2.2.2 定向越野线路

根据“植被覆盖、不含果园和耕地、与居民区保持 1000 米、坡度小于 30°”等条件对大别山地区进行分析，发现 1633080 条可用于定向越野的线路，主要分布在大别山周边区域。

4.2.2.3 山地自行车/越野自行车线路

适合大众参与的山地自行车/越野自行车线路对起点和终点的条件要求并非如比赛场地那么严格，不短于 30 千米的乡村小道都能适用。根据“长度不短于 30 千米”对乡村小道进行筛选，发现沿着大别山的山脉分布着 5937738 条可以支持骑行山地自行车/越野自行车的线路。

4.2.2.4 滑草场所

大别山地区的山地面积约占 15%，其余多为低山丘陵，山间谷地宽广开阔，山地坡度多在 25°—50°[湖北画报(湖北旅游)编辑部，2010]，这种地貌特征使大别山地区具备广泛的滑草条件，分析发现当地存在 14721493 个潜在滑草场所。

4.2.2.5 瀑降场所

瀑降场所要求不低于 10 米的水流落差和 70°的坡度，分析结果显示大别山地区符合该标准的场地只有 7 处。

4.2.2.6 攀岩/岩降场所

分析发现大别山地区符合高度和坡度条件的岩壁有 20 块，大部分位于安徽省内。自然攀岩岩壁对石头质地有要求，这些岩壁是否具有实用价值还需要实地考察。

4.2.2.7 滑翔伞/动力伞/悬挂滑翔翼场地

滑翔伞/动力伞/悬挂滑翔翼场地包括起飞场和降落场，与其他户外运动场所只需分析一块地域是否符合条件不同，对这类户外运动场地的遴选需要先利用 DEM 数据进行坡度百分比分析，计算出百分比坡度（即水平距离每升高 100 米高程的改变量），再分别提取符合条件的区域作为起飞场或降落场以及坡度较陡的区域作为冲刺区。然后通过邻域分析计算起伏度（选取搜索半径为一个像素，即 30 米×30 米分辨率的栅格），将符合条件的冲刺区按照距离进行重分类，筛选出与起飞场之间的距离小于 30 米（即一个栅格大小）的区域，通过叠加分析得到起飞场地数据。随后按照 50—5000 米的缓冲区搜索周围符合条件的降落场所，再次叠加，即可获得达到“起飞—冲刺—降落”条件的场所。

4.2.2.8 青少年营地

根据相关指标进行分析发现，大别山地区有 1420576 个符合青少年营地要求的场地，广泛分布在大别山各地。

4.2.2.9 登山健身步道

登山健身步道是以登山为基本方式，在山地上修建的、以健身为目的的步道（中国登山协会，2010）。基于大别山地区的山地条件，可以修建登山健身步道的场所可谓星罗棋布。

4.2.2.10 钓鱼/舟渡（筏/艇）场所

钓鱼/舟渡（筏/艇）等活动可以在水库、江河、湖泊、沼泽湿地等地方开展，在无法逐一确认水资源保护、渔业发展质量等因素的情况下，上述水域都具备开展水上户外运动项目的潜力。

4.3 大别山地区户外运动资源聚集情况

单一户外运动资源的开发利用价值有限，通常认为可以开发多种户外运动项目的区域具有较好的旅游潜力。基于上述分析，虽然大别山地区储备着丰富的户外运动资源，但受资源禀赋的影响，绝大部分户外运动资源聚集在大别山核心地带，而且当地的户外运动资源比较分散，其中 842532 个地方具备开展不少于 4 种户外运动项目的条件，6747 个地方具备开展不少于 5 种户外运动项目的条件，具备开展 6 种及以上户外运动项目的地域较为罕见。

第五章

大别山地区户外运动旅游客源市场分析

体育旅游是旅游产业和体育产业深度融合的新兴产业形态，是以体育运动为核心，以现场观赛、参与体验及参观游览为主要形式，以满足健康娱乐、旅游休闲为目的，向大众提供相关产品和服务的一系列经济活动（国家旅游局和国家体育总局，2016），是现代旅游业的重要组成部分（陈同先和谢忠萍，2012）和增长速度最快的一个分支（Hritz & Ross，2010），也是激活乡村旅游的有效手段（卢昕等，2022）。其中户外运动是体育旅游的主要内容（李雪颖，2015），《关于大力发展体育旅游的指导意见》中明确提出"以群众基础、市场发育较好的户外运动旅游为突破口"。而旅游业的经济属性决定了其对市场具有极大的依赖性，离开了市场的依托，旅游业的经济效益就难以实现（马勇、李玺和李娟文，2004）。市场是生产力发展到一定阶段的产物，是商品生产和商品交换中产生、形成的商品和劳务买卖的场所，以及商品和劳务交换所连接起来的人与人之间各种经济关系的总和（柳伯力，2013），它随着商品交换的产生而产生，并随着商品交换的发展而发展（王桂忠和赵丽光，2005）。旅游学科对旅游市场的定义有狭义与广义之分：狭义的旅游市场是指旅游产品交换的场所，而广义的旅游市场是指旅游产品交换过程中所反映的各种经济现象和经济关系，它不仅局限于旅游产品交换的场所，还涉及一定范围旅游产品交换中供求之间各种关系的总和（林南枝，2000），反映旅游产品生产者、经营者和消费者之间的经济关系（蔡朝双，2011）。旅游市场是支持户外运动旅游可持续健康发展的重要基础，《关于大力发展体育旅游的指导意见》《山地户外运动产业发展规划》等政策文件中要求"加快培育体育旅游消费市场,持续优化体育旅游供给体系”“培育体育旅游市场主体”,可见大别山地区户外运动旅游发展也离不开相应市场主体的支持。

客源市场作为旅游的需求侧,是拉动旅游业发展的原动力,是预测旅游经济发展的重要指标之一(龚丽丹等,2021),直接关系到旅游地发展战略决策的科学性(刘少湃等,2016)。相关研究发现,我国体育旅游游客一般具有较高学历、良好的职业和一定的社会经济背景(舒宗礼,2008),其中海南体育旅游者以中青年男性和中等消费水平的群体为主体,他们主要为了求新求异、挑战自我和健身健美(夏敏慧等,2015)。税清双和张学梅(2006)预测我国香港、澳门和台湾以及日本、韩国、菲律宾、蒙古、泰国、印度、印度尼西亚、马来西亚、俄罗斯等周边国家和地区是北京奥运会的主要客源地,德国、法国、英国、意大利、澳大利亚、加拿大、美国、巴西是潜力客源市场。孙根年和马丽君(2008)预测北京奥运会的国际一级客源市场为日本、美国、韩国及我国香港和台湾,二级客源市场为德国、英国、法国、俄罗斯、澳大利亚、加拿大、马来西亚和新加坡,三级市场为瑞典、泰国、意大利、西班牙、印度尼西亚、印度等国家和地区;国内一级客源市场为河北、山东、辽宁、河南、江苏、四川、广东等省,二级客源市场有湖北、黑龙江、湖南、内蒙古、浙江、安徽等省区,三级客源市场有广西、云南、福建、重庆、贵州等省区。

2022 年 1 月,中国旅游研究院和马蜂窝自由行联合发布的《中国冰雪旅游消费大数据报告(2022)》指出,36%的冰雪旅游游客来自一线城市,35%来自新一线城市,二线城市提供 15%的客源,排名前十的客源地分别是北京、上海、广州、深圳、杭州、成都、武汉、南京、重庆、天津。而《中国体育旅游消费大数据报告(2021)》指出,2021 年排名前十的体育旅游客源市场分别是广东、北京、上海、四川、江苏、浙江、辽宁、山东、福建、重庆。可见,我国体育旅游客源市场主要分布在经济较为发达的省份和城市。

本研究对大别山地区户外运动旅游客源市场进行分析,旨在评估该地区的户外运动旅游发展潜力和旅游消费市场拓展空间。

5.1 研究方法

5.1.1 地理集中指数分析

该指数用于衡量旅游目的地客源市场空间分布的集中程度,计算公式为:

$$G=100\sqrt{\sum_{i=1}^{n}\left(\frac{x_i}{T}\right)^2}$$

式中:G 表示旅游目的地客源市场空间结构的地理集中指数;n 表示客源地总数量;x_i 表示第 i 个客源地的游客数量;T 表示旅游目的地接待游客的总人数。其中,G 值在 0 到 100 之间。G 值越大表示客源市场的空间分布越集中,越有利于目标市场的锁定和促销,但不利于景区经营的稳定性,以及更易受外部环境的冲击(政策、经济和交通等);G 值越小,表示客源市场越分散,不利于确定主要客源市场,增加景区营销难度(段荣和任黎秀,2012)。

5.1.2 客源吸引半径

旅游目的地对客源的吸引范围可以用客源市场半径(AR)来衡量。AR 值越大,表明旅游目的地吸引力越大,其吸引范围越大;AR 值越小,反之。其计算公式为:

$$AR=\sqrt{\frac{\sum_{i=1}^{n}d_i^2x_i^2}{\sum_{i=1}^{n}x_i^2}}$$

式中:AR 表示旅游目的地对客源的吸引半径;x_i 表示第 i 个客源地的游客比重;d_i 表示第 i 个客源地与旅游目的地的距离;n 表示客源地的总数量。

5.1.3 空间使用曲线

空间使用曲线是指旅游目的地游客数量随距离变化的特征,反映旅游目的地客源市场与出游距离之间的线性关系,是距离衰减规律作用于某一旅游目的地客流空间分布的具体体现(解抒等,2004)。常用的空间使用曲线有基本曲线、U 形曲线和 Maxwell-Boltzman 曲线(见图 5-1)。旅游目的地吸引力与空间使用曲线密切相关,一般认为旅游目的地吸引半径越大,空间使用曲线越复杂。

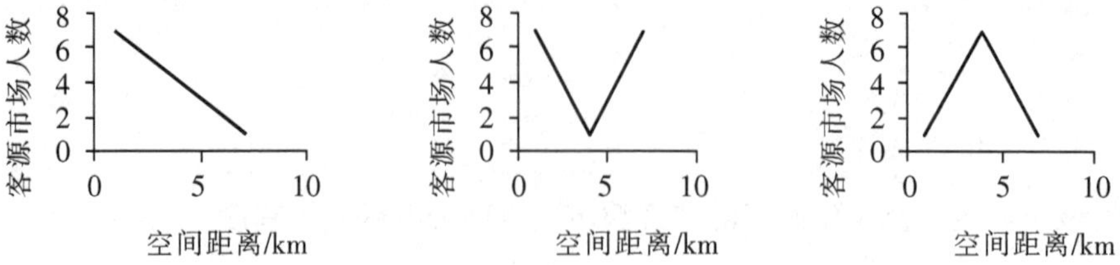

基本曲线　　U 形曲线　　Maxwell-Boltzman 曲线

图 5-1　旅游目的地客源空间使用曲线

注：此处曲线均为模型，“客源市场人数”不是实际统计结果，是个抽象数字，不能使用单位“人”，故左纵轴均缺少单位。

5. 1. 4 变异系数

变异系数用于反映旅游客源市场的离散程度。本研究旨在通过测量大别山地区、鄂东大别山地区、皖西大别山地区和豫南大别山地区的变异系数，系统揭示大别山地区体育旅游客源市场空间结构的均衡程度。值越小，空间分布越均衡；值越大，空间差异越大。计算公式为：

$$CV=\frac{\sqrt{\frac{\sum_{i=1}^{n}2x_i\cdot\bar{x}}{n}}}{x}$$

式中：x_i 表示来自 i 地区的游客数量；$\bar{x}$ 表示游客总数平均数；n 表示客源市场地区数（吴清、张明和胡露露，2013）。

5. 1. 5 基尼系数

基尼系数（*Gini*）可以较为直观地反映空间要素的分布差异（李伟、胡静和陆汝瑞等，2013），本研究用其系统全面地分析大别山地区体育旅游客源市场空间分布的离散情况。其中 $0<Gini<1$，数值越接近 1 表示该区域客源市场空间结构越不均衡。一般认为 $Gini<0.1$，表示该区域内客源市场绝对平均；$0.1<Gini<0.3$，表示该区域内客源市场比较平均；$0.3<Gini<0.4$，表示该区域内客源市场相对合理；$0.4<Gini<0.5$，表示该区域内客源市场差距过大；$Gini>0.5$，表示该区域内客源市场差距悬殊。

5. 1. 6 数据来源

本研究以大别山地区的体育旅游目的地为考察基点，以全国 31 个省区市

(不包括港澳台地区)和338个地级市为研究单元。使用的客源数据来自课题组在大别山地区开展的实地调查,全国各省区市行政地图、50mDEM数据和三级以上河流数据来源于地理空间数据云(https://www.gscloud.cn/#page1/2)。由于大别山地区方圆3万多平方千米,为了比较准确地测量大别山地区与客源地之间的距离,故选取安徽、湖北、河南三省交界处的康王寨作为大别山地区中心位置,计算该地点与各客源地之间的空间直线距离。同时鄂东大别山地区选取湖北省罗田县作为中心点,皖西大别山地区选取安徽省霍山县作为中心点,豫南大别山地区选取河南省新县作为中心点,分别测量罗田县、霍山县和新县与各客源地之间的距离。

5.2 大别山地区户外运动游客基本特征

5.2.1 大别山地区户外运动游客数量发展趋势

我国户外运动爱好者达1.45亿人(王辉,2019),构建了我国户外运动旅游消费的需方市场。大别山地区有着丰富、良好的山地户外运动资源,其位于经济水平较高的中、东部地区,依托区位和交通优势,每年能够吸引大量户外运动爱好者到访,其中安徽省六安市金寨县举办的"挺进大别山　千里走金寨"徒步系列活动每年接待游客超10万人次,河南省信阳市商城县金刚台西河景区主打漂流、拓展等户外运动体验项目,2018年接待游客65万人次。随着大别山地区户外运动基础设施建设日益完善,对国内户外运动爱好者产生了更强的吸引力,游客数量不断攀升。以河南省信阳市新县为例,自从2016年建成河南省首条国家登山健身步道,同时发展漂流、高空滑索、铁索自行车、独木桥、步步惊心网红桥等一批户外运动项目,带动当地旅游业快速发展,2019年全县接待游客数量是2015年的4倍,而同期信阳市游客数量仅增长1倍,而且新县逐年游客增长比率明显高于信阳市(见图5-2)。由此可见,大别山地区户外运动旅游需方市场规模和增长速度均有较快提升。

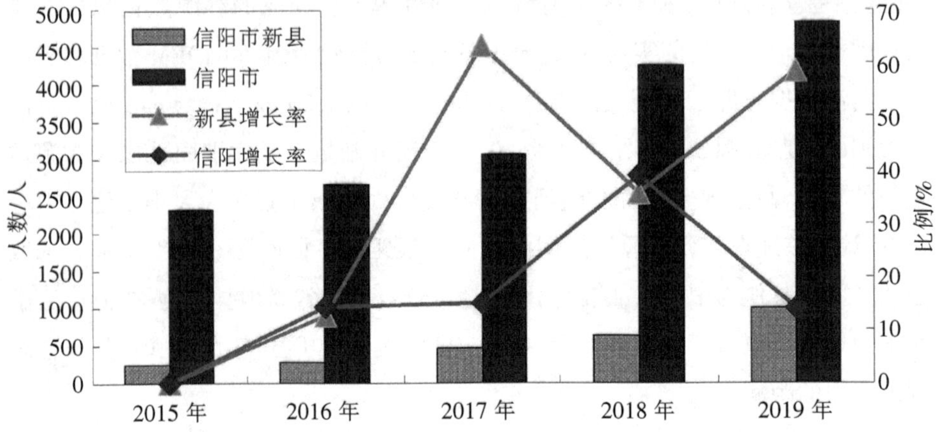

图 5-2　2015—2019 年信阳市与新县游客数量变化趋势比较

数据来源:信阳市和新县各年《国民经济和社会发展统计公报》

5.2.2 大别山地区户外运动游客特征分析

分析结果显示,湖北省属大别山地区的被试占 39.4%、安徽省属大别山地区的被试占 36.2%、河南省属大别山地区的被试占 24.4%;男性占 54.65%、女性占 44.93%,男性游客大约比女性游客多 10%;平均年龄 32.72±11.51 岁,主体是 20—49 岁的中青年人群,其中 20—29 岁占 32.66%、30—39 岁占 29.01%,而超过 60 岁的游客仅占 1%左右(见图 5-3)。这显示:中青年男性较喜欢参加户外运动。

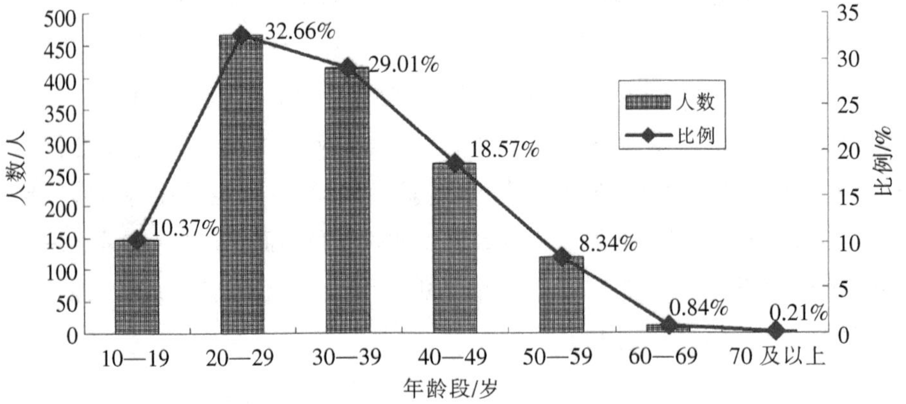

图 5-3　大别山地区户外运动游客年龄分布

由图 5-4 可见,大别山地区户外运动游客中 70.02%具备本、专科学历,其次是高中及以下学历(22.45%),具有研究生学历的游客较少。这意味着到大别山地区参加户外运动的人员中较高学历者较少,他们是户外运动参与者中的小众群体。

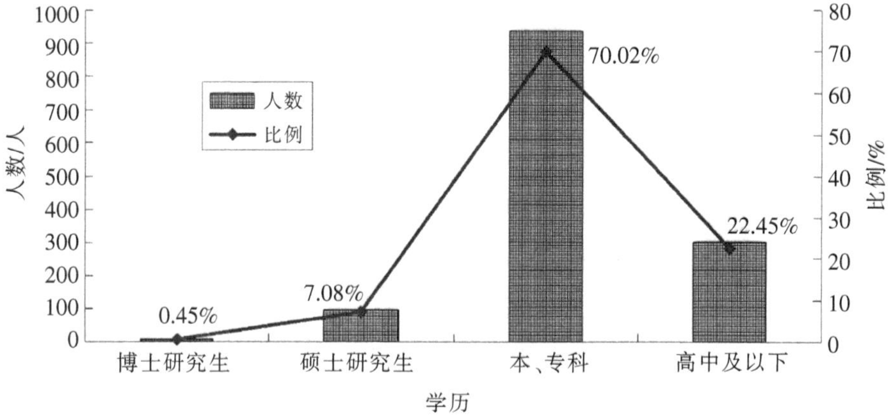

图 5-4 大别山地区户外运动游客学历分布

被调查人员总共报告了经商、干部、个体户、程序员、退休、教师、电商等 91 种工作种类/状态,其中学生、企业员工、自由职业者、教师和销售人员居多(见图 5-5),当地户外运动游客中有过一半的人从事这 5 种职业,可能缘于他们拥有较多的可支配自由时间和经常参加团建等集体活动。

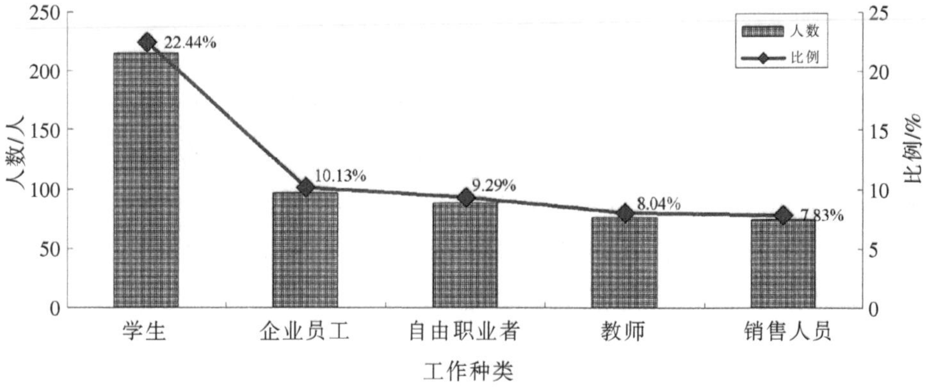

图 5-5 大别山地区户外运动游客工作种类分析

由图 5-6 可见,大部分在大别山地区体验户外运动的游客年收入不超过 15 万元,以 5 万—10 万元区间最多(35.63%),年收入超过 30 万元的高收入人群仅占1.2%。这意味着大别山地区户外运动游客以中、低收入群体为主,可能与旅程长度、项目特征和集体活动有关。

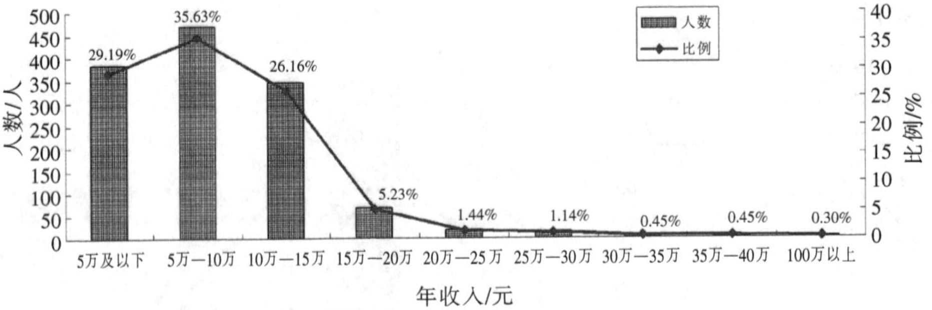

图5-6　大别山地区户外运动游客年收入分布特征

调查发现,大别山地区的户外运动项目还吸引了一批海外游客到访。例如,2017年11月11日至12日来自德国、法国、韩国、委内瑞拉、加纳的多名留学生参加了位于安徽省属大别山地区的金寨县金刚台村举办的“徒步大别山　金寨深呼吸”中华驴友徒步大会,本研究调查期间也偶遇了1名日本游客。分析发现,大别山地区绝大部分户外运动游客来自全国19个省、自治区和直辖市:①帕累托分析结果显示,大部分游客来自湖北、安徽、河南和江苏,其次是上海、山东、浙江、广东和北京,这意味着大别山地区户外运动旅游的需求市场主要由本地居民(尤其是省会城市的居民:武汉30.15%、合肥8.01%和郑州4.49%)和国内经济发达地区的居民构成(见图5-7);②大别山地区户外运动旅游市场显示出较强的从本地向东部地区(江苏、浙江、上海、广东)辐射的特征,对西部、北部和南部,以及周边户外运动资源比较丰富的地区(太行山、秦岭、湘西、井冈山)的影响力较弱。由此可见:临近江苏、浙江、广东、山东等我国主要经济体,为大别山地区奠定了良好的需方市场基础;加强对周边经济发达地区的市场开发,将使大别山地区的户外运动旅游拥有较好的发展空间。

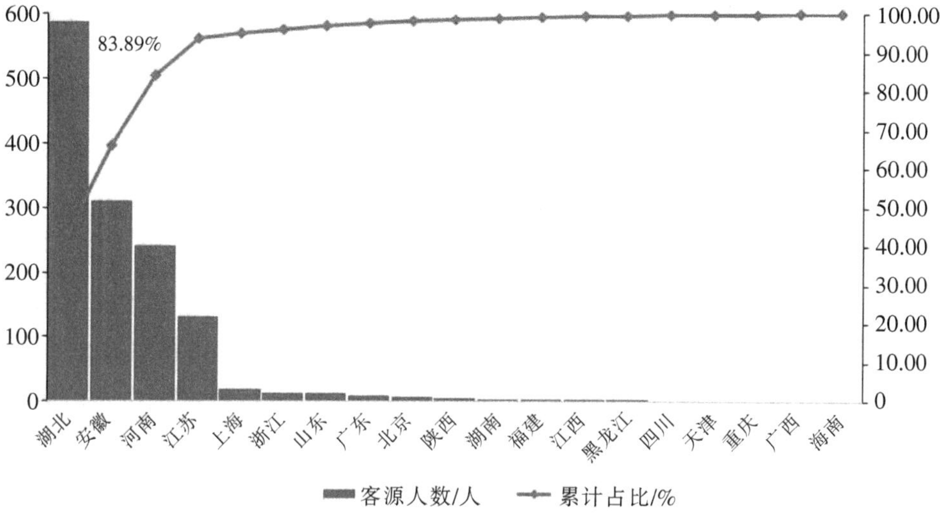

图 5-7　大别山地区户外运动游客来源地分析

综上所述，随着大别山地区户外运动基础设施和资源开发的发展，大别山地区户外运动游客数量不断攀升，服务范围从本地向经济较发达的周边地区和国外辐射，本地(尤其是省会城市)和江苏、浙江、上海、广东、北京的客源构成了大别山地区户外运动旅游的核心需方市场，且以 20—49 岁，拥有本、专科学历，年收入不超过 15 万元的人群为主。

5.3 大别山地区户外运动旅游客源市场的空间结构基本特征

5.3.1 大别山地区户外运动旅游省级客源市场的空间结构特征

5.3.1.1 省级客源市场的分布

大别山地区户外运动旅游省级客源市场分布较为广泛，涉及全国 19 个省区市，主要来源于湖北省、河南省、安徽省和江苏省等大别山地区周边省份，其中来自湖北省的游客数量最多，占比高达 43.27%，安徽省、河南省和江苏省的游客分别占 22.81%、17.81%和 9.64%。鄂东大别山地区省级客源市场分布较少且较集中，游客主要来源于湖北省内，占比高达 91.42%，部分来自安徽省；豫南大别山地区省级客源主要来自河南省和湖北省，占比分别为 69.32%和 23.01%；皖西大别山地区省级客源市场相较而言分布广泛且分散，大部分来自安徽省(60%)

和江苏省(19.18%)。

5.3.1.2 省级客源市场空间聚集性分析

由表5-1可见,鄂东大别山地区省级客源市场地理集中指数 $G_{鄂}$ 达到91.56,表明其省级客源市场高度集中,且远高于均匀分布情况下的最优解(37.8),因为游客来源主要集中在武汉市,占鄂东大别山地区户外运动旅游省级客源市场份额的69.4%;豫南大别山地区省级客源市场地理集中指数 $G_{豫}$ 为73.14,虽然在大别山地区处于中等水平,但集中指数仍然偏高,表明豫南大别山地区户外运动旅游省级客源市场也较为集中,主要分布在信阳市和郑州市;皖西大别山地区省级客源市场地理集中指数 $G_{皖}$ 为63.34,与鄂东和豫南大别山地区省级客源市场相比较为分散,其最优解的值也最小,这反映出皖西大别山地区省级客源市场处于较为分散的分布状态。大别山地区省级客源市场地理集中指数 $G_{总}$ 为52.99,虽然最佳客源市场状态相差较大,但是从总体来看大别山地区省级客源市场分布呈较为分散的状态。

表5-1 大别山地区户外运动旅游省级客源市场地理集中指数

地区	G	$\bar{G}$	$G-\bar{G}$
鄂东大别山地区	91.56	37.8	53.76
豫南大别山地区	73.14	31.62	41.52
皖西大别山地区	63.34	24.25	39.39
大别山地区	52.99	22.94	30.05

5.3.1.3 省级客源市场空间均衡性分析

分析结果显示,大别山地区户外运动旅游省级客源市场分布较不均衡,其中鄂东大别山地区省级客源市场分布最不均衡且空间差异最大,变异系数(*CV*)达到2.21,基尼系数(*Gini*)在片区中位于最高水平,为0.7955。皖西大别山地区和大别山地区整体省级客源市场分布情况类似,基尼系数(*Gini*)均小于0.5,表明其省级客源市场分布较为均匀(见表5-2)。

表 5-2 大别山地区户外运动旅游省级客源市场空间分异水平

地区	*CV*	*Gini*	*C*
鄂东大别山地区	2.21	0.7955	0.2045
豫南大别山地区	2.09	0.6166	0.3834
皖西大别山地区	1.98	0.4922	0.5078
大别山地区	2.08	0.4699	0.5301

注：*C* 表示分布均匀度，$C=1-Gini$。

5.3.1.4 省级客源市场空间使用曲线特征

由图 5-8a 可见，大别山地区户外运动旅游客源市场的空间范围辐射至 1300 千米外的地域，整体上呈现出客流随着距离的增加而逐渐减少的趋势，这种变化存在一定的分段性：距离在 150 千米以内的客源占 65%，在 150—300 千米范围内客流随着距离的增加而直线下降，省级客源市场空间使用曲线表现为基本曲线；在 300—600 千米范围内客流随着距离的延长先逐渐增加，然后在 450 千米处出现拐点，客流继而随着距离的延长逐渐减少，表现为典型 Maxwell-Boltzman 曲线。可见，大别山地区户外运动旅游省级客源市场空间使用曲线是基本曲线和 Maxwell-Boltzman 曲线结合体，65%的客源来自距离在 150 千米以内的区域，95%的客源来自距离在 450 千米以内的区域，这意味着大别山地区户外运动旅游省级客源市场的吸引范围大约在 450 千米距离范围内。

由图 5-8b 和图 5-8c 可见，皖西大别山地区和鄂东大别山地区户外运动旅游省级客源市场的空间使用曲线均表现为典型的基本曲线。其中，皖西大别山地区省级客源市场主要分布在距离 600 千米范围内，占比 90%以上，说明皖西大别山地区省级客源市场覆盖面积较大，涵盖安徽省以外面积不小的地区；鄂东大别山地区省级客源市场主要分布在距离 150 千米范围内，占比近 90%，说明鄂东大别山地区省级客源市场覆盖面积较小，以湖北省内客源为主。由图 5-8d 可见，豫南大别山地区省级客源市场空间使用曲线以距离 300 千米为节点，在 300 千米之前，客流随着距离增加而不断增加，累计客源市场份额达到 95%；在 300 千米之后，客流随着距离增加而不断减少，符合 Maxwell-Boltzman 曲线的特征，可能缘于在 300 千米之内涵盖湖北省、河南省和安徽省部分地区的游客,构成豫南大别山地区的主要客源市场。

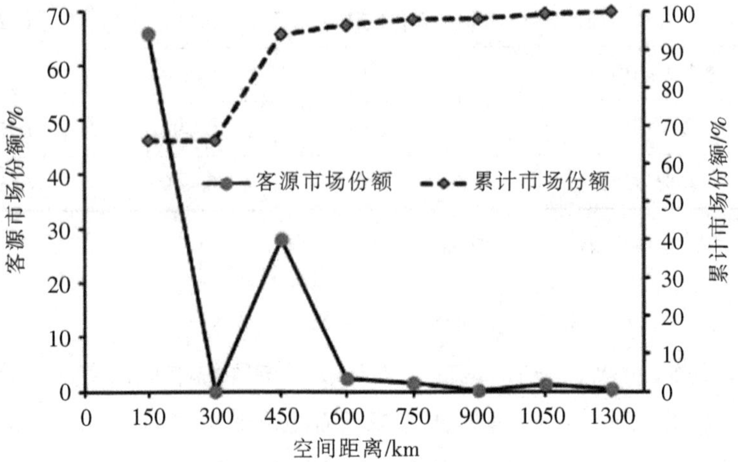

a 大别山地区的空间使用曲线

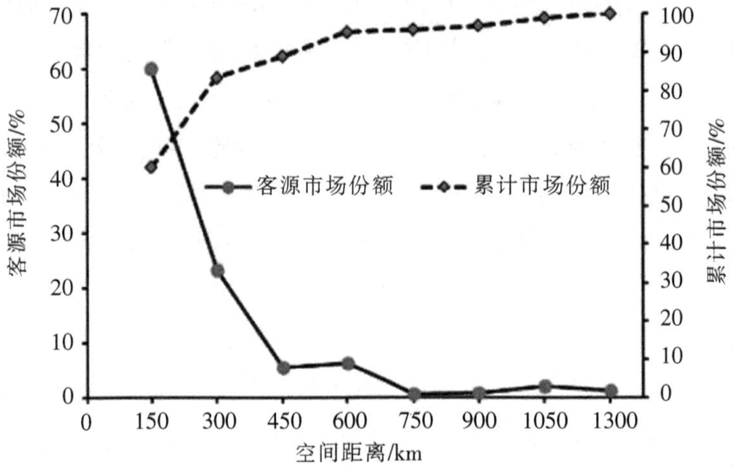

b 皖西大别山地区的空间使用曲线

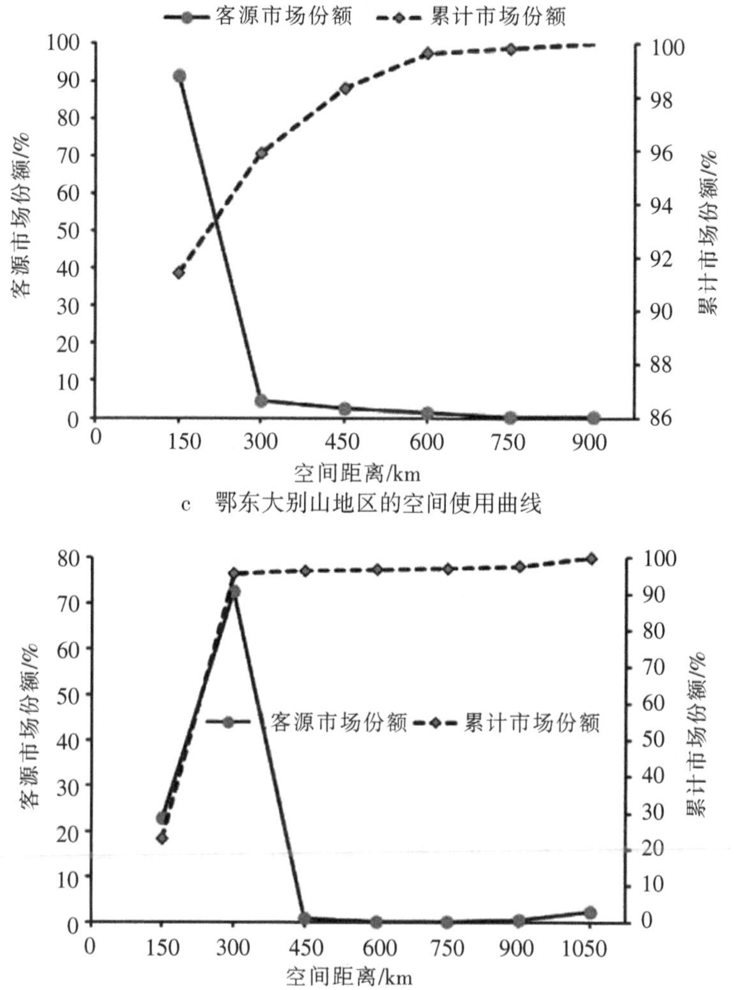

c 鄂东大别山地区的空间使用曲线

d 豫南大别山地区的空间使用曲线

图 5-8 大别山地区户外运动旅游省级客源市场空间使用曲线

综合而言:①皖西大别山地区省级客源市场辐射范围达到 1300 千米,鄂东和豫南大别山地区省级客源市场辐射范围只有 900 千米和 1050 千米,皖西大别山地区省级客源市场辐射范围较大;②豫南大别山地区省级客源市场空间使用曲线为 Maxwell-Boltzman 曲线,在 300 千米处出现大幅波动,而皖西和鄂东大别山地区省级客源市场空间使用曲线为基本曲线;③皖西大别山地区吸引力范围集中在 600 千米范围内,涵盖安徽省、江苏省、上海市、湖北省、江西省等地,豫南和鄂东大别山地区吸引力范围集中在300千米和450千米范围内,涵盖河南省、湖北省和安徽省等大别山周边地区。可见,皖西大别山地区省级客源市场覆盖范围更广、吸引力更强、影响力更大。

5.3.2 大别山地区户外运动旅游市级客源市场的空间结构特征

5.3.2.1 市级客源市场的分布

分析结果显示,大别山地区户外运动旅游市级客源市场主要分布在“胡焕庸线”以东,以大别山地区周边的市(县)和省会城市为主,大部分游客来自武汉市、合肥市、郑州市、信阳市、黄冈市、徐州市和六安市,占市级客源市场总量的69.19%,呈现出较强的聚集性。具体而言,鄂东大别山地区户外运动旅游市级客源市场的分布城市较少,主要聚集于武汉市和黄冈市;豫南大别山地区户外运动旅游市级客源市场主要分布于河南省内和部分大别山地区周边城市。原因可能是鄂东和豫南大别山地区的宣传力度不够,故而游客主要来自省内。皖西大别山地区户外运动旅游市级客源市场的分布较为广泛,不仅包括安徽省内的地级市和大别山周边的地级市,江苏省和浙江省内的部分经济较为发达的城市也是其重要的客源市场。由于皖西大别山地区地理位置接近浙江、江苏、上海等经济较为发达的地区,且大别山地区户外运动旅游目的地的交通条件尚不完善,调研发现有近90%的游客通过自驾的方式到大别山地区开展户外运动旅游活动,所以皖西大别山地区户外运动旅游市级客源市场分布较为广泛。

5.3.2.2 市级客源市场空间聚集性特征

由表5-3可见,大别山地区总体户外运动旅游市级客源市场地理集中指数为34.53,聚集性并不明显。相较于武汉市(49.94)、北京市(42.02)和桂林市(38.27)的旅游市级客源市场地理集中指数,大别山地区户外运动旅游市级客源市场地理集中指数较为均匀,可能缘于大别山地区位于鄂豫皖三省交界处,在地域上具有较为明显的客源吸引优势。进一步分析发现,鄂东大别山地区户外运动旅游市级客源市场的地理集中指数达到71.04,说明鄂东大别山地区户外运动旅游市级客源市场分布最为集中,聚集性最强,游客主要来源于武汉市和黄冈市,占比高达83.21%。

表 5-3 大别山地区户外运动旅游市级客源市场地理集中指数

地区	G	$\bar{G}$	$G-\bar{G}$
鄂东大别山地区	71.04	23.57	59.86
豫南大别山地区	35.99	17.41	18.58
皖西大别山地区	29.89	13.25	16.46
大别山地区	34.53	11.18	23.35

5.3.2.3 市级客源市场空间均衡性特征

由表 5-4 可见,大别山地区户外运动旅游市级客源市场空间结构的变异系数(*CV*)高达 2.92,基尼系数(*Gini*)也达到 0.7412,说明其市级客源市场空间结构很不均衡。将大别山三个片区的变异指数和基尼系数与大别山地区总体水平进行比较,发现豫南大别山地区市级客源市场空间结构均衡性优于其他地区,可能缘于豫南大别山地区市级客源市场空间结构的分布差异较小。虽然大别山地区户外运动旅游市级客源市场空间分布的聚集性较大,但是其户外运动旅游市级客源市场空间结构在各地级市分布的人数差异性不大,表明其市级客源市场空间结构较为均衡。

表 5-4 大别山地区户外运动旅游市级客源市场空间分异水平

地区	*CV*	*Gini*	*C*
鄂东大别山地区	2.84	0.6875	0.3125
豫南大别山地区	1.81	0.1937	0.8063
皖西大别山地区	2.02	0.4187	0.5813
大别山地区	2.92	0.7412	0.2588

5.3.2.4 市级客源市场空间使用曲线特征

大别山地区户外运动旅游市级客源市场空间使用曲线主要由 Maxwell-Boltzman 曲线和基本曲线复合而成。在 0—250 千米范围内为 Maxwell-Boltzman 曲线,0—150 千米范围内游客人数随着距离的增加而增加,在 150 千米范围之外,主要为基本曲线,游客人数呈现逐渐下降的趋势,表现出明显的客源市场距离衰减规律。

在150千米以内主要客源市场有六安市、黄冈市、鄂州市、武汉市、黄石市、信阳市和孝感市,主要是大别山地区所覆盖的城市或者其周边城市。在150千米范围内,客源市场累计份额在50%以上,是大别山地区户外运动旅游主要客源市场。以大别山地区中心为圆点,150千米为半径,在此范围内的城市为大别山地区户外运动旅游一级客源市场。整体来看,随着距离的增加,游客人数逐渐减少,但是在250—600千米范围内有小幅度的平缓,主要原因是在此范围内有南京市、郑州市、扬州市、苏州市、徐州市和常州市等较为发达的城市。在600千米范围内,客源市场累计份额在90%以上,因此将450千米范围内的城市定义为大别山地区户外运动旅游二级客源市场,将600千米之外的城市定义为三级客源市场。

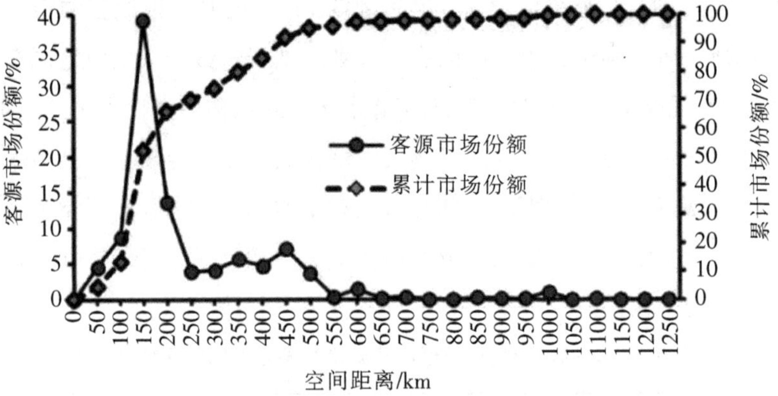

a 大别山地区的空间使用曲线

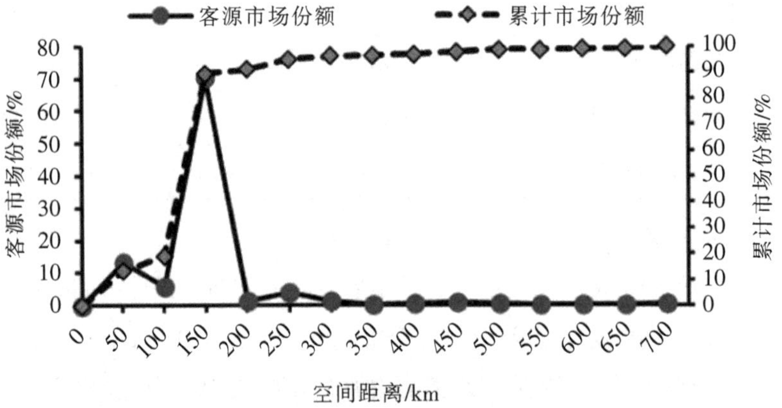

b 鄂东大别山地区的空间使用曲线

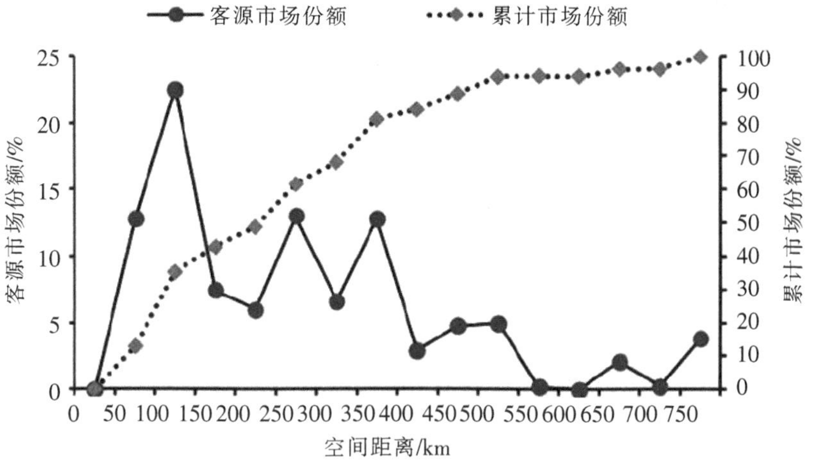

c 皖西大别山地区的空间使用曲线

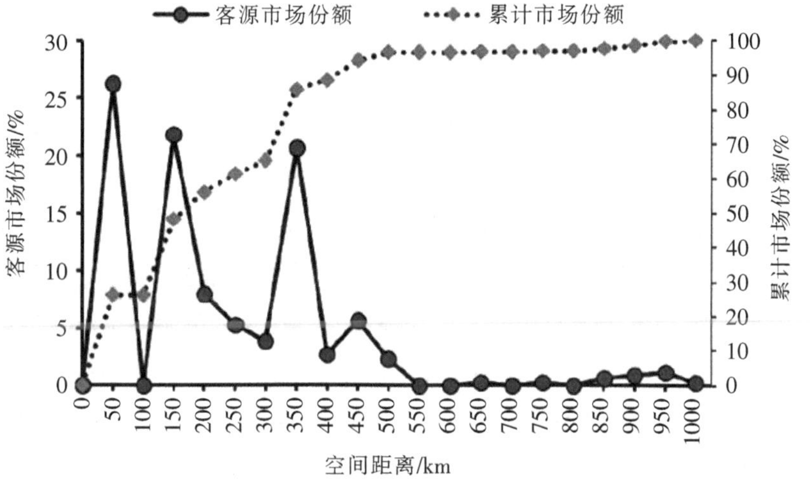

d 豫南大别山地区的空间使用曲线

图 5-9 大别山地区户外运动旅游市级客源市场空间使用曲线

由图 5-9 可见,鄂东大别山地区户外运动旅游市级客源市场空间使用曲线主要由 Maxwell-Boltzman 曲线和 U 形曲线组合而成,表现为"两峰夹一谷";最高峰出现在 150 千米处,因为包含了武汉市游客;在 50 千米处的增长趋势较小,主要包含黄冈市和孝感市的游客。鄂东大别山地区户外运动旅游市级客源市场的分布中城市较少,所以其空间使用曲线并无明显变化。皖西和豫南大别山地区户外运动旅游市级客源市场空间使用曲线由多种曲线复合而成，呈现出由近及远跳跃式衰减的“单极多峰”分布格局，客源高峰主要分布在经济较为发达的城市。在皖西大别山地区户外运动旅游市级客源市场中，第一个高峰出现在100千米处，主要包括安徽省内的合肥市、六安市和安庆市，市场份额占比38.56%；第二、三个高峰分别出现在250千米和350千米处，主要包括扬州市、徐州市、苏州市、南京市和淮北市等，市场份额分别为13%和12.78%。豫南大别山地区户外运动旅游市级客源市场空间使用曲线第一个高峰出现在50千米以内，主要包括信阳市本地游客；第二个高峰和第三个高峰出现在150千米和300千米处，有郑州市、武汉市、驻马店市和黄冈市等，主要是大别山地区周边城市和所属省份的省会城市。

5.3.3 大别山地区户外运动旅游客源市场的空间结构模式

综合而言，大别山地区户外运动旅游客源市场正处于发展初期阶段，客源主要分布于大别山地区属地省市和邻近城市，客源市场尚未分布在全国各省份。在空间分布上，大别山地区客源市场空间结构的聚集性较为明显，通过客源吸引半径公式计算可得，大别山地区户外运动旅游客源吸引半径 $AR=161.3$ 千米，客源吸引范围较小。根据距离衰减规律，大别山地区户外运动旅游客源市场圈层结构逐步凸显，基本形成三级圈层的空间结构分布。但是在主要交通干线的影响下，其圈层结构发生了微弱的变形，尤其是二级圈层，更倾向于沿着主要交通干线衍生出轴线发展模式。为清晰地刻画出大别山地区户外运动旅游客源市场空间结构模式，本书以150千米和600千米为缓冲半径，以大广高速和沪陕高速为发展轴线，得出如图5-10所示的结果：大别山地区户外运动旅游客源市场基本形成“一级多核、两轴带动、三级圈层”的空间结构模式。

“一级多核”是指以黄冈市、武汉市等大别山地区所在城市及所在省份的省会城市为核心客源市场聚集区的多极格局。其中武汉市为主要核心客源市场，其客源比例占总客源的30.15%；大别山地区所在城市及所在省份的省会城市主要包括黄冈市、六安市、鄂州市、黄石市、信阳市、孝感市、合肥市和郑州市，其客源比例占总客源的36.47%。

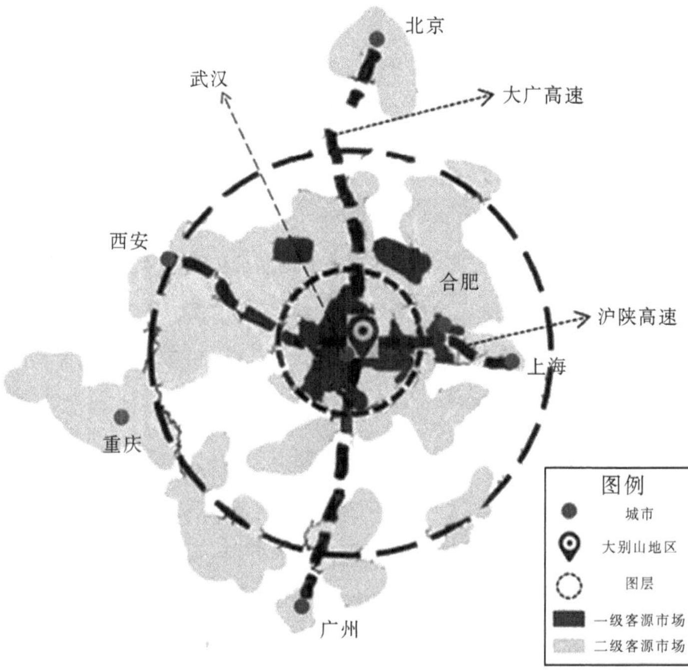

图 5-10 大别山地区户外运动旅游客源市场的空间结构模式

“两轴带动”是以大广高速和沪陕高速沿线为轴线带动客源市场的发展，大别山地区位于“两轴”的十字交叉地带。在交通干线的带动下，大别山地区户外运动旅游客源市场逐渐沿着大广高速和沪陕高速沿线发展，形成“十”字形的发展轴线。在大广高速沿线带动下，北京市、天津市、河南省和广东省等地的客源市场份额相对较高；在沪陕高速沿线带动下，陕西省、江苏省和上海市等地所占客源市场份额较高。在实地调研和问卷发放的过程中，有 95%以上的游客是通过自驾游和旅行社跟团的方式旅游，主要原因是大别山地区交通设施并不完善，户外运动旅游目的地距离高铁站、机场等重要交通站点较远，最快路线接近 1 小时车程，所以大多游客选择汽车出行，高速公路成为连接客源地与大别山地区户外运动旅游目的地的主要交通纽带。

“三级圈层”中以 150 千米为一级圈层即一级客源市场，主要包括六安市、黄冈市、鄂州市、武汉市、黄石市、信阳市和孝感市，其客源市场占比达到 53. 46%；以 600 千米为二级圈层即二级客源市场，包括合肥市、南京市、郑州市、扬州市、苏州市和徐州市等鄂豫皖三省城市以及邻近的周边发达省份城市，其客源市场占比达 43. 48%；在 600 千米以外，包括广东、福建、贵州、新疆和黑龙江等省份，其客源市场占比仅为 2. 98%。三级圈层的比例明显失衡，表明大别山地区户外运动旅游亟待扩展远端客源市场。

5. 3. 4 大别山地区户外运动旅游客源市场的理想空间结构模式

圈层扩大及轴线形成阶段是旅游客源市场空间结构发展的理想模式，因此本研究提出大别山地区户外运动旅游客源市场空间结构的理想模式是“四轴驱动、均衡分布、三级圈层兼外扩”（见图 5-11）。具体而言：“四轴驱动”是指大别山地区户外运动旅游客源市场应依托大广高速、沪蓉高速、沪陕高速和福银高速等重要交通干线的带动作用，使一级客源市场逐渐向外圈层发展，使现有的“两轴带动”逐渐演化成为“四轴驱动”；“均衡分布”是指大别山地区户外运动旅游客源市场的三级圈层比例应呈现出较均衡的分布特征；“三级圈层兼外扩”是指将一级圈层尽可能包含大别山地区邻近省份的省会城市，二级圈层尽可能包括东部沿海较为发达的城市，三级圈层尽可能包含全国范围内的游客。

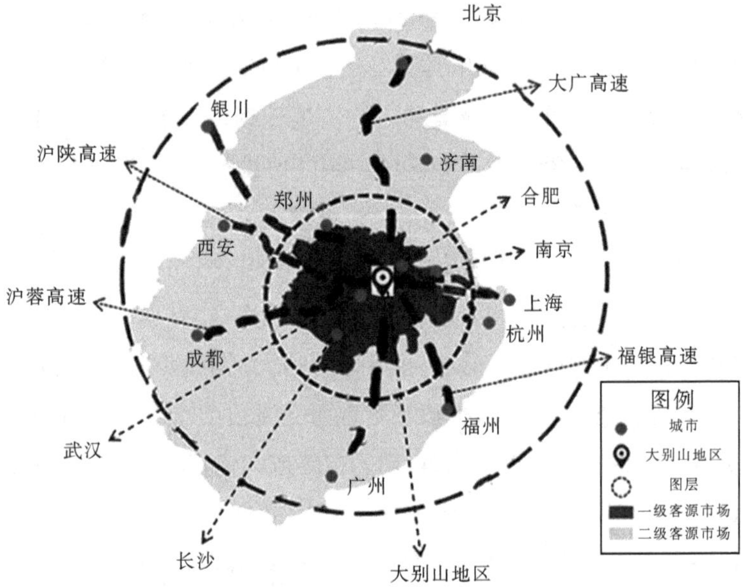

图 5-11　大别山地区户外运动旅游客源市场空间结构的理想模式

5.3.4.1 大别山地区户外运动旅游客源市场的空间吸引范围较小

根据客源吸引半径公式进行计算,大别山地区户外运动旅游客源市场的吸引半径为161.3千米,可见大别山地区客源市场的空间吸引范围较小。具体而言:大别山地区户外运动旅游客源市场空间结构表现为以150千米为半径的一级圈层,主要是大别山地区所在区域以及周围邻近的城市,包括黄冈市、孝感市、信阳市、黄石市、武汉市、鄂州市、黄冈市和六安市等8个城市,客源市场占比达到53.46%;二级圈层是以600千米为半径的缓冲区,主要是河南省、安徽省、湖北省、江苏省、江西省、浙江省、湖南省、福建省、山东省、陕西省和河北省的部分地级市,其中来自浙江省、福建省和河北省的客源数量较少;在三级圈层中几乎没有地级市的游客到大别山地区开展户外运动旅游活动。

5.3.4.2 大别山地区户外运动旅游客源市场空间分布较分散且不均衡

大别山地区户外运动旅游客源市场的空间分布聚集性不明显,相较于最优客源市场的地理集中指数差别不大。户外运动旅游市级客源市场地理集中指数为34.53,虽相较于最优客源市场指数还有差距,但总体差距不大,较为聚集的区域主要位于大别山地区所在地。大别山地区户外运动旅游客源市场空间结构较为分散,但还没有遍布国内各个省份,其客源市场分布并不广泛,在二级圈层以及三级圈层中还有很多城市不是大别山地区户外运动旅游客源市场。大别山地区户外运动旅游客源市场分布较不均衡,其省级和市级空间分布的基尼系数均大于0.5,最大的客源市场是武汉市,占总客源的30.15%,另有较多城市加总占客源市场总量的0.07%,客源市场比例相差较大。

5.3.4.3 大别山地区户外运动旅游客源市场应充分利用轴线发展

沪陕高速是国家重点公路建设规划"十三纵、十五横"中的"第八横",也是贯穿东南和西北的大通道;大广高速横跨南北省市,是国家重点公路建设规划"十三纵、十五横"中的第五条纵线。大别山地区所在地理位置正是两大高速交会处,在大广高速和沪陕高速的带动下,大别山地区户外运动旅游客源市场有逐渐向外侧圈层扩展的趋势,但是发展速度缓慢。尤其是作为客源市场重要扩展轴线的大广高速,尚未充分发挥轴线带动作用,沿线上很多省市还没有成为大别山地区户外运动旅游客源市场。可见,在大别山地区户外运动旅游客源市场目前形成的空间结构还没有充分利用交通轴线的带动作用。

5.4 大别山地区户外运动旅游客源市场空间结构影响因素

5.4.1 评价指标

旅游客源市场是由一系列因素共同作用形成的(黄悦等,2022),研究者主要从目的地、客源地和游客三方面对旅游客源市场进行分析(见表5-5)。其中目的地因素主要包括地区经济发展水平、交通发展水平、旅游资源情况、政府支持力度、旅游产业发展和目的地吸引力等(赵多平和曹兰州,2019;阮文奇等,2018;李文龙等,2019);客源地因素主要包括经济发展水平、人口和交通便捷程度等(解抒等,2004;刘泽华等,2013);基于游客因素方面的分析,主要包含闲暇时间、身体状况、旅游动机和公务出差机会等方面的指标(荣慧芳等,2020)。

表5-5 旅游客源市场空间结构影响因素及检验方法

作者	研究区域	影响因素	检验方法
程浩(2021)	山东省	客源地地区生产总值,客源地总人口,客源地物价水平,客源国与我国之间的汇率,山东省的基础设施、旅游资源禀赋、外商直接投资额,客源地与山东省的距离	引力模型
李慧芳(2016)	武汉市	客源地经济发展水平、客源地旅游交通条件、客源地与旅游地之间的距离和客源地对旅游地的吸引力	回归分析
何蓉蓉(2019)	江苏省	客源地地区生产总值、客源地总人口、江苏省旅游资源、江苏省基础设施、购买力转换因子、外商直接投资额	引力模型
郑竹欣(2021)	东盟入境游	交通便捷度、经济交往程度、经济发展水平、旅游接待能力和资源禀赋	灰色关联度
马丽君(2018)	张家界景区	空间距离、经济发展水平、人口数量	相关性分析
姚云霞(2016)	江苏省入境旅游流	经济发展水平、旅游资源禀赋、旅游基础设施、对外联系度、交通发展水平	灰色关联度

经综合考虑大别山地区户外运动旅游客源市场的实际情况以及可量化的数据,将经济发展水平、人口因素、交通发展水平、客源地与旅游地的距离等四个指

标纳入评价模型(见表5-6)。

(1)经济发展水平

经济发展水平越高的区域旅游者出行能力越强,而人均可支配收入是衡量经济发展水平高低的重要标志(曹晓峰,2022),邹永广等(2015)利用地区生产总值和人均地区生产总值两个指标评估旅游安全对网络关注度的影响。本研究运用人均地区生产总值、地区生产总值和人均可支配收入来衡量客源地经济发展水平。

(2)人口因素

客源地人口数量、密度和素质会对居民的旅游需求和行为产生影响,黄泰等(2017)指出基本人口规模越大,城市旅游流越大,厉新建等(2015)认为人口规模越大的城市其旅游的人数越多且消费越高,官冬杰等(2017)运用人口密度、人口数量等指标探讨了人口因素对经济发展水平的影响。本研究采用总人口数、人口质量(每十万人拥有大专及以上学历人口数)和人口密度作为评价指标。

(3)交通发展水平

客源地和目的地之间的交通联系是旅游业发展的基础,可靠、便捷的交通条件才能保证游客顺利出行,所以交通发展水平对旅游业发展至关重要。姚云霞等(2016)探讨了旅游基础设施、对外联系度和交通发展水平等指标对江苏省入境旅游流的影响,以公路里程数和铁路里程数作为交通发展水平的评价指标。汪德根等(2015)通过城市公路里程数和客运周转量等指标探讨区域旅游流空间结构的特征。本研究选取公路里程数和客运周转量表示交通发展水平。

(4)客源地与旅游地的距离

距离的远近将影响游客出行的时间长度、花费以及体验感受,所以近距离、短时间的旅行较受大众欢迎。旅游地与客源地的距离也成为旅游客源市场研究的重要内容,程浩(2021)探讨了客源地与山东省的空间距离对山东省入境旅游客源市场的影响,李慧芳(2016)分析了客源地与旅游地的距离对武汉市国内旅游客源市场的影响。本研究选取客源地与旅游地的距离作为评价指标。

表 5-6　大别山地区户外运动旅游客源市场影响因素指标体系

指标类别	目标层	指标层	符号代表	影响方向	数据来源/计算方法
被解释变量	客源地抽样的游客数 *Y*	客源地抽样调查的游客数	*Y*1	正向	问卷调查
解释变量	经济发展水平 *A*	人均地区生产总值	*a*1	正向	2020 年各地级市国民经济和社会发展统计公报
		地区生产总值	*a*2	正向	2020 年各地级市统计年鉴
		人均可支配收入	*a*3	正向	2020 年各地级市统计年鉴
	人口因素 *B*	总人口数	*b*1	正向	2020 年各地级市统计年鉴
		人口质量（每十万人拥有大专及以上学历人口数）	*b*2	正向	2020 年各地级市国民经济和社会发展统计公报
		人口密度	*b*3	正向	2020 年各地级市统计年鉴
	交通发展水平 *C*	公路里程数	*c*1	正向	2020 年各地级市统计年鉴
		客运周转量	*c*2	正向	2020 年各地级市统计年鉴
	客源地与旅游地的距离 *D*	客源地与旅游地的距离	*d*	负向	奥维地图测量

5.4.2 数据来源

本研究数据主要来自对大别山地区户外运动游客的调查、2020 年各地级市统计年鉴以及国民经济和社会发展统计公报，其中：客源地抽样调查的游客数（*Y*1）来源于在大别山地区开展的实地调查；人均地区生产总值（*a*1）和人口质量（每十万人拥有大专及以上学历人口数，*b*2）数据来源于 2020 年各地级市国民经济和社会发展统计公报；地区生产总值（*a*2）、人均可支配收入（*a*3）、总人口数（*b*1）、人口密度（*b*3）、公路里程数（*c*1）和客运周转量（*c*2）等数据来源于2020年各地级市统计年鉴；客源地与旅游地的距离（*d*）采用奥维地图测量的空间直线距离。

5.4.3 大别山地区户外运动旅游客源市场空间结构影响因素分析结果

由于地理探测器分析仅能探究各因素对大别山地区户外运动旅游客源市场空间结构是否存在影响并判定其影响程度，不能判定其影响因素的方向，所以本研究首先运用相关性分析来判定各因素的影响方向（见表5-7）。①人口质量（*b*2）和客运周转量（*c*2）对鄂东大别山地区户外运动旅游客源市场的影响呈正相关；②客源地与旅游地的距离（*d*）对皖西大别山地区户外运动旅游客源市场的影响呈负相关；③人口密度（*b*3）、客源地与旅游地的距离（*d*）对豫南大别山地区户外运动旅游客源市场的影响呈负相关；④从大别山地区户外运动旅游客源市场空间结构影响因素的总体分析结果看，人均地区生产总值（*a*1）、人口质量（*b*2）和客运周转量（*c*2）产生正影响，客源地与旅游地的距离（*d*）产生负影响。

表5-7 大别山地区户外运动旅游客源市场影响因素的相关性分析

探测因子	Pearson 相关系数			
	鄂东大别山地区	皖西大别山地区	豫南大别山地区	大别山地区总体
*a*1	0.320	0.081	-0.091	0.398*
*a*2	0.192	0.121	-0.171	0.142
*a*3	0.066	0.099	0.030	0.073
*b*1	0.408	0.039	-0.233	0.132
*b*2	0.462*	0.181	0.004	0.288**
*b*3	0.129	0.250	0.346*	0.112
*c*1	0.334	0.069	-0.078	0.198
*c*2	0.913**	-0.024	-0.074	0.370*
d	-0.315	-0.337**	-0.350*	-0.472**

注：*表示在0.05水平（双侧）上显著相关；**表示在0.01水平（双侧）上显著相关。

地理探测器分析结果显示(见表 5-8):①客源地人口质量和人口密度的 q 值均不显著,而总人口数的 q 值通过 10%的显著性检验,表明客源地总人口数是大别山地区户外运动旅游客源市场的重要影响因素。据第七次全国人口普查统计数据可知,位于大别山地区周边的郑州市、武汉市、南京市、南阳市和合肥市等有着较大的人口规模,具备支持大别山地区户外运动旅游发展的客源潜能。②客运周转量对大别山地区和鄂东大别山地区户外运动旅游客源市场的影响较为显著,其中对鄂东大别山地区的影响力达到 0.965。鄂东大别山地区所处的湖北省素有"九省通衢"的美誉,交通便利,而且武汉市是鄂东大别山地区的核心客源市场,所以这种便捷的交通系统有利于大别山地区户外运动旅游的客源市场发展。③客源地与大别山地区、豫南大别山地区、皖西大别山地区的距离对客源市场产生呈显著性负向影响,表明距离越远,客源地的游客越少,可见客源地与旅游地的距离是阻碍大别山地区户外运动旅游客源市场发展的关键因素。

表 5-8 大别山地区户外运动旅游客源市场影响因素的探测分析结果

探测因子	鄂东大别山地区		皖西大别山地区		豫南大别山地区		大别山地区	
	q	p	q	p	q	p	q	p
$a1$	0.368	0.695	0.042	0.746	0.051	0.832	0.075	0.243
$a2$	0.183	0.779	0.087	0.419	0.072	0.739	0.042	0.544
$a3$	0.130	0.538	0.095	0.308	0.245	0.095	0.061	0.359
$b1$	0.269	0.521	0.052	0.610	0.189	0.262	0.281*	0.085
$b2$	0.267	0.524	0.073	0.446	0.083	0.676	0.105	0.122
$b3$	0.202	0.604	0.068	0.464	0.079	0.710	0.084	0.201
$c1$	0.275	0.489	0.053	0.595	0.135	0.443	0.102	0.122
$c2$	0.965***	0.000	0.084	0.454	0.046	0.916	0.232**	0.046
d	0.322	0.379	0.155*	0.090	0.289*	0.075	0.458**	0.017

注:***、**和*分别表示通过 1%、5%和 10%的显著性检验。

综合而言:①客运周转量对鄂东大别山地区户外运动旅游客源市场的影响力较强,是核心影响因素;②客源地与旅游地的距离对皖西和豫南大别山地区户外运动旅游客源市场的影响最强,是核心影响因素;③大别山地区户外运动旅游客源市场主要受总人口数、客运周转量和客源地与旅游地的距离的影响,且影响程度大小为:客源地与旅游地的距离>客运周转量>总人口数。

第六章
大别山地区户外运动旅游业发展情况

受生态环境保护等政策的影响,发展旅游业是大别山地区脱贫攻坚的主要选择。2011 年 12 月,中共中央、国务院印发《中国农村扶贫开发纲要(2011—2020 年)》,将大别山地区列为全国集中连片特困地区之一,当地社会经济的振兴发展得到中央人民政府重视,《国务院关于大力实施促进中部地区崛起战略的若干意见》(2012)、《国务院关于大别山片区区域发展与扶贫攻坚规划(2011—2020 年)的批复》(2013)和《国务院关于大别山革命老区振兴发展规划的批复》(2015)陆续发布。同时大别山地区旅游资源开发利用也得到各级政府部门支持,2015 年由国家旅游局组织实施《大别山片区旅游发展规划》,对整个大别山地区的旅游资源开发进行顶层设计。在此背景下,借着 2016 年中央人民政府连续颁发多份支持户外运动产业发展政策的春风,大别山地区户外运动旅游资源开发成为热点。例如,2018 年 11 月安徽省安庆市岳西县来榜镇与江苏客商签订总投资 1 亿元开发大别山户外运动资源,打造八字岩极限运动、露营基地、徒步赛道等项目(龙亚川,2018),同时黄冈市已经沿着大别山地区建造了 20 多个漂流景区。目前,大别山地区形成了以户外运动基础设施为依托、户外运动赛事为驱动的供方市场。

6.1 大别山地区户外运动资源利用情况

调查发现,大别山地区的 19 种户外运动资源都已被利用,总共开发了 518 个项目,主要集中在大别山核心区域。从户外运动项目分布热点看,湖北、安徽和河南省均积极利用当地户外运动资源,开发强度相当。具体而言:①在大别山地区,安徽省开发了 152 个项目(包括 39 个垂钓点),湖北省(包括 9 个垂钓点)和河南省(包括 48 个垂钓点)各开发了 183 个项目;②皖西大别山地区 71.05%的户外运动项目坐落在安庆市,鄂东大别山地区 88.52%的项目坐落在黄冈市,由于豫南大别山地区位于信阳市辖区以内,所以相应的户外运动项目均坐落在信阳市;③大别山地区的户外运动项目主要坐落在安徽省潜山市(占 22.37%)、岳西县(占 17.76%)和金寨县(占 13.16%),湖北省罗田县(占 25.14%)、麻城市(占 15.85%)和英山县(占 13.11%),河南省新县(占 32.79%)、光山县(占 19.13%)和商城县(占 19.13%);④从项目分布看,徒步、垂钓、溯溪、露营、穿越等山地户外运动项目是该地区的主流,溪降、蹦极、划船、岩降、探洞和潜水等项目的数量较少(见图 6-1)。

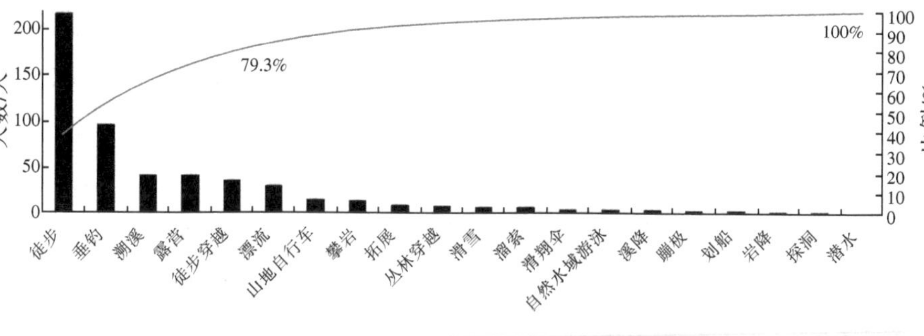

图 6-1 大别山地区户外运动项目分布的帕累托分析

6.2 大别山地区户外运动赛事举办情况

随着户外运动的兴起,大别山地区的户外运动赛事和活动不断增加,有些原本属于文娱性质的地方节庆活动,也开始增加户外运动项目。例如,2014 年举办的湖北省“四季花海”杯茶文化旅游节从 2017 年开始融入“中国 · 英山滑翔伞精英邀请赛”和“穿越桃花冲”山地自行车挑战赛。调查发现,大别山地区最早的户外运动赛事可能是 2007 年在河南省新县举办的河南省定向越野锦标赛。分析结果显示,2015 年以前大别山地区每年仅零星举办数量较少的户外运动赛事,从 2015 年开始增长,但从 2018 年出现回落趋势,高峰期(2017 年)该地区全年举办各类户外运动赛事 25 次,平均每月超过 2 次(见图 6-2)。

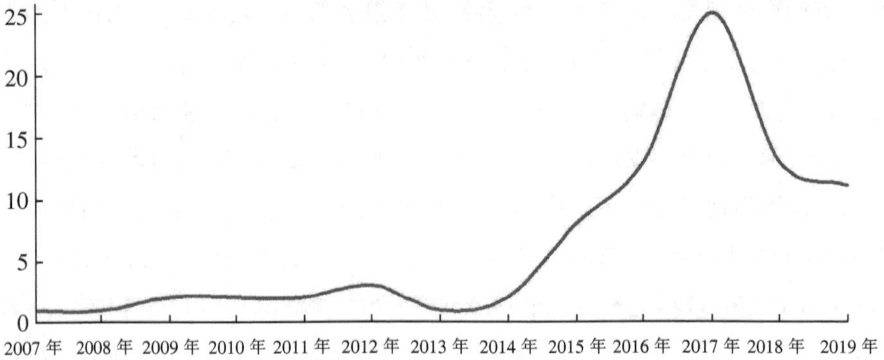

图 6-2　2007—2019 年大别山地区举办户外运动赛事情况　单位:次

统计发现,自 2007 年以来大别山地区共举办户外运动赛事、活动 84 次(截至 2019 年底):①44. 19%的赛事举办地在河南省内,湖北省、安徽省分别占 29. 07%和 26. 74%;②河南省新县和光山县举办的户外运动赛事较多,分别达到 11 次和 10 次,其次是安徽省霍山县、潜山市和河南省固始县,均达到 8 次,相形之下鄂东大别山地区举办的户外运动赛事较少,即使举办户外运动赛事较多的大悟县和麻城市也仅有 5 次和 4 次;③从赛事类型看,举办与自行车运动相关赛事的地方最多(24 个),其次是低海拔登山(13 个)和徒步(11 个),而举办攀岩、定向越野、划船和滑翔伞的地方较少,均只有 1 个。这意味着大别山地区适合开展骑车和步行类户外运动的资源比较丰富,高质量水域和航空类户外运动资源较少(见图 6-3)。

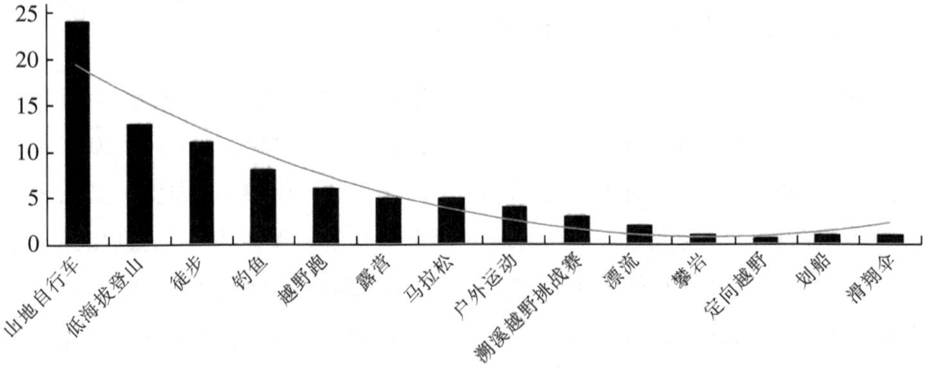

图 6-3　2007—2019 年大别山地区户外运动赛事举办次数　单位:次

尽管大别山地区连年举办户外运动赛事，但 44.19%的赛事没有生命力，只举办了 1 次，包括划船比赛、54.55%的徒步赛事、53.85%的低海拔登山活动、50%的漂流赛事和 45.83%的自行车类比赛（划船比赛只举办了 1 次，后面就没有再办；而 54.55%的徒步赛事只举办了 1 次，45.45%的徒步赛事举办了不止 1 次）。大部分户外运动赛事能够做到每年举办 1 次，其中越野跑、露营和钓鱼等赛事具有较好的生命力。此外，2010 年及以前举办的户外运动赛事只有 50%的存活率，2011—2014 年举办的户外运动赛事具有较好的生命力，而 2015 年以来户外运动赛事停办率持续升高（见图 6-4），其中 2019 年举办的户外运动赛事超过 60%停办。由此可见，大别山地区举办户外运动赛事缺乏长远规划和可持续发展的动力，短期内吸引社会关注的特征比较明显，但也可能是大别山地区缺乏优质的户外运动赛事资源。

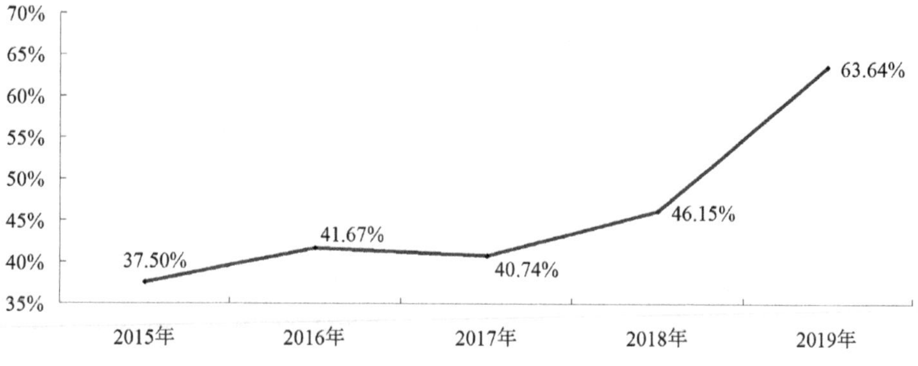

图 6-4　2015—2019 年大别山地区举办的户外运动赛事停办率

6.3 大别山地区的国家登山健身步道

我国建设国家登山健身步道是为了响应国家全民健身的号召，满足群众日益增多的户外运动需求，促进保护自然环境（中国登山运动管理中心，2013），同时为当地社会经济发展注入活力，例如我国首条国家登山健身步道“浙江省宁海县杜鹃山登山步道”产生了明显的健身、休闲和富民效益，每年带来直接经济收入 2 多亿元，带动农产品销售 6 亿元（余佳华，2019）。这一成功经验得到政府部门的重视，并向其他地区推广。2018 年，国家体育总局等 12 个部委联合推出《百万公里健身步道工程实施方案》，计划到 2020 年在全国每个县（市、区）完成

300公里左右健身步道建设,并以此为载体,推动全民健身活动广泛开展,带动县域经济发展,助力脱贫攻坚,决胜全面小康(石璐言,2018)。目前,大别山地区正在推进建设3条国家登山健身步道(见表6-1),分别是:2014年在安徽省金寨县修建的第一条国家登山健身步道;2016年在河南省新县修建的第二条国家登山健身步道;2019年国家林草局将大别山列入第三批国家森林步道名单,将在大别山地区将修建一条穿越生态系统完整性、原真性较好的自然区域的森林步道,串联一系列重要的自然和文化点,为人们提供丰富的自然体验机会。未来,大别山地区将通过国家森林步道实现三省连片,为广大户外运动爱好者提供良好的活动平台,也将助力当地户外运动旅游高质量发展。

表6-1 大别山地区国家登山健身步道建设规划

序号	国家登山健身步道名称	建成时间	规划长度	一期工程建成	截至2019年建成
1	金寨国家登山健身步道	2014年	600千米	68千米	300千米
2	大别山·新县国家登山健身步道	2016年	500千米	130千米	300千米
3	大别山国家森林步道	2019年立项建设,规划全长840千米			

6.4 大别山地区业余户外运动线路

大别山地区除了政府和企业投资兴建的正规户外运动线路,还存在诸多少数人使用的业余户外运动线路,通常由驴友自行规划路径和活动内容,例如跋涉者户外运动俱乐部发布的“蕲春户外两日拓展”活动信息。大别山地区蕴含着许多独具特色的户外运动资源,串联成户外运动爱好者体验大别山“野趣”的重要线路,例如网友“汪洋大海1”提供的线路“2015. 10. 17—18穿越信阳市罗山县内大别山脉大小鸡笼山”标注了从独田洼至茶坡的行动路线和方向,吸引了21282人关注,并有171人次的回复。虽然业余户外运动线路是对正规户外运动线路的有益补充,为充分利用大别山地区的户外运动资源起到了积极促进作用,但这些线路缺乏相应的改造和管理,充满危险因素,威胁户外运动参与者的生命安全,在实践中不予以提倡。本研究介绍相关情况,因为业余户外运动线路依然是大别山地区户外运动旅游资源利用和支持户外运动游客开展活动的重要信息,对我们全面了解当地户外运动旅游供给市场具有较大的参考价值。

6.5 大别山地区户外运动资源开发效益

尽管大别山地区户外运动资源开发的效益被融合在旅游业的整体之中，难以进行单独评估，但是比较当地户外运动资源开发前后社会经济发展的变化，可见户外运动旅游为大别山地区经济建设做出了积极贡献。正如湖北省黄冈市旅游局某负责人所言，户外运动将旅游者从旅游的客体转变为旅游的主体，是一种全新的旅游业态，正在引领旅游发展的潮流，深刻改变了当地旅游业态（杨辉和张枭，2017）。例如湖北省，英山县 9 个漂流景区综合收入占全县旅游综合收入的 80%（英山县漂流安全专项整治工作领导小组，2014）；"大别山·新县国家登山健身步道"每年接待徒步游客 17.6 万人次，占全县游客总量的 26.5%，步道沿线各乡村、景点农副产品、旅游商品销售额达 2.26 亿元，农家乐、民宿营业额逾 4 亿元（新县广播，2019）。大别山地区户外运动旅游资源的开发，迎合了当前人们的休闲生活需求和旅游转型的趋势，对周边地区户外运动爱好者产生了较强吸引力，为当地经济注入了活力，已经成为支持大别山地区社会经济转型发展的核心力量。同时，大别山地区还建成了一批户外运动旅游精品项目（见表 6-2），它们夯实了大别山地区户外运动旅游可持续健康发展的基础。

表 6-2 大别山地区户外运动旅游精品项目

序号	户外运动旅游精品项目	获奖	年份	评选单位
1	大别山·新县国家登山健身步道	年度国庆假期体育旅游精品线路	2019	国家体育总局、文化和旅游部
2	2019 年国家登山健身步道联赛（河南新县站）	年度精品赛事	2019	中国登山协会
3	金寨县国家登山健身步道	年度推荐最美步道	2019	中国登山协会
4	大别山·新县	中国体育旅游目的地	2017	中国体育旅游博览会

续表

序号	户外运动旅游精品项目	获奖	年份	评选单位
5	六安市	中国体育旅游目的地	2017	中国体育旅游博览会
6	挺进大别山·中国(黄冈)自行车赛	中国体育旅游精品赛事	2015	中国体育旅游博览会
7	岳西县大别山彩虹瀑布	中国体育旅游精品项目景区	2013	中国体育旅游博览会

6.6 大别山地区户外运动旅游代理人成长情况

6.6.1 户外运动俱乐部

户外运动俱乐部是组织广大户外运动爱好者参加户外运动的基层群众性体育组织。调查发现,大别山地区成立了 107 个徒步、户外、垂钓、攀岩、骑行和拓展训练等类型的俱乐部,其中湖北省黄冈市有 41 个、安徽省安庆市和六安市共有 29 个、河南省信阳市有 22 个、湖北省孝感市大悟县有 15 个。不过,这些户外运动俱乐部基本没有在中国登山协会注册,而且其中绝大部分属于没有在任何政府部门注册的自发性组织。除了大别山地区当地的户外运动俱乐部会组织活动,武汉行者无疆户外俱乐部、扬州阳光户外俱乐部、上海穿越者户外俱乐部等域外户外运动俱乐部也积极向大别山地区引导户外运动游客。在运营方面,大别山区域内的户外运动俱乐部之间会组织交流活动。例如,2019 年 3 月 17 日潢川户外俱乐部和光山力峰户外俱乐部共 28 人联合穿越麻城羊首寨(暮归老牛,2019)。由于《中华人民共和国旅游法》(2018 年修正)规定户外运动俱乐部不能经营旅游业务,目前基本没有户外运动俱乐部通过网络招揽游客,在大别山地区活跃的户外运动俱乐部主要组织会员开展活动,联络方式从网络论坛转为 QQ、微信和电话平台,如岳西户外俱乐部 QQ 群有 800 多人、微信一群和二群各有 600 多人(岳西悠扬资讯,2018)。户外运动俱乐部是大别山地区基层户外运动资源利用的核心力量,也是大别山地区户外运动旅游萌生和发展的“星星之火”,至今仍然奠定着大别山地区户外运动旅游发展的社会基础。

6.6.2 提供户外运动旅游服务的旅行社

旅行社不同于户外运动俱乐部，他们通常组织各地游客赴大别山体验漂流和滑雪等主流户外运动项目，基本不涉足徒步、露营、溯溪等小众活动。例如，武汉宝中旅程国际旅行社提供“6 月周末发、7 月 8 月天天发”赴罗田大别山峡谷漂流一日游产品，湖北想游国际旅行社有限公司提供罗田进士河漂流一日游，江西省中青旅国际旅行社和湖北康辉国际旅行社有限责任公司提供到岳西大别山滑雪乐园的一日行程。大别山本地旅游公司主要承担地接工作，安排外地旅行社组织过来的游客完成相关户外运动项目体验，例如安徽省顺达国际旅行社承接到岳西大别山滑雪乐园的地陪工作。甚至有的旅游公司为大别山地区的户外运动旅游开设专门业务板块，例如黄冈易游天下国际旅行社的产品分类包括“户外自驾游”和“周边户外游”。可见，大别山地区已经发展出了比较成熟的户外运动旅游项目。

6.6.3 户外运动协会

随着大别山地区户外运动工作发展的需要，在当地民政部门的支持下，部分地区成立了“市—县(县级市)”两级户外运动协会管理机制。调查发现，大别山地区 5 个市(信阳、黄冈、安庆、六安、孝感)均成立了户外运动协会，还有 11 个县(县级市)成立了户外运动协会(见表 6-3)。这些带有官方色彩的公益性户外运动组织架起了地方政府与民间户外运动之间有效沟通的桥梁，并促使地方政府认知和重视大别山地区的户外运动资源开发利用，在推动大别山地区户外运动发展的过程中扮演着重要角色，逐渐成为大别山地区户外运动旅游发展的中坚力量。

表 6-3 大别山地区的地方户外运动协会

<table>
<tr><th>省份</th><th>市级户外运动协会</th><th>县级户外运动协会</th></tr>
<tr><td rowspan="5">安徽省</td><td rowspan="5">安庆市登山运动协会
安庆市户外运动协会</td><td>金寨县登山协会</td></tr>
<tr><td>潜山市户外运动协会</td></tr>
<tr><td>潜山市跑步协会</td></tr>
<tr><td>太湖户外运动协会</td></tr>
<tr><td>岳西县登山户外运动协会</td></tr>
<tr><td rowspan="4">湖北省</td><td rowspan="4">黄冈市自行车运动协会
孝感市户外运动协会</td><td>英山县自行车运动协会</td></tr>
<tr><td>红安县户外运动协会</td></tr>
<tr><td>麻城户外运动协会</td></tr>
<tr><td>武穴市自行车运动协会</td></tr>
<tr><td rowspan="5">河南省</td><td rowspan="5">信阳市登山户外运动协会
信阳市徒步运动协会
信阳市自行车运动协会</td><td>固始县户外登山协会</td></tr>
<tr><td>光山县登山协会</td></tr>
<tr><td>霍邱县马拉松协会</td></tr>
<tr><td>商城县户外运动协会</td></tr>
<tr><td>商城县自驾游户外活动协会</td></tr>
</table>

6.7 大别山地区户外运动旅游市场运行模式分析

为了全面考察大别山地区户外运动旅游市场运行情况，调研人员以游客的身份，具体体验大别山地区徒步、漂流、溯溪、滑雪等项目的整个旅程，并对当地户外运动领队、导游，户外运动协会负责人和游客进行访谈调查，从而比较清晰地呈现当地户外运动旅游市场运行模式（见图 6-5）。

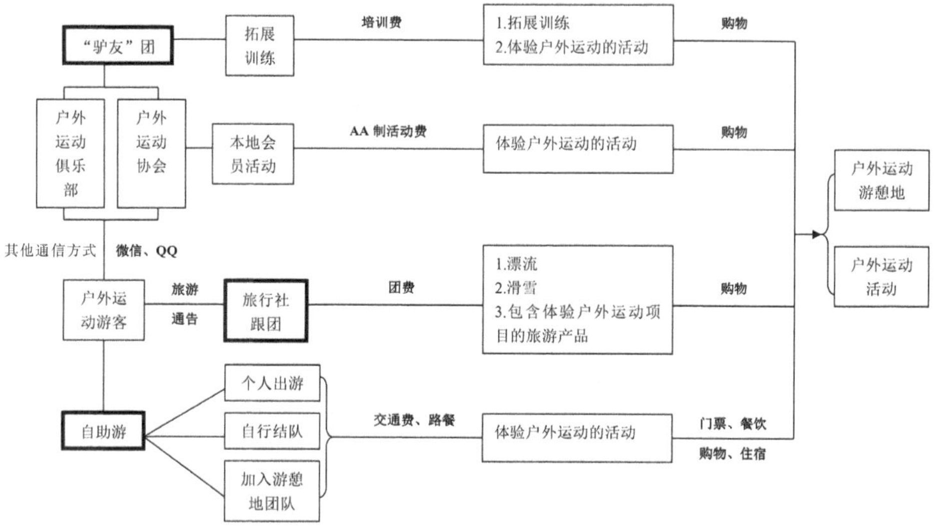

图 6-5 大别山地区户外运动旅游市场运行模式

注:交通费包括过路费、油费、车票、停车费;购物是指游客在大别山户外运动游憩地进行的自愿购买活动;户外运动活动包括徒步节、登山大会、露营节、山地马拉松等群众性活动。

根据实地调研获得的相关信息发现,由于 2015 年以来原国家旅游局基于《中华人民共和国旅游法》第四十八条"通过网络经营旅行社业务的,应当依法取得旅行社业务经营许可"的规定,加强旅游市场管控,明确指出户外运动俱乐部通过网络组织游客活动属于非法行为(国家旅游局办公室,2017),网招"驴友"的行为基本消失。大别山地区的户外运动旅游散客要么采取自助游的方式,要么申请成为户外运动俱乐部和户外运动协会的会员,以"拓展训练""素质培训"等名义到大别山地区开展户外运动,或者选择旅行社提供的户外运动旅游产品。可能受此影响,大别山地区自驾游的户外运动游客较多,他们自驾到目的地,然后自主活动或在当地向导的协助下完成预订体验活动。

6.8 本章小结

大别山地区位于我国中部,九省通衢,临近东南经济发达地区,从地理特征上看,东南区域内缺乏有竞争力的户外运动地域,这为大别山地区户外运动旅游业发展奠定了良好的需方市场基础。当地除了拥有适合大众参与的优质山地户外运动资源，还有“红、古、绿”等旅游资源，在我国社会经济发展和旅游消费转型的综合助推下，“户外运动+旅游”的发展模式进一步发挥了大别山地区的户外运动旅游潜力，对周边户外运动爱好者产生了较强的吸引力，夯实了该地区户外运动旅游发展的市场基础。得益于政府部门的大力支持，近年来大别山地区户外运动旅游市场快速发育，开发兴建了许多户外运动基础设施，能够向市场供给徒步、低海拔登山、漂流、山地自行车等优质户外运动旅游项目，所以各地户外运动爱好者通过户外运动俱乐部、户外运动协会、旅行社或自驾等方式来到大别山地区体验各种户外运动项目，并形成了比较稳定的市场运作模式。受大别山地区户外运动资源分布和质量的影响，当地高质量开发的商业性户外运动景区不多，所以有组织的、产业化的户外运动旅游尚在起步阶段。当地户外运动主要以开放使用的方式服务广大户外运动爱好者，这促使自驾游和业余户外运动俱乐部成为大别山地区户外运动旅游运作的主要方式，在一定程度上有助于繁荣大别山地区户外运动旅游的需方市场。着眼于未来，大别山地区户外运动旅游的社会经济潜力将逐步释放，从而进一步带动当地社会发展。

第七章

大别山地区户外运动旅游的社会经济影响

旅游业是21世纪全球具有较高活力的产业，是许多国家和地区的主要经济来源，在刺激经济发展、完善社会结构、优化资源配置、改善生活条件等诸多方面做出贡献（Milea、Pascu & Nedea，2015）。随着人们提升对旅游体验的追求，“走马观花”式的旅游产品难以满足市场需求，而户外运动是自然、生态、体育、旅游高度融合的产物，是体育旅游的主要内容（李雪颖，2015），为人们提供一种以自然资源为载体，以休闲、游憩和体验探险为主要形式的旅游活动。通过激活游憩地独特的户外运动资源，满足人们的户外运动参与需求，并在此过程中助推游憩地社会经济发展（王婷菊，2013）。早在2011年，贵州省通过2年的实践发现，户外运动对倡导群众健身娱乐、促进社会和谐、提高当地知名度、推动经济社会发展具有积极作用（王国庆、杜文杰和王向娜，2011），为当地经济发展、乡村建设、脱贫致富提供了良好契机（李劲峰和王橙澄，2012）。同样，大别山地区也从户外运动旅游业中获得了良好收益（杨辉和张枭，2017）。

我国体育旅游开始于20世纪90年代（蒋依依，2021），最早的学术观点是陈传康（1988）建议甘肃省白银市在平川区办一个登山训练基地，用来开展体育旅游。受体育工作响应乡村振兴战略的影响，从2020年开始体育旅游被视作助推乡村振兴的有益途径（任波和黄海燕，2020；刘冠启和花家涛，2020）。目前体育旅游在我国还是一个新兴行业，没有引起足够的关注（李海，2022）。研究者们从理论层面提出了指导体育旅游带动农村发展的丰富建议（郑芳和黄炜逸，2021；李金容和陈元欣，2021），本研究课题组尚未查阅到全面揭示具体贡献的文献。20 世纪 70 年代,学术界关注到旅游对发展中国家经济的影响(Barry,1971),发现旅游业能够带动目的地 GDP 和人均收入增长(Hall,2007)。随着"削减贫困"作为 20 世纪 90 年代的主要发展议题(Scheyvens,2011)和户外运动参与人数不断增加(Hanley,2003),体育旅游对小城镇和农村地区的影响备受关注(Higgins,2010;Ramkissoon,2011),产生了诸多积极效应:①带动村民增收。体育旅游带给村民可观的经济收入(方汪凡和王家宏,2019),如阿尔卑斯山登山和滑雪运动每天帮助周边村民增收 300—500 欧元(Towner & Davies,2019);王凤忠、罗萍等人在贵州省格凸河的岩壁上表演攀岩,每年收入超过 10 万元(苏江元和张立人,2016)。②提高农副产品产值。农业、畜牧业、文化、贸易等产业在体育旅游的助推下翻倍增长(Ng' oriarita,2013);滨海渔民不仅可以通过售卖渔获,还能从出租渔船、担任钓鱼助理等方面获利(Torre et al.,2014)。③推动农业结构升级。尼泊尔若瓦岭(Rolwaling)地区得益于徒步运动,当地传统农业产业占比降为 69%(种植土豆占 47%,畜牧业占 22%),旅游业升至 31%(Baumgartner,1988)。④建立集体经济分享制度。保继刚(2008)、Steinicke(2012)、杨涛(2017)发现梅里雪山、肯尼亚、珠穆朗玛峰附近的村民通过内部协商建立了一套收益分配模式以共享登山运动带来的经济利益。

本研究通过系统分析大别山地区社会经济发展与户外运动旅游的关系,以及当地村民、村委会干部、景区高管和游客对当地户外运动旅游社会经济效益的评价(采用李克特 7 点评分法,1 表示"非常赞同",7 表示"非常不赞同"),具体呈现大别山地区户外运动旅游发挥的社会经济贡献。

7.1 户外运动旅游的社会经济贡献模型

社会经济影响(Social-Economic Impact)是旅游业关注的重点问题之一,也奠定了有关户外运动旅游社会经济影响的知识基础。早在 1981 年,Bryant 等人就系统梳理了相关文献,发现研究者们对户外运动收益评估、户外运动的影响范围、户外运动发展导致的社会经济变化、经济地位对户外运动相关支出与收入分配的影响等方面的观点不一致,有些研究者将游客的所有支出视作游憩地的收入,而另一些研究者并不认为如此(如游客在某个特许经营摊位的消费就被排除掉),建议区分收入与利润的关系(通常利润是收入剔除成本后剩余的部分)。最近 Eigenschenk、Thomann 和 Mcclure 等(2019)基于文献总结出户外运动能够在六个方面发挥积极作用:身体健康、心理健康和福祉、教育和终身学习、积极公民身份、减少犯罪、遏制反社会行为(如减少吸烟、酗酒、滥用药物,预防青少年犯罪,改善成年人吸毒或社会排斥行为)。尽管实践经验表明户外运动旅游的社会经济影响并非如媒体广泛报道的那样充满"好处",但综合而言发挥了比较全面的积极影响,因为户外运动旅游可以催生吃、住、行、游、购等一体化综合服务(李劲峰和王橙澄,2012),并带动户外运动用品制造、销售、租赁等产业的发展(彭娜,2014),而且为当地社会和居民带去增收途径(见图 7-1)。所以,户外运动旅游能够赢得各地政府和民众的普遍支持。

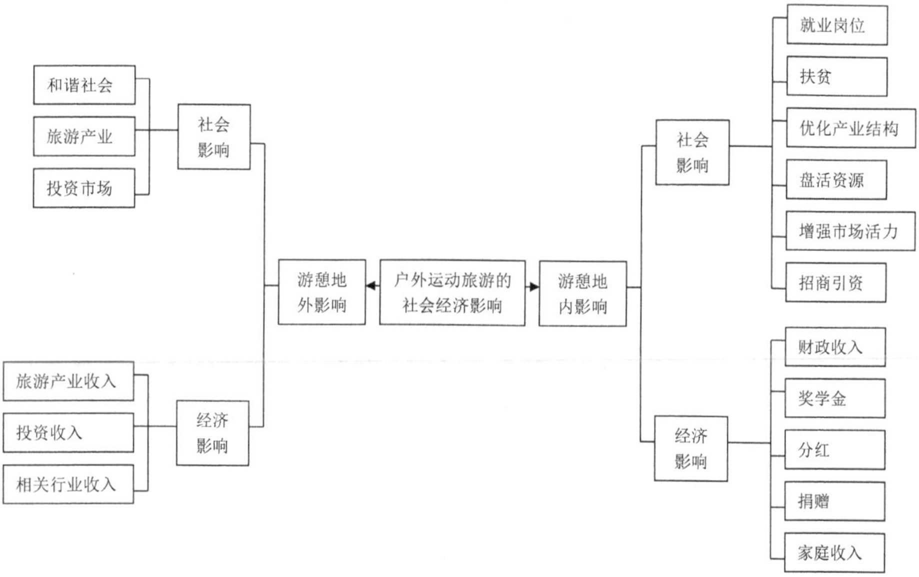

图 7-1 户外运动旅游的社会经济贡献模型

7.2 大别山地区户外运动旅游的社会经济贡献

罗田县委书记肖燕梅介绍:"河道漂流已成为罗田旅游经济的新亮点,5 月至 7 月实现门票收入 9000 多万元,旅游服务业收入 3000 多万元。"(张朝珍,2012)由此可见,开发利用户外运动资源带动了大别山地区经济建设,一方面促进当地农副产品生产和销售，催生农家乐等新业态，并为当地社会注入发展活力，另一方面还会带动外部投资、旅游业、国民身心健康等方面的发展效益，所以户外运动旅游对大别山地区社会经济建设做出的贡献得到了当地政府的称赞。本研究调查发现，大别山地区的村民、游客、村委会干部和户外运动旅游景区管理者（此处的管理者包含开发商，也有开发商聘请的管理人员，他们作为开发商的代理人和话事人，统一简称为开发商）均认为户外运动旅游为当地社会经济做出了积极贡献（见表 7-1 和表 7-2）：①户外运动旅游能够帮助当地村民和村委会直接受惠，所以其对户外运动旅游社会贡献的评价较高，平均得分接近“非常同意”的水平（平均分为 1.37 和 1.2），而且“非常同意”的比例均超过 70%（分别为 71.4%和 86.7%）。这意味着大别山地区的户外运动旅游项目为当地社会发展做出明显贡献，赢得了民心。调查期间，课题组对当地居民进行访谈，不少人表达希望户外运动旅游能够带给他们更多收益，虽然他们对某些做法不是很满意，但普遍认可户外运动旅游对当地社会发展有益，并支持户外运动旅游项目在当地长期运营下去。②村委会干部对相关项目的经济贡献“非常满意”，而作为项目开发的投资方（开发商）、直接受益者（村民）和主要贡献者（游客）对经济贡献的认可稍低，且有少量村民和游客不认可户外运动旅游的经济贡献。这意味着大别山地区的户外运动旅游项目确实为当地经济建设做出了贡献，但在收益分配方面存在不公平，少数未受益或受益程度较低的村民会心存不满。从调查结果看，开发商在实际运营和游客在实际参与过程中应该发现了大别山地区户外运动旅游对当地社会的经济贡献存在不足，所以有不少人未持“非常同意”的态度。

表 7-1　利益相关主体对大别山地区户外运动旅游社会贡献的整体评价

评价主体	N	平均分	同意（非常同意）	不同意（非常不同意）
村民	405	1.37	96.8%（71.4%）	0.2%
游客	1418	1.61	96.97%（58.67%）	0.2%
村委会干部	15	1.2	100%（86.7%）	—
开发商	12	1.58	100%（66.7%）	—

表 7-2 利益相关主体对大别山地区户外运动旅游经济贡献的整体评价

评价主体	N	平均分	同意(非常同意)	不同意(非常不同意)
村民	405	1.43	97.28%(64.69%)	0.25%
游客	1428	1.6	96.78%(59.03%)	0.28%
村委会干部	15	1.07	100%(93.3%)	—
开发商	12	1.42	100%(75%)	—

在发达国家,户外运动旅游已经成为国民经济发展的重要推手,例如美国前内政部部长 Sally Jewell(2015)认为,美国的国家公园、森林、河流、海洋和保护区是其经济发展的强力引擎,每年人们花费在户外休闲上的支出能够产生 6460 亿美元的经济效益。我国政府部门也对户外运动旅游赋予了较高的社会经济贡献希望,由国家发展改革委等多个部门(2019)联合印发的《加大力度推动社会领域公共服务补短板强弱项提质量 促进形成强大国内市场的行动方案》提出"到 2020 年,旅游经济稳步增长,对国民经济的综合贡献度达到 12%",并将"以举办 2022 年冬奥会和冬残奥会为契机,大力发展冰雪运动,加强冰雪人才培养,提升群众普及水平。加强足球、冰雪、水上、航空、山地户外等健身休闲运动场地设施建设,支持城市举办马拉松、自行车等大型群众性体育赛事"作为推动旅游经济的重要举措。此外,我国政府特别重视户外运动旅游的开发价值,2016 年 11 月国家发展改革委等部门联合印发的《山地户外运动产业发展规划》《水上运动产业发展规划》和《航空运动产业发展规划》分别提出到 2020 年实现 4000 亿元、3000 亿元和 2000 亿元的经济规模。户外运动旅游在大别山地区产生的良好社会经济效益,进一步鼓励大别山地区积极开发和利用当地的户外运动资源,例如黄冈市在新一轮的旅游产业发展规划中提出"加快发展山地户外运动、水上运动、徒步骑行运动、夏季漂流、冬季滑雪等特色体育旅游"(洪丽萍,2019),明确提出发展户外运动旅游。

7.3 大别山地区户外运动旅游社会经济贡献的调查分析

促进游憩地社会和经济发展是旅游资源开发的重要目标(Lenka,2014),但有关旅游业产生的直接和间接的社会经济影响数据很难收集(Mbaiwa,2003),现在只能对旅游社会经济贡献进行综合评估,具体包括一般均衡模型(Computable General Equilibrium,CGE)(宋涛和牛亚非,2008)、层次分析法(Analytic Hierarchy Process,AHP)(李海防和于湘君,2012)、多元回归分析(申振东和佘重阳,2009)、线性规划模型(刘住、张满生和刘堂,2001)、比较当地参与旅游业和未参与旅游业的家庭社会经济状况(Sawant,2017)、利用游客数据进行评估(Hassan & Connor,2009)、对当地居民进行测评(Naluba,2020)、旅游卫星账户(Tourism Satellite Account,TSA)(Plzáková,2015)等方法。鉴于各种评估方法的使用环境以及本研究能够掌握的可靠资料和数据,综合采用案例分析和调查评价的方法,尽可能深入地揭示大别山地区户外运动旅游发挥的社会经济贡献。

7.3.1 大别山地区户外运动旅游社会经济影响的调查报告

7.3.1.1 从当地村民的视角评判

调查发现,86.4%的当地村民认同户外运动旅游给自家带来好处,85.7%的家庭收入得益于户外运动旅游而增加,其中自家生意变好(53.1%)、土地租金(35.4%)、家人从事户外运动相关工作(28%)、农副产品就地销售(21.5%)等是主要获利途径(见图7-2)。这意味着户外运动旅游为当地生产和经济活动注入了活力,帮助当地村民增加收入。

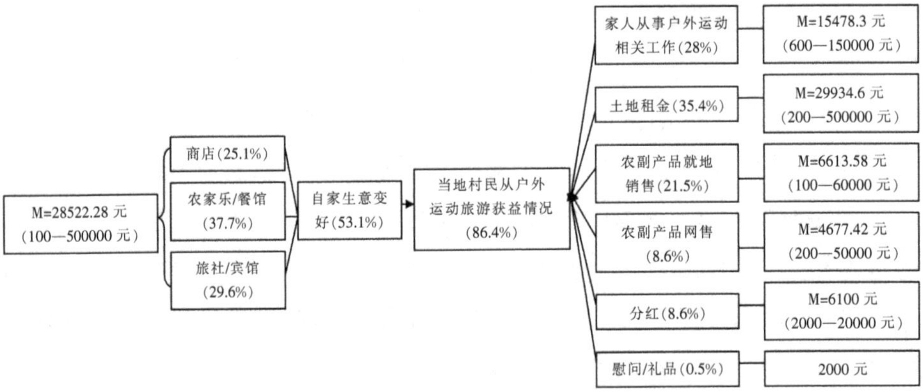

图 7-2 大别山地区村民依托户外运动旅游获得的收益情况

但是还有31.4%的当地村民认为户外运动旅游给自己造成了损失,主要表现为户外运动旅游项目田地占用补偿少(28.28%),同时当地村民对项目开发无偿占用集体土地、破坏农作物和环境污染等问题的反映也比较突出(见图 7-3)。

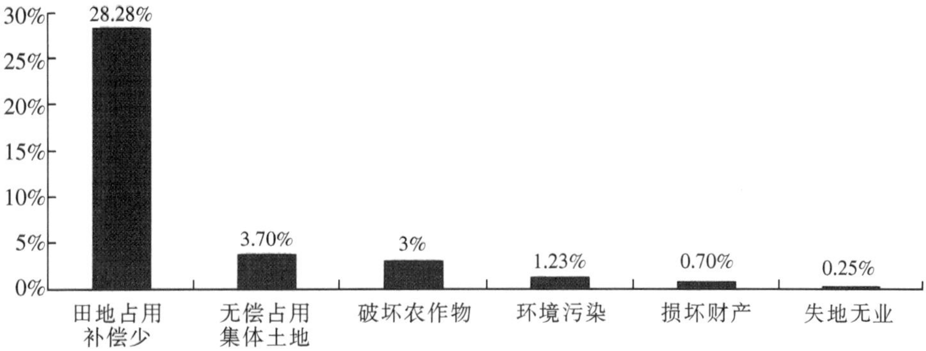

图 7-3 大别山地区村民认为户外运动旅游造成的消极影响

7.3.1.2 从游客的视角评判

游客是大别山地区依托户外运动旅游获得社会经济发展的直接贡献者,主要由他们将大别山地区的户外运动资源转化为社会经济收益。调查发现,当地人依托户外运动旅游获利的途径可以归纳为四大类:繁荣产业、增加就业、提高收入和改善基础设施,少数地区可以利用户外运动旅游向外输出特色文化(如红色文化、黄梅戏等)的方式获利。此外,调查结果表明游客对大别山地区的直接经济援助较少(4.9%),以消费贡献为主(见图 7-4)。

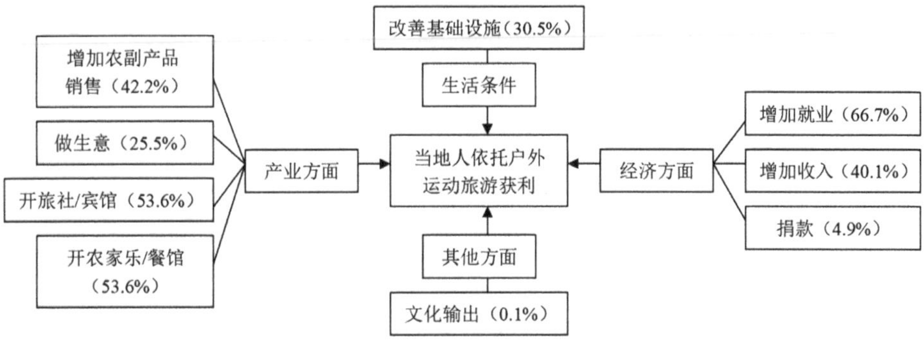

图 7-4 大别山地区户外运动游客对户外运动旅游社会经济影响的看法

但是超过 70%的游客到大别山地区体验户外运动项目的花费不超过 1000 元,而花费超过 2000 元的游客数量不足 10%(见图 7-5)。吃、住、行、玩和购产生了旅游活动的主要消费,按照当前物价水平,人均不超过 1000 元的消费水平,基本只能满足短时间的吃、住、行需要。这意味着大别山地区户外运动旅游项目的留客能力不足,未能有效带动户外运动旅游周边产业建设,所以大别山地区户外运动旅游业还有较大的发展空间。

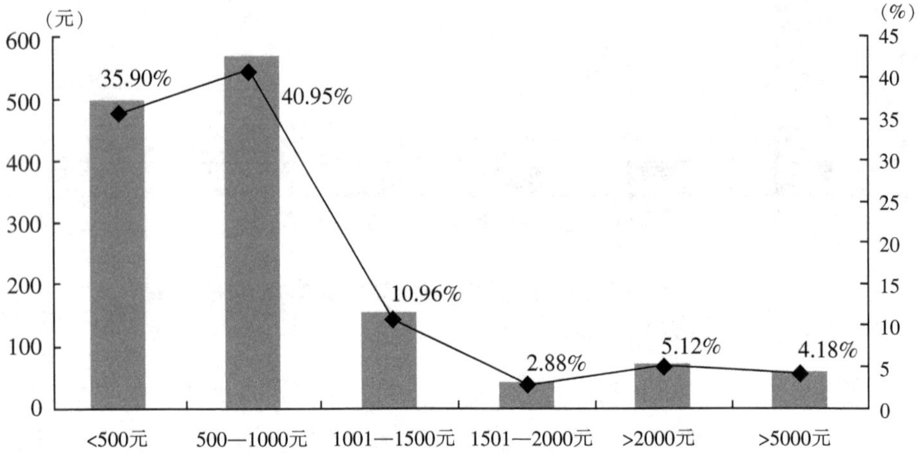

图 7-5 大别山地区户外运动游客的旅游消费水平

此外,调查发现大别山地区居民主要向游客提供吃、住、购、导等方面的服务,但较多游客在大别山地区产生吃、住活动,其他方面的服务消费较少,尤其是对户外运动专业支持的需求不高,只有 27%的人聘请“向导”、8.2%的人聘请“教练”(见图 7-6)。由此可见,当地居民为户外运动游客提供的专业服务有待加强。

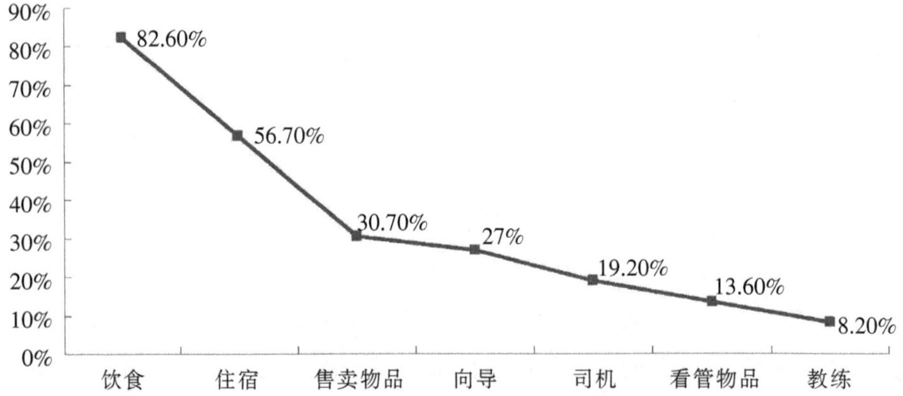

图 7-6 大别山地区居民向户外运动游客提供的服务

游客赴大别山地区体验户外运动的主要消费包括12种(见图7-7),在交通、饮食、门票、住宿、团费、停车费等方面产生费用支出的人数较多,人均住宿、团费、门票、饮食和交通的费用较高,购买或租用装备的人均费用较低。虽然"购买土特产"(10.17%)和"照相"(3.62%)的人数不多,但人均消费分别达到186.57元和97.22元。此外,调查发现少数游客(2.58%)在大别山地区发生了"其他"类型消费,人均花费333.28元,包括"洗澡""买水""购买食物"等。这提示:大别山地区一方面需要加强户外运动旅游基础服务(吃、住、行),另一方面要积极开发户外运动旅游周边产品,在交通、饮食、门票、住宿等消费比较固定且受到市场竞争影响的情况下,具有地方特色的农副产品、民间文化、户外运动技能支持等领域具有较好的消费刺激潜力,在后续发展过程中应予以重视,逐步扩大大别山地区户外运动旅游相关产业的规模。

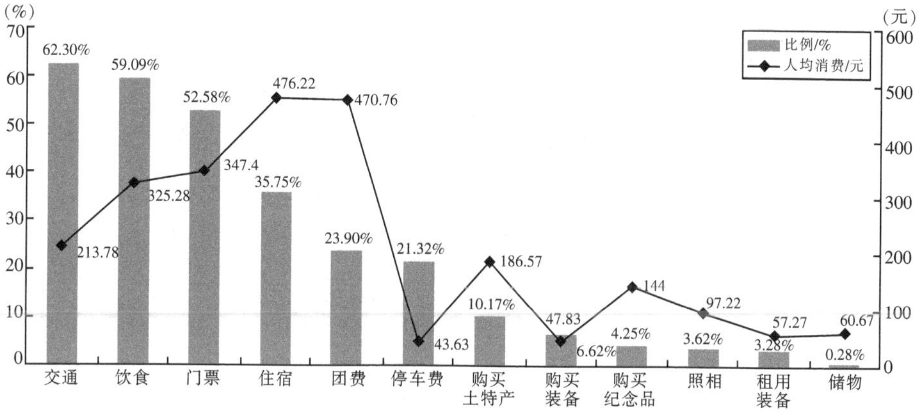

图7-7 大别山地区户外运动游客的消费特征及水平

7.3.1.3 从村委会干部的视角评判

村委会干部是户外运动旅游与当地社区联系的节点,他们可以从本村整体发展的角度评估户外运动旅游的社会经济影响。调查发现,大别山地区大部分村委会干部认同户外运动旅游为本村发展做出了积极贡献,尤其是在"增加就业""开办农家乐/餐馆""开办旅社/宾馆"和"增加农副产品销售"等方面的作用显著(见图7-8);同时也可以发现,并不是所有村民都从户外运动旅游业的发展中获益,有些户外运动旅游项目可能对当地经商环境和基础设施的改善有限。

户外运动旅游作为大别山地区具有开发利用价值的自然资源，将外部消费导入本地，毫无疑问地促进了周边地区的社会经济发展，不过受村民能力、户外运动旅游项目与社区的联系、户外运动旅游收益分配机制等因素的影响，并不是所有的村民和村集体能明显获利。

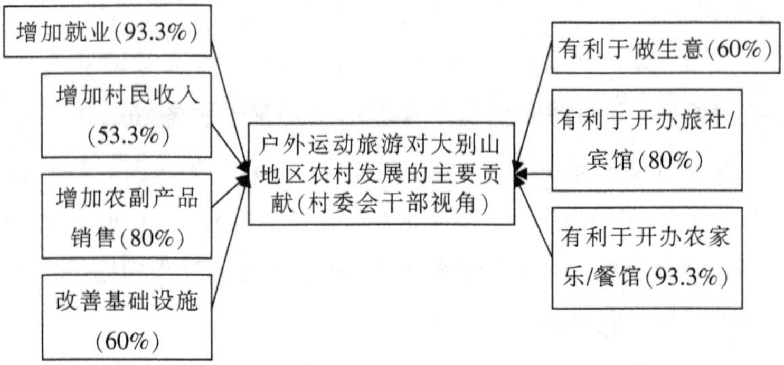

图 7-8 户外运动旅游对大别山地区农村发展的主要贡献(村委会干部视角)

调查结果显示，户外运动旅游解决了大别山地区部分群众的就业，平均每个村增加就业 58.5 人，实际就业人数介于 5—220 人。村集体依托户外运动旅游的获益主要来自于“分红”“其他收入”和“农副产品销售”，获得的“土地租赁费”较少，不同村庄的获利途径和额度存在较大差异(见图 7-9)。

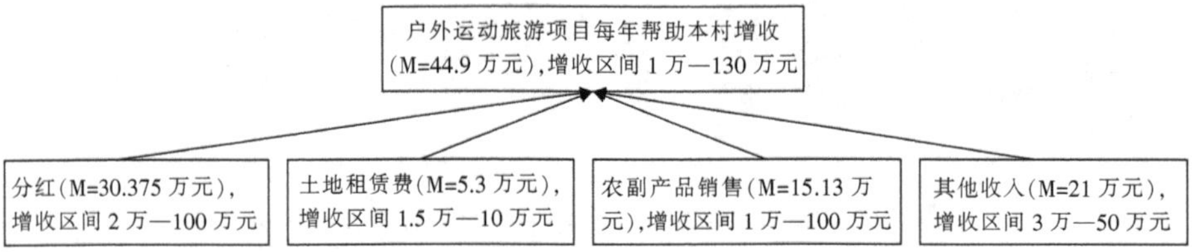

图 7-9 户外运动旅游促进大别山地区村集体增收情况

7.3.1.4 从开发商的视角评判

调查发现，大别山地区户外运动旅游项目开发商与村委会干部的判断具有较高的一致性，不过少数开发商指出户外运动旅游为当地村民带来了“捐款”(16.7%)(见图 7-10)，对当地村民的访谈信息也佐证了这一点，确实有户外运动旅游景区负责人逢年过节会去看望、资助附近的贫困村民，有的赠送米、面、油、肉、衣服等生活物资，有的给予慰问金。从开发商反映的信息看，大别山地区的户外运动旅游景区均聘用了一定数量的当地居民务工。

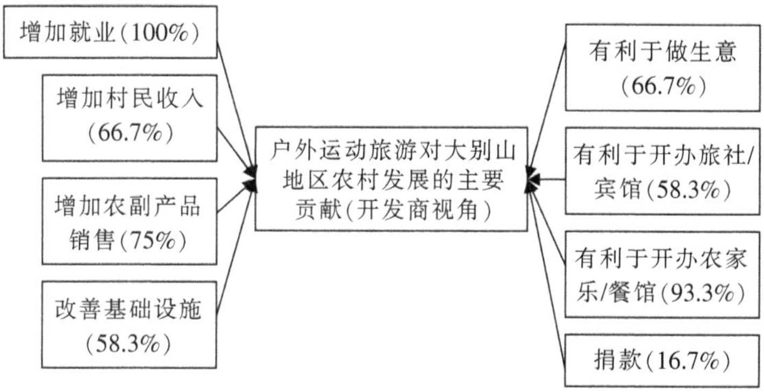

图 7-10 户外运动旅游对大别山地区农村发展的主要贡献(开发商视角)

大别山地区户外运动旅游项目开发商认为周边村庄的经济发展得到了助力,项目平均每年帮助村里增收 78 万元(介于 4 万—220 万元),并且每年向当地村民支付 300 多万元的工资、带动 700 多万元的"农副产品销售"和获得逾千万元的"其他收入"(见图 7-11)。由此可见,户外运动旅游对当地经济结构调整和产业结构升级做出了积极贡献。

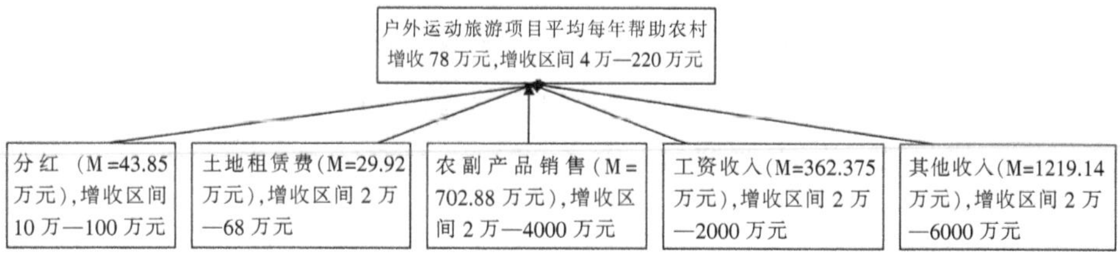

图 7-11 大别山地区户外运动旅游项目带动农村经济增收情况

7.3.1.5 大别山地区户外运动旅游社会经济贡献的综合评估

根据当地村民、游客、村委会干部和开发商对大别山地区户外运动社会经济贡献的判断,可见:①户外运动旅游为当地居民提供了就业机会,带动吃、住和农副产品销售等经济活动,促使当地产业结构调整和升级,为当地社会经济发展做出了切实贡献;②并不是当地所有村民和村庄都能从户外运动旅游中获得可观收益,不同村民、村庄之间的获利差距较大,这可能与他们的参与程度有关;③带动户外运动旅游相关产业的发展、为村民和村庄提供开展商贸活动的机会与平台,可能是户外运动旅游促进大别山地区社会经济发展的重要途径。在吃、住、行、门票等收入分配很难流向村民和村庄,同时与村民、村庄密切相连的旅游消费较少的情况下,围绕户外运动旅游推动本地产业结构调整、提高相关产业收入,可能是挖掘大别山地区户外运动旅游扶贫潜力的有效举措。

7.3.2 大别山地区户外运动旅游社会经济贡献的案例分析:以英山县为例

为了更加具体地呈现大别山地区户外运动旅游社会经济贡献,本研究以英山县为例,对当地户外运动旅游发展的影响进行深入剖析,帮助大家更好地理解大别山地区户外运动旅游的实际影响。同时英山县位于大别山核心区域,是大别山地区较早开发户外运动旅游资源和户外运动旅游发展较好的县,具有一定代表性。

7.3.2.1 英山县户外运动旅游发展概况

英山县位于大别山主峰之一天堂寨南麓,已经开发了漂流、溯溪、滑雪等户外运动旅游项目,被国家体育总局授予“中国漂流之乡”称号(英山县人民政府,2020),是大别山地区重要的户外运动旅游目的地之一。英山县在大别山地区较早开发了漂流资源,2013 年仅漂流收入就占英山县旅游收入的 80%。在漂流等户外运动项目的带动下,英山县多种旅游资源得以开发利用,例如驴友在英山县发现几万亩野生的五彩杜鹃,随后英山天马寨景区形成旅游赏花轰动效应(英山县县长田洪光,2015)。在户外运动旅游的带领下,该县从旅游弱县成长为黄冈市旅游强县,2018 年接待游客 802.6 万人次,创造旅游综合收入 36.2 亿元(汪彤,2019)。目前,英山县正常运营的 6 个漂流景区每年接待游客 50 万人次以上,创造旅游综合收入近 1 亿元,是英山县旅游业的支柱项目,所以县长田洪光表示:“将漂流作为全县旅游开发工作的重点,着力打造成全省、全国品牌,依托‘漂流经济’带动英山的绿色生态经济发展。”(庭权等,2013)

7.3.2.2 漂流旅游对英山县社会经济发展的影响

漂流,既是英山县户外运动旅游项目的代表,也是当地旅游业的主体,所以考察漂流旅游对英山县社会经济发展的影响可以大体上反映户外运动旅游的贡献。通过比较分析 2005—2008 年《英山县国民经济和社会发展统计公报》可见,在漂流旅游的带动下,英山县社会经济建设取得全面发展。2006 年该县吴家山龙潭河大同谷漂流项目试漂成功,当年实现营业收入 60 万元。受此影响,英山县加快漂流资源开发步伐,高峰期英山县总共有 9 个漂流景区。比较英山县发展漂流旅游前后的游客数量和旅游综合收入,以及英山县和黄冈市旅游业发展态势的变化可见,2007 年开始英山县旅游业的发展速度明显领先于黄冈市(见图 7-12)。这提示漂流旅游对英山县旅游业产生了积极的促进作用,游客在英山县发生的吃、住、行、玩、购等旅游消费行为,将为当地的社会经济发展注入宝贵动力。

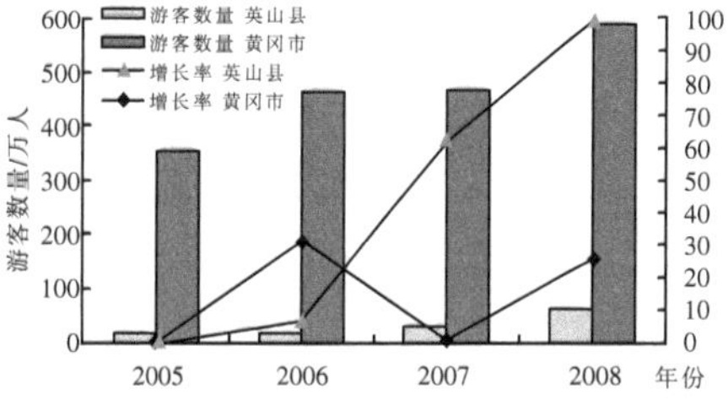

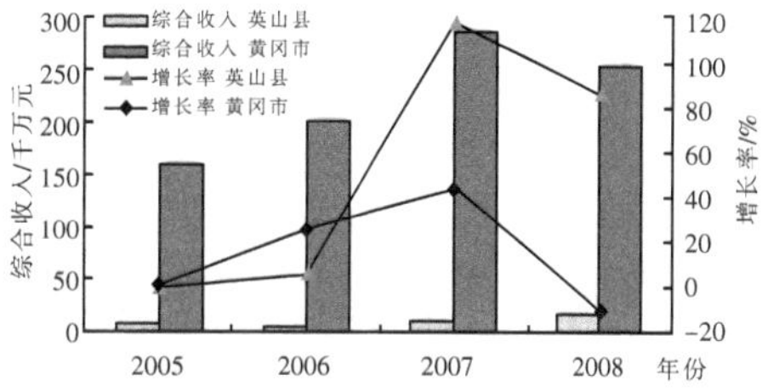

图 7-12　2005—2008 年户外运动旅游对大别山地区旅游业的影响

注:相关数据来源于 2005—2008 年《英山县国民经济和社会发展统计公报》。

漂流旅游产业的火爆带动了英山县农民收入增加——人均增收 8000 元以上,100 多万元的特色农副产品漂出大山,带动了 3000 多名农民就业,全县漂流景区 2 个月收入 7000 多万元(严运涛、冯庭权和万隆,2015)。所以,2007 年开始英山县地区生产总值、社会固定资产投资、社会零售总额、财政收入、人均收入、就业岗位、人口等各项指标较 2007 年以前,均取得大幅增长(见表 7-3)。在当时英山县旅游业几乎只有漂流的情况下,漂流旅游为英山县社会经济发展所做的贡献不言而喻。

表 7-3　2005—2008 年漂流旅游对英山县社会经济发展的影响

社会经济发展指标	2005 年	2006 年	2007 年	2008 年
全县总人口/人	391519	391244	394168	396262
地区生产总值/万元	211500	206529	238480	274390
地区生产总值增长率/%	9.90	11.20	15.50	15.10
人均地区生产总值/元	5287	5992	7511	9779
社会固定资产投资/万元	69522	102295	167679	252975

续表

社会经济发展指标	2005 年	2006 年	2007 年	2008 年
社会零售总额/万元	60559	68920	86073	108794
社会零售总额增长率/%	10.70	13.80	24.90	26.40
全年货运量/万吨	1810	1923	2019	2230
全年客源量/万人	269	280	291	582
全年财政总收入/万元	11365	13272	19746	26669
全年财政总收入增长率/%	15.90	16.70	48.80	34.80
全年城镇居民人均可支配收入/元	5838	6445	7861	9480
全年城镇居民人均可支配收入增长率/%	6.60	10.40	22	20.60
全年农村居民人均纯收入/元	2369	2531	2957	3356
全年农村居民人均纯收入增长率/%	5.80	6.80	16.80	13.50
全年新增就业岗位/个	2575	3105	3319	5812

注:相关数据来源于 2005—2008 年《英山县国民经济和社会发展统计公报》。

7.3.2.3 漂流旅游促进英山县社会经济发展的作用机制

漂流旅游对英山县社会经济发展的贡献不局限于漂流旅游直接收入,其产生的旅游边际收益更为重要。

基于本研究在英山县调查获得的材料、2005—2008 年《英山县国民经济和社会发展统计公报》披露的数据和信息以及相关文献资料,可见户外运动旅游首先激活了英山县旅游业和旅游相关服务业,然后带动英山县其他旅游资源开发、改善英山县投资环境、为社会经济建设注入动力、提升当地社会服务能力和增强发展信心,继而推动英山县旅游业多元化发展、第二和第三产业快速增长、当地居民积极创业(见图 7-13)。虽然户外运动旅游在英山县国民经济中所占的体量和对社会发展所做的贡献越来越小,但户外运动旅游曾经和现在构建的社会经济建设底盘依然是英山县可持续发展的重要基础,这也反映了户外运动旅游在大别山地区起着“中流砥柱”的作用,而不是“锦上添花”的角色。所以,大别山地区既要积极利用户外运动旅游资源的社会经济发展潜力,也要保护它们可持续健康发展,从而夯实当地持续进步的产业基础。

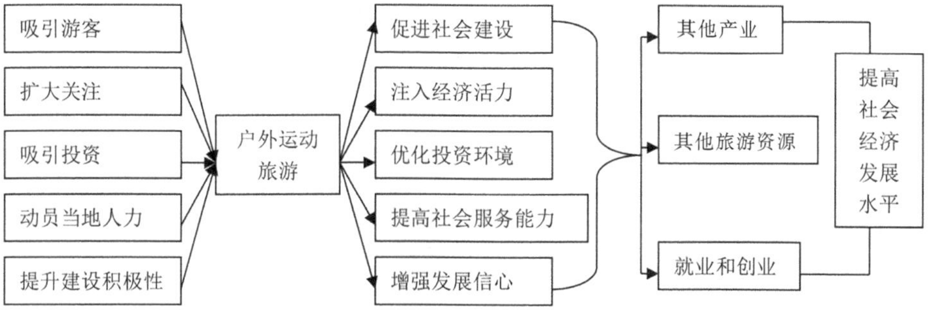

图 7-13　户外运动旅游带动社会经济发展的作用机制

7.4 本章小结

大别山地区属于集中连片特困地区,支持社会经济发展的有用自然资源有限,户外运动资源是当地难得的可开发利用自然资源,通过适当开发利用,不仅能够发挥户外运动资源的社会经济价值,还能带动当地农副产品、地方特色文化、人力资源发挥减贫作用,并为其他产业的发展提供消费动力。

综上所述,对于欠发达地区而言,户外运动旅游的先导作用较为明显,并在以下方面做出积极贡献:①提高地区生产总值和财政收入。作为一项新生的产业,其本身能够创造经济收益、带动相关产业发展和增加就业,可以直接带来经济贡献。如果户外运动旅游能够激活大别山地区蕴含的特产资源(如茶叶等农副产品)、特色文化(如红色文化、地方戏曲等)、旅游资源(如山川花海、人文景观等),改善投资环境,提高社会服务能力,那么依托户外运动旅游获得的社会经济效益将进一步扩大。②调动当地人力资源的积极性。缺乏发展途径,是制约大别山地区居民脱贫致富的重要因素,而户外运动旅游及其边际效益为当地居民带来了发展机会,通过创业(如开办旅社、农家乐、副食店、养殖场等)和就业,他们不仅能够获得经济收入,而且增强了发展积极性和自信心,有利于建立主动脱贫机制。③增强了政府扶贫能力。社会经济发展落后长期制约着大别山地区各级人民政府改善民生能力的发挥,在户外运动旅游的带动下,一方面地方经济不断繁荣,财政收入明显增加,增强了政府部门加大公共事业投资的经济实力,另一方面当地社会经济发展成果也增强了地方政府致力于社会发展的愿望和信心。在政府支持和社会发展带动的双重作用下,大别山地区贫困发生率大幅下降。综合来看,异军突起的户外运动旅游对大别山地区社会经济发展而言,无异于一剂强心针,既开辟了当地社会发展的突破口,也打开了外界了解大别山地区的窗口,建立了一座引领大别山地区高质量发展的桥梁。继而当地社会通过自身努力和外界支持,不断为社会经济建设注入活力,让更多、更好的社会经济发展成果惠及民生,引领当地社会实现脱贫、走向振兴。

第八章

大别山地区依托户外运动旅游扶贫的可行性分析

《大别山片区区域发展与扶贫攻坚规划(2011—2020 年)》显示,按照 2300 元的扶贫标准,2011 年片区内扶贫对象为 647 万人,贫困发生率为 20.7%,高出全国平均水平 8 个百分点。以 2014 年的经济数据计算,大别山地区面积占鄂、豫、皖三地的 22%,人口占三地的 19%,地区生产总值却只占 13%,人均产值仅为全国的一半(李俊明,2015),是三省贫困人口集中片区,也是"十三五"期间三省扶贫工作的主战场(见表 8-1)。

表 8-1 "十三五"期间大别山地区扶贫对象情况

区域	时间	贫困人口/万人	全省贫困人口/万人	占比/%
湖北省大别山区	2015 年底	163.76①	390②	42
安徽省大别山区	2015 年底	104.4③	308.8④	33.8
河南省大别山区	2015 年底	236⑤	430⑥	54.88

① 关于加快推进湖北大别山革命老区振兴发展的实施意见[R]. 湖北省人民政府,2016-02-18.

② 省扶贫攻坚领导小组关于印发《湖北省脱贫攻坚规划(2016—2020 年)》的通知[R]. 湖北省扶贫攻坚领导小组,2016-03-31.

③ 孙叶,刘乐.【国新办新闻发布会】李锦斌:大别山革命老区贫困人口三年减少 86.8 万人[EB/OL]. 央广网,http://www.cnr.cn/ah/news/20190814/t20190814_524731865.shtml,2019-08-14.

④ 安徽省人民政府办公厅关于印发安徽省"十三五"脱贫攻坚规划的通知[R]. 安徽省人民政府,2017-01-04.

⑤ 河南省将投入 920 亿元助 53 个县脱贫[J]. 乡村科技,2016(1):5.

⑥ 高云. 经脱贫攻坚考核领导小组评价,我省 53 个贫困县脱贫成绩单出炉 河南脱贫攻坚 11 个贫困县得"A"[N]. 河南商报,2016-09-27,第 A03 版.

由于大别山地区贫困人口较多、贫困程度较深，我国中央人民政府和当地各级人民政府对大别山地区扶贫工作予以特别重视，原国务院扶贫办主任范小建(2016)指出“大别山区的生态条件比较好，所以产业发展应该特别注意保护生态，在不降低森林覆盖率的基础上发展特色产业”，因此指导大别山地区脱贫攻坚的相关政策均鼓励当地大力发展旅游业，而且明确提出发展户外运动旅游项目，例如《河南省大别山革命老区振兴发展规划实施方案》计划“将大别山打造成具有国内外影响力的山地户外休闲旅游目的地”(河南省人民政府，2016)。随着户外运动旅游在大别山地区兴起，依托户外运动旅游助力脱贫攻坚的愿望跃然纸上。由于国际户外运动旅游扶贫的经验在第三章已经详细介绍，本章不再赘述，将从国家政策等层面分析大别山地区依托户外运动旅游扶贫的可行性。

8.1 基于相关政策层面的可行性分析

8.1.1 我国户外运动资源开发政策概述

户外运动资源开发利用过程中产生的良好社会经济效益，早就引起我国政府部门的重视。2011 年，国家发展和改革委员会发布的《产业结构调整指导目录(2011 年本)》在“鼓励类”中包含“休闲、登山、滑雪、潜水、探险等各类户外活动用品开发与营销服务”，这意味着户外运动活动及相关产业被纳入产业结构目录作为一个新的门类，在社会经济发展的新潮流中，户外运动类产业得到了政府部门的认可。

2014 年颁发的《国务院关于加快发展体育产业促进体育消费的若干意见》指出：“支持中西部地区充分利用江河湖海、山地、沙漠、草原、冰雪等独特的自然资源优势，发展区域特色体育产业”，“以冰雪运动等特色项目为突破口，促进健身休闲项目的普及和提高。制定冰雪运动规划，引导社会力量积极参与建设一批冰雪运动场地，促进冰雪运动繁荣发展，形成新的体育消费热点”，“在有条件的地方制定专项规划，引导发展户外营地、徒步骑行服务站、汽车露营营地、航空飞行营地、船艇码头等设施”和“大力支持发展健身跑、健步走、自行车、水上运动、登山攀岩、射击射箭、马术、航空、极限运动等群众喜闻乐见和有发展空间的项目”。由此可见，随着户外运动产业的发展贡献和发展潜力逐渐显露出来，我国政府部门开始鼓励开发利用户外运动资源,推动户外运动休闲产业发展。

在全面推进扶贫工作的时代背景下,户外运动资源开发利用的扶贫潜力受到关注。2015 年 11 月 27 日至 28 日召开的中央扶贫开发工作会议上习近平总书记阐述“精准扶贫怎么扶”的问题时提出实施“五个一批”工程,要求“发展生产脱贫一批,引导和支持所有有劳动能力的人依靠自己的双手开创美好明天,立足当地资源,实现就地脱贫”(董铭胜,2015)。对于我国许多贫困地区而言,户外运动资源就是可以利用的“当地资源”,而开发利用户外运动资源就意味着“生产脱贫”的希望。为了支持我国户外运动资源开发利用和户外运动产业发展,2016 年以来中央人民政府连续出台多项政策予以支持保障(见表 8-2)。

表 8-2　国家政策中支持发展户外运动的相关内容

序号	政策名称	印发时间	相关内容
1	《关于大力发展体育旅游的指导意见》	2016 年	建设一批休闲绿道、自行车道、登山步道等体育旅游公共设施
2	《山地户外运动产业发展规划》	2016 年	1. 加强山地户外运动场地设施的科学规划与布局,建立“点、线、面”立体、多元的山地户外运动场地设施体系。适当增加山地户外运动设施用地和配套设施配建比例 2. 建设一批户外营地、登山道、徒步道、骑行道等户外运动场地及相关服务设施 3. 支持使用未利用地、废弃地、边远山地等建设山地户外运动项目 4. 引导具备条件的城郊区域建设登山健身步道、山地户外营地、徒步骑行服务站等山地户外运动基础设施并完善配套服务。规划和完善山地户外运动综合体建设。鼓励旅游景区、国有林场等合理规划建设山地户外运动设施

续表

序号	政策名称	印发时间	相关内容
3	《航空运动产业发展规划》	2016年	1. 支持和引导旅游景区、旅游度假区、乡村旅游区等根据自身特点,建设特色航空飞行营地等航空运动设施 2. 加大航空运动休闲体验基地和项目建设力度,丰富大众航空运动参与体验
4	《水上运动产业发展规划》	2016年	1. 水上运动场地基础设施供给明显增加 2. 加强水上运动基础设施的建设 3. 适当增加水上运动设施用地和配套设施配建比例 4. 充分利用公园水域、江河、湖海等区域,重点建设一批便民利民的水上运动设施
5	《冰雪运动发展规划(2016—2025年)》	2016年	1. 引导社会力量建设冰雪运动场地,扩大冰雪场地供给,优化冰雪场地类型结构,提高场地设施质量 2. 建设公共冰雪运动场地设施 3. 保障用地需求
6	《国务院办公厅关于加快发展健身休闲产业的指导意见》	2016年	1. 围绕"三亿人参与冰雪运动"的发展目标……深入实施"南展西扩",推动冰雪运动设施建设 2. 推动山地户外运动场地设施体系建设,形成"三纵三横"山地户外运动布局 3. 依托水域资源,推动形成"两江两海"水上运动产业集聚区 4. 推动汽车露营营地和中小型赛车场建设 5. 合理布局"200公里航空体育飞行圈",推动航空飞行营地和俱乐部发展 6. 在保护自然资源和生态环境的基础上,充分利用冰雪、森林、湖泊、江河、湿地、山地、草原、戈壁、沙漠、滨海等独特的自然资源和传统体育人文资源,打造各具特色的健身休闲集聚区和产业带

续表

序号	政策名称	印发时间	相关内容
7	《国务院办公厅关于促进全域旅游发展的指导意见》	2018 年	1. 加快建设自驾车房车旅游营地 2. 推进城市绿道、骑行专线、登山步道、慢行系统、交通驿站等旅游休闲设施建设 3. 大力发展冰雪运动、山地户外运动、水上运动、汽车摩托车运动、航空运动、健身气功养生等体育旅游
8	《关于以 2022 年北京冬奥会为契机大力发展冰雪运动的意见》	2019 年	建设群众冰雪设施。支持各地结合自然环境、气候条件、社会需求等因素,加强公共滑冰馆、室外滑冰场、滑雪场、综合性冰雪运动中心等场地场所建设,并配建无障碍设施
9	《关于促进全民健身和体育消费推动体育产业高质量发展的意见》	2019 年	以资源禀赋为依托,引导足球、冰雪、山地户外、水上、汽车摩托车、航空等运动项目产业合理布局。分项目制定新一轮产业发展规划,加强相关基础设施建设,鼓励各地开发一批以攀岩、皮划艇、滑雪、滑翔伞、汽车越野等为代表的户外运动项目

中央人民政府支持户外运动资源开发利用的政策得到了地方人民政府的积极响应,《河南省人民政府关于加快发展体育产业促进体育消费的实施意见》《河南省体育发展"十三五"规划》《湖北省人民政府办公厅关于加快健身休闲产业发展的实施意见》《安徽省健身休闲产业发展规划(2017—2025 年)》等多项地方政策明确提出发展户外运动产业。例如,《湖北省人民政府办公厅关于加快健身休闲产业发展的实施意见》提出"重点发展户外运动项目。以户外运动为重点,支持具有消费引领性的健身休闲项目发展";河南省和安徽省具体规划了大别山地区的户外运动旅游发展目标,《安徽省健身休闲产业发展规划(2017—2025 年)》提出"沿大别山线路:以大别山、天柱山等为代表,打造山地户外运动带"。在各级政府的支持下,我国户外运动资源开发利用逐步从民间自发行为转变为政府主导的民生工程,从少数人参与的边缘活动成长为具有重要社会经济影响的大众项目,有力推动了户外运动旅游的发展,夯实了户外运动旅游助力目的地社区发展的政策环境。

8.1.2 我国户外运动旅游扶贫政策概述

《体育总局、国务院扶贫办联合印发关于体育扶贫工程的实施意见》提出"坚决打赢脱贫攻坚战,坚持大扶贫格局,充分发挥体育行业在脱贫攻坚战中的特有优势"。从我国体育旅游扶贫的经验、体育资源与贫困人口的关系看,户外运动资源是距离贫困人口和贫困社区最近的体育力量,也应是体育助力扶贫的一线战场,因此以户外运动为代表的体育旅游被赋予扶贫重任,例如《大别山片区区域发展与扶贫攻坚规划(2011—2020 年)》建议通过"积极发展……户外运动探险游"带动农户就业和增收,所以从政策层面看,大别山地区的户外运动旅游已经与扶贫攻坚密切相连(见表 8-3)。

表 8-3 与户外运动旅游相关的扶贫政策

序号	政策名称	年份	相关内容
1	《大别山片区区域发展与扶贫攻坚规划(2011—2020 年)》	2012 年	积极发展……户外运动探险游
2	《"十三五"脱贫攻坚规划》	2016 年	鼓励开发建设……自驾露营、户外运动和养老养生等乡村旅游产品
3	《关于落实发展新理念加快农业现代化 实现全面小康目标的若干意见》	2016 年	有规划地开发……自驾露营、户外运动等乡村休闲度假产品
4	《关于印发乡村旅游扶贫工程行动方案的通知》	2016 年	大力开发徒步健身、乡村体育休闲运动,培育发展自驾车房车营地、帐篷营地、乡村民宿等新业态
5	《河南省大别山革命老区振兴发展规划实施方案》	2016 年	将大别山打造成具有国内外影响力的山地户外休闲旅游目的地
6	《乡村振兴战略规划(2018—2022 年)》	2018 年	实施休闲农业和乡村旅游精品工程

续表

序号	政策名称	年份	相关内容
7	《关于体育扶贫工程的实施意见》	2020 年	打造诸如汽车营地、马拉松赛区、自行车营地等具有体育特色的综合体，带动体育旅游、竞技表演、健身休闲等相关产业的发展

8.1.3 大别山地区户外运动旅游扶贫的政策基础

户外运动资源是大别山地区固有的自然资源，当地居民早就利用这些资源开展相关活动，并逐步发展出漂流、徒步、露营等具有一定产业效益的户外运动旅游项目，为当地社会经济建设和扶贫工作做出了实质性贡献。例如，英山县九龙大峡谷漂流景区每年漂流季要聘请护漂和运输人员 40 多人，人均月收入近 2000 元；同时周边村民开办农家乐、土菜馆等 40 多家，每户日均收入达 3000 元；漂流还带动了英山云雾茶等当地特色农副产品销售（庭权等，2013）。这些社会经济活动反映了户外运动旅游对周边社区发展的促进作用，但并不意味着产生扶贫实效，因为在缺乏政策引导、政府支持和精准扶贫责任感的情况下，大别山地区户外运动旅游收益缺乏扶贫指向性，当地贫困人口可能难以获益，而且扶贫的效率、深度和可持续性均受到限制。

随着户外运动旅游扶贫政策的制定和出台，一方面体现了户外运动旅游发挥的扶贫功能得到政府部门的认可，另一方面也意味着社会各界认识到利用户外运动旅游推动脱贫攻坚的可行性。因为在政策层面上，不仅仅是文字鼓励或建议发展户外运动旅游，而且给予相应的支持，例如《关于加大脱贫攻坚力度支持革命老区开发建设的指导意见》（2016）指出“着力培育壮大特色产业”“优先支持老区创建国家级旅游景区，旅游基础设施建设中央补助资金进一步向老区倾斜”。这就意味着依托扶贫政策推进户外运动旅游资源开发和利用户外运动旅游推动大别山地区精准扶贫工作，可以使用各级政府部门给予的经费、人才、项目等支持资源，所以大别山地区户外运动旅游产业规模快速扩大，不断巩固当地户外运动旅游扶贫的产业实力，并建立户外运动旅游与精准扶贫的联动关系，从而使扶贫工作在户外运动旅游发展过程中得以具体体现。

扶贫开发政策中明确提及户外运动旅游，这意味着：

①相关政策解除了大别山地区政府、居民和开发商利用当地户外运动资源的后顾之忧，增强他们依托户外运动旅游获得发展机会的信心，从而利用沉睡的户外运动资源发展户外运动旅游项目，为当地精准扶贫工作提供新的支持。

②发展户外运动旅游业，涉及土地、用工、资金、环保等多方面的问题，得益于相关政策的实施，解除了地方政府支持户外运动旅游发展的政策障碍，以前担心户外运动旅游开发风险而因噎废食的做法得到缓解，加快了大别山地区户外运动旅游资源的开发利用，并推动旅游基础设施和条件改善，户外运动旅游产业规模扩大，逐步加强户外运动旅游业支持精准扶贫的产业实力。

③在政策鼓励和支持下，优化了大别山地区户外运动旅游项目的招商引资环境，社会资本更有信心投资开发利用当地的优质户外运动旅游资源，并加快相关项目投融资进程，切实推动大别山地区户外运动旅游业的发展繁荣；同时在此过程中全面改善当地居民的生活条件和扩大他们增收创收的途径。

④将户外运动旅游融入大别山地区脱贫攻坚规划，为地方政府和居民提供了新的减贫路径，鼓励和支持相关利益主体参与户外运动旅游资源开发，依托户外运动旅游创收增收，继而开辟了大别山地区脱贫攻坚的新通道。

政策是指导社会实践的行动指南（谢明，2014），所以针对大别山地区户外运动资源开发的政策，从顶层设计当地户外运动资源利用方向，并在政策层面将户外运动旅游与精准扶贫密切相连，旨在进一步发挥户外运动旅游的扶贫功能，挖掘和强化户外运动旅游的多重社会经济价值，促使户外运动旅游在大别山各地蓬勃发展，积极带动当地社会走向振兴。

8.2 基于大别山地区户外运动资源储备情况的可行性分析

户外运动资源是大别山地区发展户外运动旅游扶贫的基础条件。调查发现，大别山地区蕴藏着比较丰富的山地户外运动资源，可以开展多种类型、符合大众参与需求的户外运动项目，所以发展户外运动旅游是当地政府部门制订的旅游扶贫开发规划的重要构成部分。例如，湖北省黄冈市罗田县围绕生态旅游扶贫的目标中包含开发漂流垂钓、攀岩探险、户外休闲等项目（刘汉成和夏亚华，2014），而安徽省六安市政协（2018）也建议“六安位于大别山北麓，山地资源丰富且复杂,非常适合攀岩、速降、山地定向越野等探险活动”,湖北省体育局局长胡功民(2018)在黄冈市大别山地区调研时强调:“特色小镇在突出特色的同时,要融入体育旅游元素,打造集户外运动、体育旅游、养生于一体的运动康养小镇。”地方政府对大别山地区户外运动旅游发展的重视,正是缘于当地所拥有的户外运动资源储备,能够依托大别山地区得天独厚的户外运动资源优势发展相关产业,并将户外运动旅游和精准扶贫结合起来,此项工作已经在大别山地区广泛展开。

8.2.1 大别山地区山地户外运动资源储备丰富

大别山地貌轮廓及水系分布主要受各种不同性质、不同方向的断裂活动和断裂构造所控制,是一座被断裂构造所控制的断块山,水系主要是属于断裂构造所控制的格状水系(冯文科,1976),地貌上表现出地堑谷、断块山和断陷盆地的广泛分布、岗峦起伏、群峰突起的特点。0—50 米和 1300—1600 米高程段平均坡度小于 2°,50—1000 米高程段平均坡度基本处于 4°—11°,1000—1300 米高程段平均坡度为 24°,同时 50—1400 米及 1600—1700 米高程段坡度最大值与最小值之差约为 10°—20°,说明这两个高程段地形复杂,陡峭与平缓地形相间,100—500 米、1300—1600 米和 1700—1800 米高程段坡度相对较小,可能是夷平地(程三友等,2005)。大别山地区的地质结构和地貌特征赋予当地比较丰富的户外运动资源,目前大别山地区已经开发了漂流、骑行、露营、攀岩、岩降、溯溪、滑雪、滑草、划船、徒步、丛林穿越等多种户外运动项目,户外运动旅游呈现规模化和体系化,可以满足大量不同户外运动参与需求的游客,而且具备一年四季提供户外运动旅游服务的能力。良好的户外运动资源条件,奠定了大别山地区户外运动旅游发展的基础。

8.2.2 大别山地区户外运动资源符合大众游憩需求主流方向

户外运动旅游项目产生扶贫效益的前提是其具备较好的产业价值,即能够吸引大量的消费者。虽然大别山地区的山不是很高、林不是很密、水不是很急、崖不是很悬、雪不是很深,对于高水平户外探险运动爱好者而言,大别山地区的户外运动项目缺乏吸引力,但当地的户外运动资源特征却适合大众参加户外运动的需求。那些缺乏户外运动参与经验和专业技能的普通人,不能去登雪山、穿原始森林、漂急水湍流、攀悬崖峭壁或尝试高山滑雪,却能够在大别山地区体验这些运动项目,并确保自身安全。同时该地区大众户外运动资源种类多、消费水平低、服务范围广、市场潜力大,发展户外运动旅游具有较好的市场空间,而且这种平民化的户外运动旅游运行模式有利于将相关产业效益让利于民,所以大别山地区的户外运动旅游蕴含着较强的扶贫潜力。

8.2.3 大别山地区户外运动资源具有较高的社会经济价值

从地图上我们可以发现,在太行山、秦岭、大别山和武夷山之间的黄河与长江流域,以及大别山、武夷山、南岭、雪峰山和巫山之间的长江流域,分布着我国华中和东南地区人口较多、社会经济较发达的省市,也是户外运动进入我国并逐渐兴起的区域。这意味着大别山周边地区具有较好的户外运动旅游消费环境。受惠于此,大别山地区户外运动旅游项目除了接待湖北、河南和安徽省的居民,还能够吸引广东、江苏、浙江、上海、山东等省市的游客,这些跨区域游客来自经济发达地区,具备较好的消费潜力,他们不仅通过户外运动旅游相关消费直接助力大别山地区的社会经济发展,还能关注和支持大别山地区的精准扶贫工作。

8.2.4 大别山地区户外运动资源与贫困居民密切相连

截至 2012 年底,大别山片区常住人口 2776 万人,乡村人口 2112 万人(游俊等,2015),而在 2013 年底大别山片区有农村贫困人口 477 万人(姜刚等,2017),这些贫困人口散居在大别山地区。本研究利用 ArcGIS 分析软件对大别山地区的房屋进行逐一标记,可见大别山范围内密布着居民。由于贫困人口通常处于交通不便、产业落后的地区,在大别山范围内,这些地区往往存在优质户外运动资源,所以当地贫困人口与户外运动资源常常相伴而存。户外运动资源使大别山地区具备发展户外运动旅游的潜力,而户外运动资源与贫困居民的密切联系,使他们拥有便利的条件依靠户外运动旅游实现减贫。例如,河南省新县建成的大别山露营公园,提供以房车露营、青少年研学旅行、职业梦想体验为内容的新兴旅游产品,带动周边村组年用工量达 3700 人次,年销售农副产品 600 万元,同时打造"步道经济"带动沿线 16 个贫困村参与旅游及相关产业,1 万多名贫困人口共享旅游红利(吴克君,2019)。实践经验表明,大别山地区通过发展户外运动旅游,为贫困群众创造了近在身边的创收机会,提高了当地贫困居民减贫效率，是推动脱贫攻坚的有效手段。

综上所述，可见大别山地区户外运动资源的禀赋奠定了当地户外运动旅游业高质量发展的资源基础，并保证当地户外运动旅游能够产生较好的社会经济效益，具备承担扶贫责任的实力。同时大别山地区背靠东南沿海和中部经济较为发达的省市，具备明显的区域竞争优势，在满足周边居民户外运动体验方面蕴含着较大的经济潜力，而这些到大别山地区体验户外运动项目的外地游客将为当地扶贫工作做出重要贡献。由于大别山地区的地貌特征能够容纳大量人口散居其间，造成户外运动资源与贫困人口密切相连，在户外运动旅游发展过程中可以就地为贫困群众提供增收脱贫的机会，因此大别山地区储备的户外运动资源具有较好的扶贫潜力。

8.3 基于当地居民依托户外运动旅游减贫期望的可行性分析

旅游扶贫不能简单等同于贫困地区的旅游开发，其核心目标是贫困人口的脱贫和发展，所以社区居民的有效参与是实现这一目标的有效途径（李云，2013）。只有当地居民积极参与到旅游业中，才能帮助自身在旅游发展中获益和增加发展机会（邱云美，2004），所以要提升当地村民的参与意识和能力（徐跃龙，2018）。即旅游目的地不仅有贫需扶，更要有贫愿扶，如果当地贫困人口有其他减贫途径，或不愿意依托户外运动旅游减贫，再多努力也很难产生扶贫效益。因此，大别山地区利用户外运动旅游扶贫需要获得当地居民的认同和积极参与，只有当地居民成为户外运动旅游业的构成部分，户外运动旅游收益才会向他们分配，从而产生扶贫实效。由于动机是行为的前奏，当地居民对户外运动旅游扶贫的期望将直接影响他们参与户外运动旅游的行为，是直接决定大别山地区户外运动旅游能否产生扶贫作用的关键影响因素。

8.3.1 大别山地区居民对户外运动旅游扶贫的期望

户外运动旅游为游憩地带来游客，他们的玩、吃、住、行、购等活动为当地社会带来发展产业和经济的机会，但是受制于户外运动旅游的惠及范围和当地居民依托户外运动旅游获益的能力，并不是所有周边居民都能从中受益。调查发现，大别山地区86.4%的当地居民从户外运动旅游中获利，但是97.8%的居民希望户外运动旅游帮助自己减贫。这既意味着大别山地区存在极少数对户外运动旅游扶贫无望的居民，也表明超过 10%尚未获益的当地居民希望分享户外运动旅游的发展收益。综合而言，大别山地区居民对户外运动旅游扶贫期望的平均值是 1.3045±0.66376，临近“非常希望”水平，实际上“非常希望”的居民达到 78.2%（见图 8-1）。由此可见，大别山地区居民对依托户外运动旅游脱贫的愿望较高，这奠定了当地户外运动旅游扶贫的可能性。

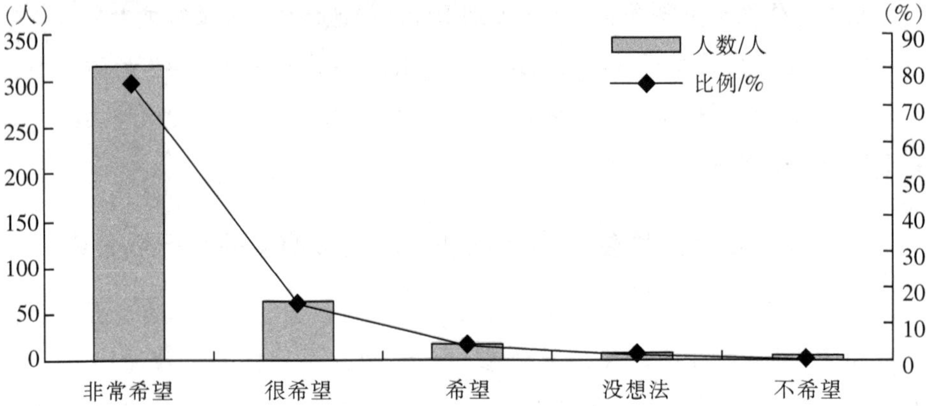

图 8-1 大别山地区居民对户外运动旅游扶贫的期望

8.3.2 大别山地区精准扶贫户与非精准扶贫户对户外运动旅游扶贫的期望

调查发现，有 28 名村民属于精准扶贫户（占被试总数的 7.5%，这一比例高于 2018 年 1.7%的全国贫困发生率），其中 27 人（96.4%）从户外运动旅游获得减贫收益，71.4%的人“非常希望”户外运动旅游帮助自己减贫，其余 28.6%的人表示“很希望”；而非精准扶贫户从户外运动旅游获益的人数占 86.4%，79.1%的人表示“非常希望”依托户外运动旅游减贫，14.5%的人持“很希望”的态度，但有 2%的人表示“没想法”。虽然从户外运动旅游收益分配情况看，受益的精准扶贫户比非精准扶贫户高 10 个百分点，但是精准扶贫户与非精准扶贫户对户外运动旅游扶贫的期望没有差异（均值差 = 0.00789，$P = 0.95$）。这意味着大别山地区居民不分贫困和非贫困人口，均希望户外运动旅游帮助自己增加收入（见图 8-2），户外运动旅游扶贫在当地拥有良好的群众基础。

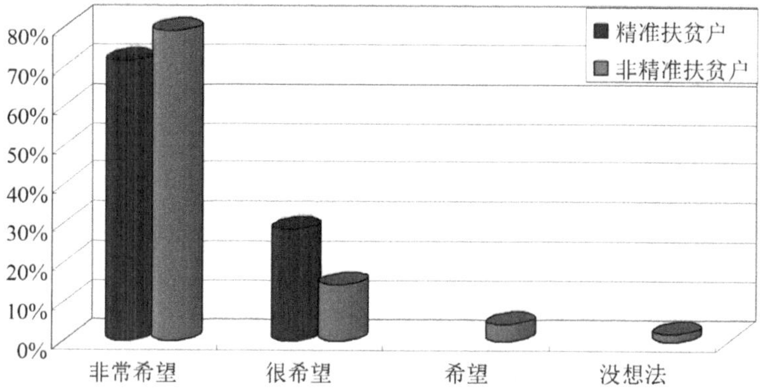

图 8-2 大别山地区精准扶贫户与非精准扶贫户对户外运动旅游扶贫的期望比较

8.3.3 大别山地区从户外运动旅游获益与非获益村民的期望

调查发现，大别山地区从户外运动旅游获益的村民对户外运动旅游扶贫的期望（$N=348$, $M=1.2299\pm0.50817$）显著高于没有获益的村民（$N=55$, $M=1.7818\pm1.16573$），T 检验结果显示 $P=0.000$。进一步分析发现获益村民中对户外运动旅游扶贫持“非常希望”的比例是 80.5%，而非获益村民的比例只有 63.6%，同时非获益村民中有 1.8%的人表示“不希望”依托户外运动旅游脱贫，“没想法”（10.9%）的比例是获益村民（0.6%）的 18.17 倍（见图 8-3）。整体而言，虽然没有获得收益的村民也存在较高的利用户外运动旅游脱贫的愿望，但已经获益的村民产生的获得感以及他们在此过程中发现增加收益的可能性，促使他们对利用户外运动旅游增收产生了更多期望，而部分没有获得收益的村民可能产生了“习得性无助”感，对利用户外运动旅游增加收入无望。由于旅游扶贫存在“精英（村委会干部、当地能人、非贫困户）俘获”的问题，贫困人口通常也是弱势群体，他们缺乏依托户外运动旅游获利的有效途径，所以大别山地区户外运动旅游扶贫需要关注那些尚未获益的村民，帮助他们强化利用户外运动旅游减贫的信心。

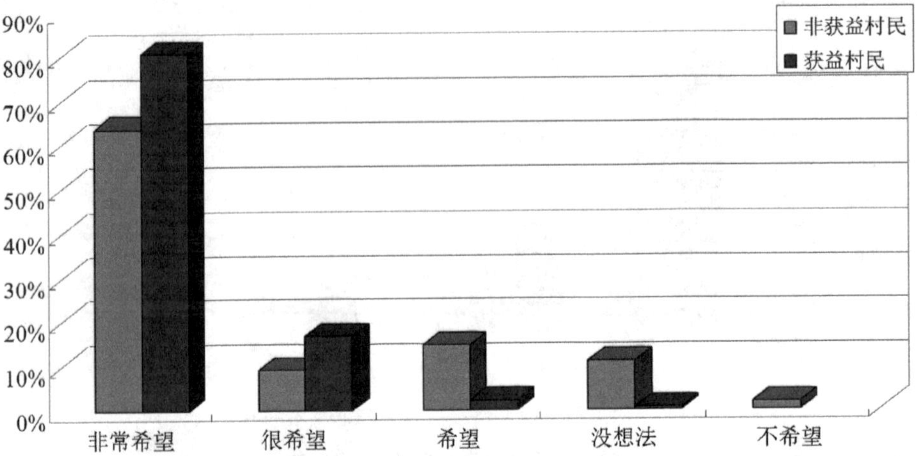

图 8-3 大别山地区从户外运动旅游获益与非获益村民对户外运动旅游扶贫的期望比较

8.3.4 大别山地区不同性别村民对户外运动旅游扶贫的期望

分析结果显示，大别山地区女性村民对户外运动旅游扶贫的期望（M=1.224±0.51861）高于男性的期望水平（M=1.3756±0.76721）和当地的平均水平（M=1.3045±0.66376）。其中99.5%的女性村民希望通过户外运动旅游脱贫，而男性村民的比例是96.1%；81.8%的女性村民达到"非常希望"的水平，而男性村民的比例只有75.1%（见图8-4）。所以大别山地区村民对户外运动旅游扶贫的期望存在显著的性别差异（均值差=0.15165，P=0.022）。这可能缘于：①女性因能力所限，通过其他途径获益的可能性较小，而户外运动旅游让她们看到了希望；②已经从户外运动旅游获得收益的女性村民（88.5%）略高于男性村民（85%），促使部分女性村民对户外运动旅游扶贫产生更多期望；③男性村民能够比女性村民更容易、更多地依托户外运动旅游获利，促使女性村民产生提高收益的愿望；④男性村民可能拥有更多机会从其他渠道减贫，而户外运动旅游对女性村民而言，是一个难得的机会。这提示：大别山地区户外运动旅游发展应该更多关注女性村民的参与和获利，帮助她们获得更多减贫实效。

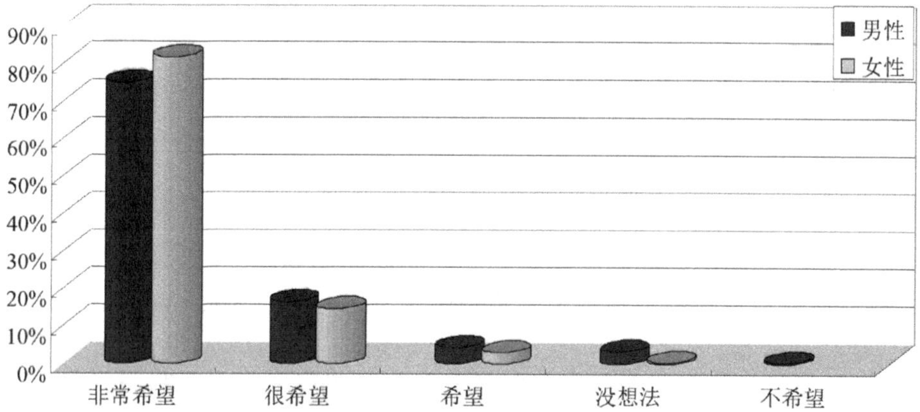

图 8-4 大别山地区不同性别村民对户外运动旅游扶贫的期望比较

8.3.5 大别山地区不同年龄段村民对户外运动旅游扶贫的期望

本研究调查对象（$N=406$）的年龄介于 15—90 岁，平均年龄 47.9457±10.97802 岁。参考我国政府部门对人口年龄段的划分方式：中国共青团规定年满 28 周岁、没有担任团内职务的团员应该办理离团手续，国家统计局将 60 岁以上人口划分为老年人，我国评选杰出青年的年龄上限分为 40 岁和 45 岁，本研究根据大别山地区村民的人口学特征，为了考察不同年龄段村民对户外运动旅游扶贫的期望，将他们划分为：青年人（39 岁及以下，$N=77$）、中年人（40—59 岁，$N=270$）和老年人（60 岁及以上，$N=58$）。

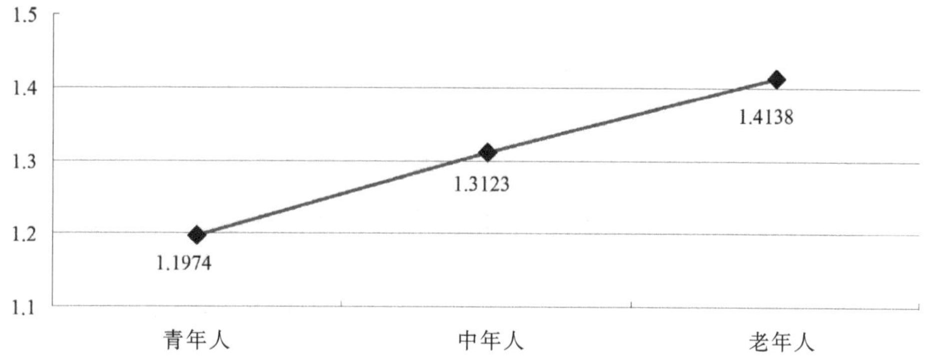

图 8-5 大别山地区不同年龄段村民对户外运动旅游扶贫的期望值

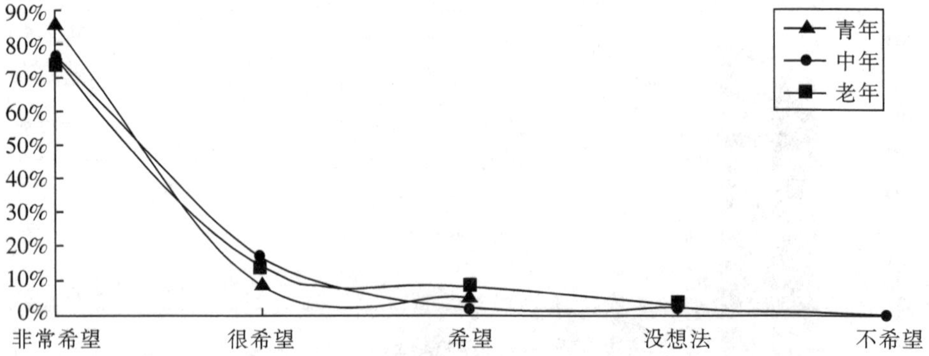

图 8-6 大别山地区不同年龄段村民对户外运动旅游扶贫的期望比较

分析结果显示：①三个年龄段（从小到大）村民从户外运动旅游获益的比例都超过 80%，分别是 85.7%、86.9%和 84.5%，中年人获利的比例略高，而老年人获利的比例略低；②三个年龄段村民对户外运动旅游扶贫的期望值几乎直线上升（见图 8-5），分别是 1.1974±0.51691、1.3123±0.66851 和 1.4138±0.79548；③整体而言，三个年龄段村民中大部分人对户外运动旅游扶贫持有较高的期望，达到“非常希望”水平的比例分别是 85.5%、77%和 74.1%（见图 8-6），不过中年人和老年人中存在少数“没想法”和“不希望”的村民；④三个年龄段村民对户外运动旅游扶贫的期望水平不存在显著性差异（$P>0.05$），但青年人的期望水平临界显著性高于老年人（$P=0.062$）。户外运动旅游不同于普通旅游项目，对人口素质和能力有一定要求，不同年龄段村民表达的期望水平虽然都临近“非常希望”，但也反映了青年人对依托户外运动旅游脱贫持有更高的期望，可能缘于户外运动旅游更贴近他们的年龄和能力特征。

8.3.6 减贫期望与大别山地区户外运动旅游扶贫的可行性

旅游发展将会带给当地居民切实的经济利益，能够促进当地居民实现脱贫（苏飞等，2016），而前提是让贫困人口参与其中（卢冲等，2017），但参与当地乡村旅游项目后能否获得相对较高且稳定的收益，将影响他们参与乡村旅游项目的意愿（肖轶和尹珂，2016）。这提示：大别山地区的户外运动旅游为当地居民提供了减贫的机会，只有那些参与其中的居民才能够获益，而获益程度会影响他们对户外运动旅游扶贫的期望，并继而影响他们参与户外运动旅游扶贫的行为。

综上所述，绝大部分当地居民能够从大别山地区的户外运动旅游中获益，特别是精准扶贫户基本都能受惠，所以当地居民对户外运动旅游扶贫保持着较高的期望，尤其是精准扶贫户、已经获益的村民、女性和青年人。根据当地居民反映的利用户外运动旅游获益情况和对户外运动旅游扶贫的期望，可见：①大别山地区户外运动旅游具有较好的社会经济效益，具备助力扶贫的产业能力；②大别山地区户外运动旅游已经帮助大部分当地居民获益，使他们树立了依托户外运动旅游增收、减贫的信心；③少数没有获益或获益不理想的当地居民对户外运动旅游扶贫的期望值相对较低，可以加强户外运动旅游与这些居民的联系，提高他们的收入水平。因此，大别山地区具备利用户外运动旅游扶贫的潜力：①产业潜力与居民减贫愿望相契合，可以吸纳当地村民参与户外运动旅游（如就业、创业、从事相关行业等），而且村民参与构建了当地户外运动旅游可持续发展的社会基础，从而使户外运动旅游能够长期带动当地社会经济发展；②当地居民表达了较高的依托户外运动旅游脱贫的愿望，这意味着他们感受到或意会到当地户外运动旅游项目蕴含着较好的经济收益，若能得到相应扶持，他们可以增加收入，实现脱贫目标；③在大量具备较高脱贫愿望的村民映衬下，极少数不抱希望的村民显得无奈，他们表明只要措施得当，也希望自己能从户外运动旅游中获得可观收益；④大别山地区属于集中连片特困地区，当地扶贫工作需要产业支持，户外运动旅游项目周边居民对其扶贫贡献表达了较高期望，这有利于促使地方政府和户外运动旅游开发商重视当地的扶贫工作。

8.4 基于大别山地区户外运动旅游扶贫实效的可行性分析

很多媒体报道了有关大别山地区户外运动旅游扶贫的信息，为了进一步考察大别山地区户外运动旅游扶贫实效，本研究开展了以下实地调研工作：①对当地村民、村委会干部和户外运动旅游项目开发商进行访谈；②以游客身份完成全部旅程，亲身考察户外运动旅游的扶贫效果；③对部分户外运动旅游项目实施3—5天的驻村观察，深度考察大别山地区户外运动旅游的扶贫贡献，以及因此带来的户外运动旅游扶贫可行性。

8.4.1 大别山地区户外运动旅游扶贫的实效

可以肯定的是大别山地区户外运动旅游项目能够造福周边居民，具体情况见如下访谈。

HB9(被访者编号,下同):村民开起了农家乐与商铺,增加了劳动就业岗位,能够销售农副产品和户外用品。

HN1:最大的好处就是交通,路修得好,从前一般的司机上我们这边开始都会有点害怕,现在司机都敢来了。

SCCM2:景区占了我们的地皮,都是三万至五万元之间,买断了。

TTZCG1:我们这一块(漂流)目前来说大概(提供岗位)一二十个。

TZSCUG1:带动了贫困户就业,还有参与那个小额贷款入股分红,农民通过自己的房子提供吃住。

AHHX3:贫困户可以带来十个一百个游客,就一张票给他提成 5 元 10 元,像这个漂流比较火爆,高峰期每天的收入就不少了。

HB7:村民去景区摆摊,今年的摊位就那么几个,只要报名的就可以去,摊位费也比较便宜,一个(摊位)一个月 250 元钱,主要是他们用的电费。

综合而言,大别山地区户外运动旅游主要通过就业、吃住购、农副产品销售、改善交通条件等方式带动当地社会经济发展(见图 8-7),对促进乡村振兴、帮助贫困户减贫做出了实际贡献,所以赢得了当地居民的支持。例如村民 HBYS5 说:“那肯定给我们带来了经济收入,像那些卖东西的,要不是这里能旅游,他怎么卖东西,怎么搞得到钱啊!”

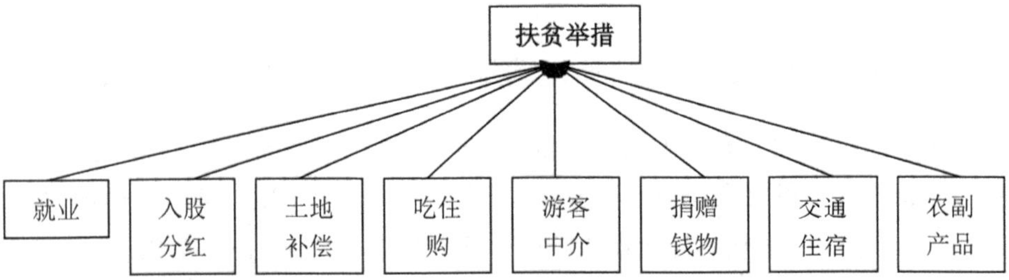

图 8-7 大别山地区户外运动旅游扶贫的主要举措

8.4.2 大别山地区户外运动旅游扶贫过程中存在的问题

调查发现,大别山地区户外运动旅游对当地社会经济的贡献存在一定的局限性,例如土地补偿仅限于土地被占用的农户,如果土地没有被占用,自然就不会获得这方面的收入。其他方面的问题也是如此,村民若不参与就不会获益。相关问题如下。

(1)贫困人口的获益有限。不少贫困户由于经济能力、身体和技能不足,很难依托户外运动旅游开办农家乐、民宿、商店等,当地村委会和开发商会为他们提供一些要求低、工资低的岗位(如打扫卫生、帮厨、看车等),日薪 70—100 元。因为户外运动具有季节性,目前大别山各地开发的户外运动旅游项目比较单一,缺乏整体开发运营,所以贫困人口能够获得的实际收入只能适当改善生活,相较于脱贫而言,显得杯水车薪。

(2)户外运动旅游的扶贫承载力有限。村民、村委会干部和开发商指出当地的户外运动旅游"项目单一""游客少""只是促进了部分村民增加收入""目前营地与村民是分开的""偏远""水资源不够""时间短"等,所以"出去打工"和"种植中药材"等其他产业是当地居民的主要收入来源,不少人"都不想在家待着,想出去,没事干的就到这里来干"(HB6)。户外运动旅游项目本身经营不景气,也就很难为当地扶贫工作做出更大支持。

(3)存在拖欠工资等现象。虽然户外运动旅游项目给当地务工群众发放的工资不高,却有多名被访村民反映"拖欠工资"的问题,甚至引起部分务工人员"不想干",而在工作过程中"长期泡水""服装破损""吃饭"等问题还给他们造成了额外支出。除此之外,还有部分地区的村民反映,去户外运动景区上班"需要走关系",景区在引导散客入住时也会优先推荐"有关系的农家乐",还有开发商兴建宾馆、餐厅和商店,跟当地村民抢夺游客消费市场。这些现象进一步削弱了大别山地区户外运动旅游的扶贫贡献,而且有损当地村民对户外运动旅游扶贫的期望。

8.4.3 大别山地区户外运动旅游扶贫的可行性

扶贫举措有限、扶贫贡献不大,是目前大别山地区户外运动旅游扶贫开发的主要特征,虽然不能因此否认其已经做出的扶贫贡献,但依然值得我们思考如何更好地利用大别山地区户外运动旅游助力精准扶贫。综合而言,以下措施可能有利于增强大别山地区户外运动旅游扶贫的可行性。

(1)积极发展"户外运动+",增强户外运动旅游项目的带动效益,夯实产业扶贫基础。优质旅游资源不足是大别山地区普遍存在的问题,而户外运动旅游很难一枝独秀,可以利用户外运动旅游催生的社会效应,同步开发休闲农业、红色文化、民俗体验、自然风光等旅游项目,尽量扩大当地以户外运动为主体或依托的旅游产业,使开发商获得更多利益,可能促使他们更愿意支持当地社会经济建设。同时旅游产业的规模扩大,就能容纳更多当地居民从中获益,也能提高他们的收益水平,从而更加有效地实现扶贫目标。

(2)帮助当地社区和居民深度参与户外运动旅游,因为大别山地区的户外运动旅游扶贫局限并不是项目收益不足,而是户外运动旅游收入按参与程度和贡献大小分配,当地社区和村民,尤其是贫困村民,被户外运动旅游边缘化。例如有的村民依托户外运动旅游开办农家乐,年收入 20 万—30 万元(HNJGS1),而年纪比较大的女性村民只能从事日薪 70 元的临时工(HBMCD3)。实际上,大别山地区不少户外运动旅游项目每年都有不低于百万元级别的经济收入,只是这些钱被开发商作为投资收益带走。可见,参与程度和方式决定了当地社区和村民的获益情况,所以各级政府要大力支持大别山地区的村庄和居民通过投资入股、开展商贸等方式获得更多的户外运动旅游收益。

(3)积极扶持贫困人口依托户外运动旅游获得减贫实效。现在大别山地区的户外运动旅游红利分配呈现出倾向非贫困人口的特征,而贫困人口受自身能力和条件所限,主要从事低价值的体力劳动,而且那些因病、残、老、弱等致贫的人口还不能获得工作岗位,部分深度贫困人口通过售卖少量农副产品挣取微薄收入,无法达到脱贫的效果。由于户外运动旅游的特殊性,确实会限制部分贫困人口参与,但这并不意味着户外运动旅游可以放下扶贫责任,地方政府应引导户外运动旅游项目通过设立扶贫基金、设置扶贫工作岗位等方式助力精准扶贫。

(4)加强扶贫工作管理,发挥户外运动旅游的精准扶贫动力作用。调查过程中我们发现,户外运动旅游项目周边群众几乎处于"自创自收"的状态,获益程度与个人主观能动性有关,缺乏引导户外运动旅游助力精准扶贫的工作。一位村委会干部(HBMCB1)说:"私人企业不像国企,说来他们也不会听我们的。"类似状态导致当地的户外运动旅游项目与村民隔离,项目收益与当地社会经济建设脱钩,户外运动旅游成了纯粹的商业投资。对于大别山地区的贫困居民而言，当地能够开发一个产业项目非常不易，所以地方政府从招商引资的时候就应该有目的地要求资源开发利用与当地社区密切相连，项目运营需要具备一定的精准扶贫功能。

大别山地区的户外运动旅游项目取得的相关收益未能有效支援精准扶贫，所以当地政府和社区应该调整思路、制定政策、采取措施，引导当地的户外运动旅游项目助力精准扶贫，着力发挥户外运动旅游的扶贫功能。

第九章

大别山地区户外运动旅游精准扶贫系统的构建

旅游精准扶贫是一个新兴话题，相关研究报道始于2014年（徐巧英，2014），研究者们主要探讨了旅游精准扶贫的实现路径（如陈秋华等，2016；薛定刚，2016；王文艳等，2016；刘民坤等，2016）、乡村旅游精准扶贫（如马斌斌等，2016；熊林海等，2016；杨春，2016；桂拉旦等，2016）、连片地区旅游精准扶贫［如武陵山地区（傅显捷，2015）、秦巴山地区（彭华等，2016）和大别山地区（薛兵旺，2016）］、旅游精准扶贫案例［如四川高山纳凉村（田翠翠等，2016）、稻城县香格里拉镇（赖斌等，2016）、湘西土家族苗族自治州（龙安娜等，2016）］。旅游精准扶贫是一项系统工程，在实践中要具体落实"精准"。同时，大别山地区利用户外运动旅游实施精准扶贫并不是一个全区域性的普遍举措，而是有的地方适合开发户外运动旅游资源，有的地方不适合开发；有的地方户外运动旅游项目具备一定的扶贫能力，而有的地方尚不具备；有的贫困人口能够依托户外运动旅游实现增收减贫，有的贫困人口不能。所以大别山地区户外运动旅游精准扶贫不是着力开发户外运动旅游项目就能自然产生扶贫实效，而要根据当地户外运动旅游和贫困人口的特点制订相应的"精准"帮扶方案。

9.1 大别山地区户外运动旅游精准扶贫识别系统的构建

习近平总书记在2015年中央扶贫开发工作会议上指出，精准识别贫困人口是精准施策的前提；要把贫困人口、贫困程度、致贫原因等搞清楚，以便做到因户施策、因人施策。可见，精准扶贫最重要的是精准识别（党国英，2017），而"扶贫对象精准”是解决好“扶持谁”“谁来扶”“怎么扶”的前提和基础,是落实精准扶贫方略的关键(朱梦冰和李实,2017)。但是如何精准识别出农村贫困人口是精准扶贫面临的主要困难之一,因为在精准识别过程中面临国家正义与实践正义失衡、农村熟人社会关系、基层民主不健全、“临界”贫困人口和弱势贫困人口识别困难等问题(李博和左停,2017),而且很多农村居民,尤其是贫困户对自己的财产和收入缺乏清晰的核算,导致目前很难百分之百识别贫困人口,即使地方政府创新精准识别举措,仍然有少量贫困人口被错评。例如,湖北省 2018 年贫困人口识别准确率达到 99.5%,贫困人口退出准确率为 99.71%、错退率为 0.29%(石长毅,2019)。为了改善精准识别工作成效,国务院扶贫办印发了《扶贫开发建档立卡工作方案》,对贫困户建档立卡的标准、规模、做法、登记内容、工作步骤和时间安排进行了明确规定(见图 9-1),有利于我国精准扶贫工作做到扶真贫、真扶贫。

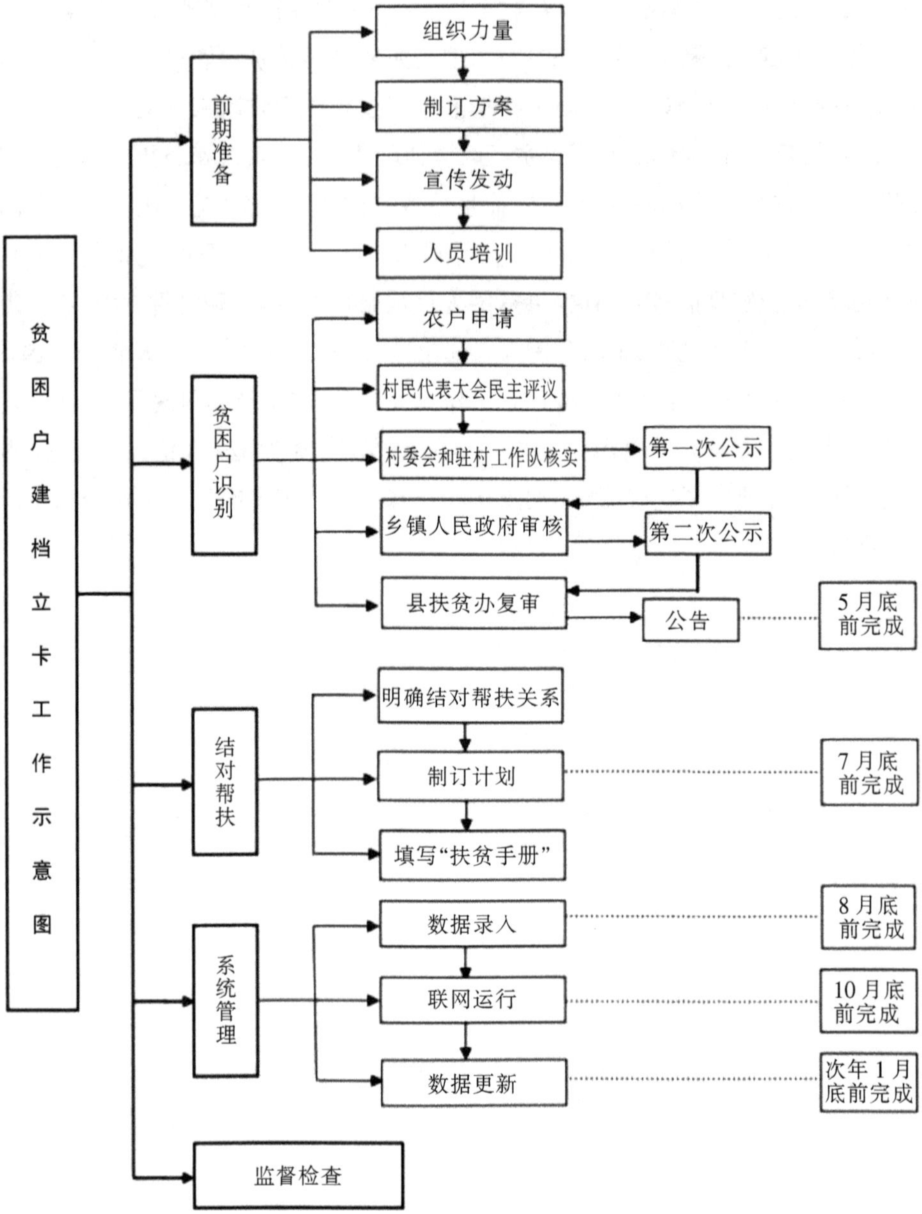

图9-1　贫困户建档立卡工作示意图

鉴于精准识别对精准扶贫工作成效的重要影响，不仅中央人民政府予以重视，大别山地区的湖北省、河南省和安徽省也出台了相应政策，对本省贫困人口识别工作予以规范(见表9-1)。

表9-1 大别山地区精准识别工作主要政策

省份	精准识别政策	精准识别指标	精准识别工作方法
湖北省	1.《湖北省农村扶贫开发建档立卡工作方案》 2.《关于迅速开展全省贫困人口建档立卡"回头看""大核查"工作的通知》	人均可支配收入低于同期国家扶贫标准(2013年2736元)。吃、穿发愁,教育、医疗、住房没有保障	两公示一比对一公告 五峰县:一察看二对照三测算四审定五分类六调整
河南省	《河南省扶贫对象精准识别及管理办法》	"不愁吃"要"口粮不愁,主食细粮有保障","不愁穿"要"年有换季衣服,经常有换洗衣服"。农户家里有子女上学、有大病或长期慢性病,居住房是C、D级危房的,虽然人均纯收入达到识别标准,也要统筹考虑纳入扶贫对象	一进二看三算四比五议六定
安徽省	《安徽省扶贫开发建档立卡工作实施方案》	以家庭人均纯收入稳定超过国家扶贫标准(2017年脱贫标准预计为3300元),且吃穿不愁,义务教育、基本医疗、住房安全有保障为主要衡量标准	两评议两公示一比对一公告:农户申请→村民小组评议推荐→数据比对→村民代表大会评议和公示→乡镇人民政府审核和公示→县(市)扶贫办复审和公告

精准识别将帮助精准扶贫实现"有的放矢",经过多年的工作实践,我国中央和地方政府已经构建了比较完善的精准识别工作方案,虽然尚不能实现100%的精准识别,但现行识别机制基本能够保证真正的贫困人口被准确发现。户外运动旅游的运行和扶贫功能具有独特性,并不是所有贫困人口都能够依托户外运动旅游实现减贫(例如伤残程度较高的残疾人很难在滑雪场安置就业),也并

不是所有户外运动旅游项目都能够支持当地的贫困人口增收(例如采用景区制运营的漂流旅游和开放式运营的国家登山健身步道,能够提供的扶贫路径和效益存在明显区别,前者可以招聘贫困人口从事保洁员、橡皮艇充气员、停车场管理员等工作,而后者能够提供的工作岗位和数量非常有限),所以要根据户外运动旅游项目的特征,制定相应的精准识别系统,确保适合、能够依托户外运动旅游减贫的贫困人口被识别出来,并获得相应的帮扶。由此可见,针对户外运动旅游的精准识别系统要实现两个精准识别目标:身份的精准识别和能力的精准识别。

9.1.1 户外运动旅游精准识别原则

研究发现,户外运动旅游精准识别是在精准扶贫框架内,根据户外运动旅游扶贫功能而制定的特殊识别系统,首先必须满足精准扶贫政策,其次要符合当地户外运动旅游的运营情况。因此,户外运动旅游精准识别原则是基于精准扶贫原则,结合户外运动旅游扶贫需要而制定的,是对精准扶贫原则的细化和具体化,以保证精准识别工作贴切户外运动旅游扶贫实践。由此可见,户外运动旅游精准识别除了要满足精准扶贫的基本要求,还应遵守以下原则。

安全原则——符合户外运动旅游扶贫要求的贫困人口,既要确保参与过程中自身的安全,还不能威胁游客的人身安全,身体条件达不到户外运动参与标准的贫困人口不能被认定为户外运动旅游的直接扶贫对象,即不能安排承担户外运动专业工作。

保护原则——贫困人口本身就有着各种致贫原因,而承担户外运动旅游相关工作可能会让贫困人口处于危险之中(如风湿、受伤),已经身患某些疾病的贫困人口不能被认定为户外运动旅游的直接扶贫对象,以免加重病情,导致入不敷出。

需要原则——扶贫路径不足是大别山地区脱贫攻坚的重要障碍,而户外运动旅游的扶贫能力有限,有些户外运动旅游项目只能帮助为数较少的贫困人口,所以那些具备参与户外运动旅游能力、减贫需求较迫切的贫困人口应优先被识别为户外运动旅游的帮扶对象。

动员原则——户外运动旅游是大别山地区难得的扶贫资源,如果能够调动贫困人口主动创收增收的意识，将自身脱贫潜力（如技能、学习能力、文化）转化为减贫实效，并且能够扩展户外运动旅游的扶贫效能，无形之中将增强户外运动旅游的扶贫贡献。这类具有动员潜力的贫困人口应该优先被识别为户外运动旅游扶贫对象。

年龄原则——鉴于户外运动旅游的特殊性，中青年人口参与其中的可靠性和可持续性较高，所以户外运动旅游精准扶贫对象应按年龄安排先后顺序。

户外运动旅游具备扶贫功能，但不是扶贫"万金油"，确认户外运动旅游扶贫对象时需要考虑其特殊属性，准确识别符合户外运动旅游帮扶要求的贫困人口，既能发挥户外运动旅游的扶贫作用，还有助于户外运动旅游可持续健康发展，避免户外运动旅游扶贫过程中出现"杀鸡取卵"的现象或加剧贫困人口贫穷程度，同时要尽量发挥户外运动旅游的扶贫杠杆作用，通过遴选合适的帮扶对象，激起他们的脱贫主动性，带动户外运动旅游相关产业参与扶贫。

9.1.2 户外运动旅游精准识别标准

贫困人口的精准识别需要依据相关指标，而户外运动旅游精准识别标准是遴选合适的贫困人口作为户外运动旅游扶贫对象的评价指标。调查发现，享受户外运动旅游精准扶贫的贫困户的收入会在一定时间内、一定程度上增长，但这种减贫效益不均衡、不稳定，有的村民从户外运动旅游获益时达到脱贫标准，但失去户外运动旅游的扶持就会马上变成贫困人口，所以户外运动旅游精准识别标准除了满足"两不愁三保障"和人均年收入等基本指标，还应符合以下条件。

①在户外运动旅游景区从事保洁员、护漂员、转运员、管理员等低薪工作，且没有签订长期聘用合同的贫困人口，可以被认定为帮扶对象。如果拟帮扶对象的家庭成员中至少有1人跟户外运动旅游景区签订了长聘管理岗位，则不能被认定为户外运动旅游的扶贫对象。

②贫困户在景区附近或景区提供的免费或低租金摊位售卖自种农产品，可以被认定为帮扶对象。如果拟帮扶对象的家庭成员中至少有1人从事转运车包租运营、农家乐、宾馆、采购销售农副产品、商店等经贸活动，则不能被认定为户外运动旅游的扶贫对象。

③扶持对象应具备从事户外运动旅游相关工作或通过培训后具备该方面能

力的身心条件，且没有犯罪记录，无酗酒、吸毒、伤人、赌博等不良社会行为，否则不能被安置就业。

④对丧失劳动能力的贫困户，由村委会推荐、村民投票选举和户外运动旅游项目投资人审定，根据项目的经营效益予以捐赠帮扶，并对年度帮扶对象进行动态化认定（如轮流、积分排名、突发事件等）。

⑤对拥有一定劳动能力的贫困户，由村委会推荐、村民投票选举和户外运动旅游项目投资人审定，针对拟帮扶对象的实际情况，通过安置就业、发放救济金、定向采购农副产品和劳务等方式进行帮扶，对年度帮扶对象进行动态化认定（如轮流、积分排名、突发事件等）。

⑥ 户外运动旅游扶贫应作为地方精准扶贫工作的重要补充。对于达到政府规定的扶贫条件，但离开户外运动旅游业会缺乏可持续发展能力的贫困户，可以暂时不出列，依然享受户外运动旅游扶贫政策。如果当地出现更加需要扶持的贫困户，应适当调整扶贫对象，此时出列对象仍然可以被认定为精准扶贫户，但不属于户外运动旅游精准扶贫户。

⑦户外运动旅游精准扶贫户的认定标准可以适当高于精准扶贫的认定标准，在社会经济发展水平较高的地区，扶贫资源和能力较为充分，部分非精准扶贫户可以被认定为户外运动旅游精准扶贫户，但在扶贫效益分配体系中靠后待扶。

通过上述标准界定大别山地区户外运动旅游精准识别条件与政府精准识别条件之间的关系，鉴于户外运动旅游扶贫工作会对贫困户的经济收入造成实质性影响，识别户外运动旅游扶贫对象的标准可以适当高于政府标准，同时要考虑户外运动旅游项目的扶贫能力，在帮扶能力有限的情况下可以采取轮流识别、优先识别等措施保护户外运动旅游项目可持续发展和可持续扶贫，避免户外运动旅游项目成为扶贫的“唐僧肉”。

9.1.3 户外运动旅游精准识别方法

虽然各级政府部门制定了严格的精准识别办法，但在实践中依然会发生识别不精准的问题（李博和左停，2017），因为熟人关系、临界贫困人口、贫困户家庭收入难以准确评估等因素会造成识别工作产生少量偏差，而户外运动旅游扶贫的精准识别工作除了需要从收入水平进行评估,还要考虑能力水平、发展水平、减贫能力和贫困人口的动态变化。所以,针对户外运动旅游扶贫的精准识别方法要进一步具体化。

①户外运动旅游项目经营方和村委会应深入评估户外运动旅游业的扶贫能力,在此基础上确定能够负担的精准扶贫人数和扶持方式。

②在精准扶贫能力有限的情况下,村委会将未纳入政府精准扶贫的贫困户信息上报给户外运动旅游项目经营方,由双方根据能够扶持的贫困人口数量和方式,认定户外运动旅游精准扶贫户;在精准扶贫能力充足的情况下,对未纳入政府精准扶贫的贫困户予以帮扶之后,纳入政府精准扶贫的贫困户也可以按照贫困程度享受户外运动旅游精准扶贫。

③对认定的户外运动旅游精准扶贫对象进行经济、能力和发展水平评估,划分为不同类型,为采取精准扶贫措施奠定基础。

④户外运动旅游精准扶贫户的认定和分类结果要面向村委会和村民公示,接受监督,一经查实识别有误,应及时进行纠正和重新识别。

户外运动旅游精准识别要坚持“公平、公正、公开”的原则,首先扮演好政府精准扶贫的补充角色,其次应积极发挥项目的扶贫潜力支持大别山地区的脱贫攻坚工作,帮助更多贫困人口和临界贫困人口增收,使他们获得更多、更好的发展机会。

9.1.4 户外运动旅游精准识别程序

由于户外运动旅游精准识别是在政府精准识别的基础和框架下进行的,所以识别程序要以政府识别工作为前提、以户外运动旅游扶贫能力为依据、以贫困户的实际情况为导向,实现不仅精准识别其贫,更能够识别出其贫在何处、能够从户外运动旅游业中获得何种减贫效益,所以相应的识别程序可以如图 9-2 所示。

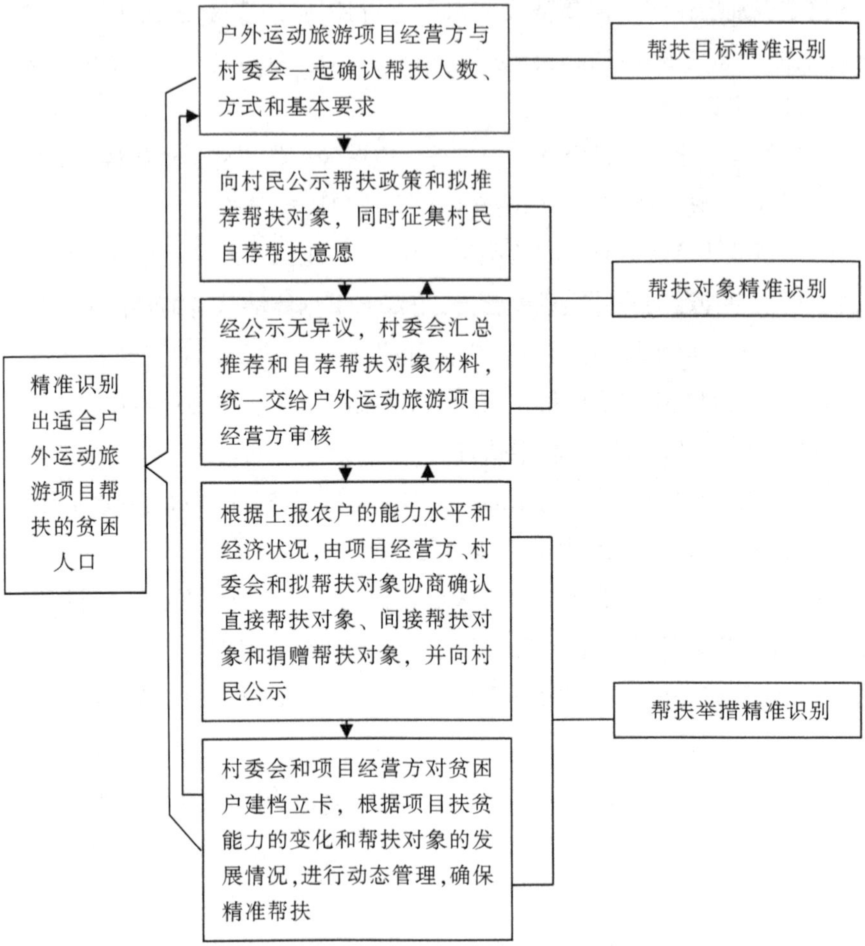

图 9-2　户外运动旅游扶贫的精准识别工作程序

本研究调查发现，大别山地区部分贫困户享受政府精准扶贫政策后，家庭收益明显高于部分未能享受精准扶贫政策的农户，是造成当地精准扶贫矛盾的主要原因。户外运动旅游为大别山地区部分农村提供了缓解矛盾、提高精准扶贫效益的途径。可以根据户外运动旅游的运营特征，综合发挥项目、村委会和依托项目开展经营活动的商户的集体扶贫效能，按照贫困户的致贫原因和减贫潜力，采取合适的帮扶手段，从而实现贫困水平识别精准和扶贫举措识别精准。

精准识别是精准扶贫的首要工作，也是突出的难点，即使各级政府部门采取多种办法,但也难全面实现贫困人口的精准识别。户外运动旅游项目有助于提高大别山地区精准识别的准确性,因为部分临界贫困人口、争议贫困人口和深度贫困人口可以享受户外运动旅游精准扶贫政策,而且企业参与扶贫有助于扶贫工作手段多样化和提高扶贫效益。通过建立符合户外运动旅游特征的精准扶贫识别系统,不仅可以确保当地贫困人口纳入精准扶贫体系,更能够发挥户外运动旅游的扶贫功能,使大别山地区脱贫攻坚取得更好的成效。

9.2 大别山地区户外运动旅游精准扶贫帮扶系统的构建

精准扶贫的前提是精准"识"贫,落脚点是精准"扶"贫,"精准帮扶"是其核心工作,直接关系精准扶贫的成效。由于贫困人口缺技术、缺资金、缺市场信息、缺市场经济的理念和行为方式(汪三贵,2017),自身还存在各种各样的发展掣肘(如残疾、患病、高龄等),所以各级人民政府积极探索精准帮扶措施。例如,中央人民政府提出"五个一批:发展生产脱贫一批、易地搬迁脱贫一批、生态补偿脱贫一批、发展教育脱贫一批、社会保障兜底一批"(刘永富,2015),宁夏吴忠市努力做到"一户一案、一人一策,或者说是一户一策、一人一扶,加强整个扶贫工作的针对性"(白尚成,2015),以期通过帮扶途径和模式创新,使贫困人口获得较好的帮扶效果。由于贫困人口的致贫原因、发展潜力、脱贫动力等均存在差异,同时支持他们减贫的社会环境、资源条件也各不相同,所以大别山地区户外运动旅游精准扶贫要根据贫困人口特征构建相应的精准帮扶系统。

9.2.1 因村、因户、因人制订扶贫方案

经过多年的努力,我国贫困人口大幅减少,贫困现象也从广泛贫困变为零星贫困,部分地区仅存在个别贫困户。所以,现阶段的扶贫工作应该从"撒胡椒面"式的整体扶贫转向针对个别贫困户的重点扶贫,以提高扶贫工作效率。

本研究调查发现,大别山地区开发了户外运动旅游项目的村庄存在差异:①不同村庄开发的户外运动旅游项目扶贫能力不同。例如,漂流景区每年能够吸引大量游客,而且游客有驻地消费行为,但是徒步线路上的游客流动性强,只有位于起点和终点的村庄有机会获益。②不同村庄需要户外运动旅游项目承载的扶贫负担不同。例如,HN03 号村庄坐落在河南省罗山县,贫困程度较深,村民

除了务农和外出务工，基本没有其他收入来源，普遍希望依托当地的户外运动旅游项目（如山地户外运动赛事、徒步、露营等）增加收入；而位于湖北省罗田县的HB01号村庄紧邻国家4A级旅游景区薄刀峰景区，并且与武汉市之间有便利的交通条件，当地农户均有较好的经济收入，对依托户外运动旅游项目（如低海拔登山、漂流、徒步、露营等）减贫的愿望很低。③不同村庄与户外运动旅游项目的融合程度不同，有的户外运动旅游项目需要社区支持（如漂流），而有的户外运动旅游项目需要远离居民区（如露营），导致融合程度较低的户外运动旅游项目缺乏发挥扶贫功能的有效路径。因此，我们要判断：村庄是否可以依托户外运动旅游减贫；村庄能够依托户外运动旅游获得的扶贫效益有多大；村庄如何利用户外运动旅游实现减贫，然后根据各村的实际情况制定相应的帮扶策略。大别山地区居民和村委会干部反映，保护户外运动旅游可持续发展比想尽办法从户外运动旅游上获利更有意义，他们认为只要户外运动旅游项目还存在，“好处还是有的”，所以针对户外运动旅游项目的扶贫策略不应穷尽其扶贫潜力或为了扶贫而“围猎”户外运动旅游，那将得不偿失，而应在充分考虑户外运动旅游可持续发展的基础上适当赋予扶贫责任。

此外，实践表明贫困户的特征也各不相同：各贫困户致贫原因不同，有的贫困户全员丧失劳动能力，而有的贫困户因家庭有重病患者导致劳动力人口不能外出就业，在本地劳动收入较低造成贫困；各贫困户贫困程度不同，有的贫困户属于重度贫困，而有的贫困户是临界贫困；各贫困户的发展能力不同，有的贫困户可以发挥特长，利用户外运动旅游创收增收，而有的贫困户却没有这方面的能力，几乎只能通过捐赠补贴实现减贫；各贫困户依托户外运动旅游减贫的路径不同，有的贫困户通过帮扶可以开办农家乐，有的贫困户通过帮扶可以供应特色农副产品，有的贫困户通过培训可以成为户外运动专业技术人员，而有的贫困户只能承担保洁员、森林防火员、帮厨、护漂员、保安等工资较低的工作。因此，大别山地区依托户外运动旅游实施精准扶贫要考虑贫困人口的特征，针对遴选出来的帮扶对象的致贫原因、贫困程度和发展潜力，不仅为他们提供减贫机会，更要采取有针对性的帮扶措施，充分发挥户外运动旅游的扶贫潜能、贫困人口的发展潜力和贫困户主动创收增收的能力，使他们减贫的希望“依托”于户外运动旅游，却不“依赖”于户外运动旅游，在户外运动旅游的带动下激活多种资源的扶贫作用，取得综合减贫效益，尽量帮助贫困户基于户外运动旅游获得尽可能多的收益，使户外运动旅游扶贫效益最大化。

9.2.2 分层、分类扶贫，针对性实施“帮、扶、带、补”策略

不同的贫困户，贫困程度不同，引发贫困的原因不同，所以要找到各个层次贫困户的有效脱贫途径（傅国华和李春，2017）。在扶贫工作中，分层现象表现在村、户、人等各个层面，而在依托户外运动旅游减贫的可行性与能力方面也存在分层。对大别山地区的贫困村、户和人进行分层管理，有助于分层施策扶贫，提高扶贫的精准程度。例如，江西省九江市根据贫困户劳动力状况和收入来源两个要素，将贫困户划分为有劳动力且有技术的贫困户、有剩余劳动力且可输转的贫困户、有一定劳动力可打零工的贫困户、无劳动力的贫困户等四种类型（九江市扶贫办公室，2019），为针对性实施扶贫措施提供指导。由此可见，大别山地区贫困人口依托户外运动旅游减贫不能搞“一刀切”，要分层、分类采取相应的帮扶措施。例如，有的贫困户可以利用户外运动旅游直接获得劳动报酬，而有的贫困户可以依托户外运动旅游间接获得收益，还有的贫困户只能通过补贴减贫；有的村可以依托户外运动旅游实现全面脱贫，而有的村只能依靠户外运动旅游帮扶个别贫困程度较深的人。因此，大别山地区利用户外运动旅游扶贫的过程中，那些贫困程度较轻、发展潜力较好的贫困村、户和人可以通过资金、技术、信息、市场、人才等方面实现减贫，既能够较快产生扶贫实效，还能动员当地的其他优质资源（如特产、特色、特技等）与户外运动旅游发生良性互动，使户外运动旅游和当地社区共同发展。此外，有些贫困村、户和人具备较强的发展动力、较好的发展潜力和一定的特长，由于缺乏施展的平台或产品销路，优质资源不能变成社会经济效益，对这类贫困对象可以不采取直接扶持措施，利用户外运动旅游的发展机会搭建平台，“带”领他们发挥优势实现创收增收。综合而言，大别山地区依托户外运动旅游扶贫的相关工作要根据帮扶对象的层级和类别采取相应的“帮、扶、带、补”手段。

帮：对于有劳动能力、技能和专长的帮扶对象，可以利用户外运动旅游产生的社会经济发展机会，为他们提供技术培训、销售平台、创业指导等方面的帮助，

充分发挥他们的劳动创收潜能，实现自主增收。例如，将他们培训成为户外运动指导员，或向他们定向采购农副产品，支持他们创办养殖场、农场、果园、苗圃园等。

扶：对于一般贫困户，拥有生产脱贫意愿的，可以引导户外运动旅游企业与其结对，通过资金、项目、工作等方式，直接扶持他们增收。例如，资助贫困户进行房屋改造，具备向游客提供住宿的能力，并在经营管理上给予帮扶指导。

带：有些贫困户能力有限，脱贫意愿不足（没有认识到收入适当增加的好处，反而对增加收入的投入产生顾忌），可以利用户外运动旅游带动贫困人口增收减贫的实效吸引他们参与脱贫。例如，引导他们去脱贫户的农家乐、农场、牧场等帮工，或举办脱贫经验交流会等，逐步改变他们对扶贫工作的认识，产生脱贫内生动力。

补：现阶段大别山地区不少贫困户是缺乏劳动能力的残、病户，贫困程度较深，自主脱贫的难度较大，帮扶他们通过生产减贫的可能性较小。由于基层政府拥有的帮扶能力有限，不能给予充足的经费补贴，可以利用户外运动旅游的收益，增加对这类帮扶对象的补贴额度，如对户外运动旅游项目进行税费减免、鼓励相关企业补贴重度贫困户等。

通过建立相应的帮扶机制，一方面利用户外运动旅游项目的直接扶贫能力，另一方面激发帮扶对象自身的脱贫潜能，使"创业、就业、救助"相结合，"致富、收入增加和生活改善"并存，发挥两种扶贫途径产生的复合减贫作用，从而增强户外运动旅游的扶贫实效。

9.2.3 构建符合户外运动旅游扶贫特征的精准扶贫帮扶体系

虽然大别山地区的帮扶对象统称为"贫困人口"，帮助他们减贫的工作统称为"精准扶贫"，但是帮扶对象和帮扶工作均因村、因户、因人而异，不同帮扶对象所能依靠的户外运动旅游项目具备的扶贫潜力也不同，所以要将帮扶对象的分层和分类特点、户外运动旅游项目的分层和分类特点结合起来，根据实际情况，在扶贫实践中采取针对性的帮扶策略，才能做到"精准帮扶"。因此，大别山地区户外运动旅游扶贫不能盲目推进，基层政府和户外运动旅游企业要充分评估帮扶对象的分层和类别，然后给予相应的帮扶措施。例如，贫困程度重、劳动能力丧失的贫困户应直接通过补贴兜底脱贫(如老年“五保户”),而贫困程度重、具备一定劳动能力的贫困户可以采取提供就业岗位、培训就业、促进生产等途径扶持脱贫。贫困人口客观存在分层、分类特征,大别山地区户外运动旅游支持精准扶贫工作也要相应分层、分类,在扶贫实践过程中合理帮扶(见图 9-3)。

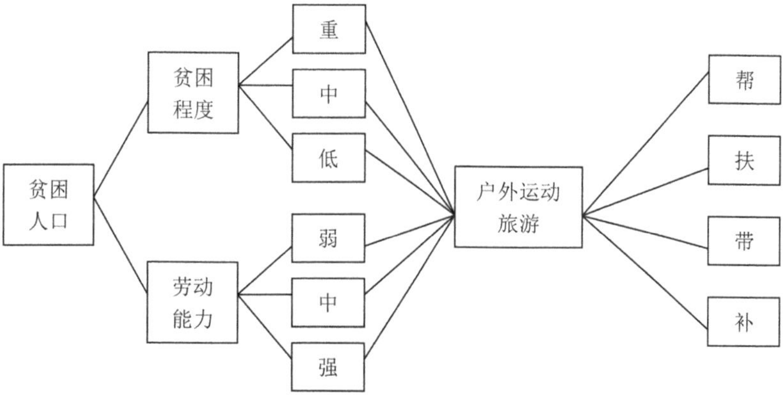

图 9-3 大别山地区户外运动旅游精准帮扶体系示意图

9.3 大别山地区户外运动旅游精准扶贫管理系统的构建

精准扶贫管理,就是要建立贫困村、贫困户帮扶信息档案,加强精准扶贫监测,跟踪贫困村、贫困户帮扶情况,确保贫困村、贫困户得到有效扶持,在规定时间内达到稳定脱贫目标(吴宇雄,2014)。由此可见,大别山地区贫困人口依托户外运动旅游脱贫的相关管理工作应包括识别与记录贫困人口信息(建档)、确认帮扶对象、对帮扶对象进行分层和分类、实施帮扶措施、评估帮扶效果、完善帮扶措施、帮助帮扶对象跨层流动或进出。有效的管理机制可以使户外运动旅游扶贫效益最大化,大力帮助当地贫困人口减贫、避免脱贫人口占用扶贫资源,从而保障户外运动旅游健康发展、有效协调利益相关主体的关系,确保大别山地区户外运动旅游可持续支持精准扶贫工作。因此,大别山地区构建了户外运动旅游精准扶贫管理系统,如图 9-4 所示。

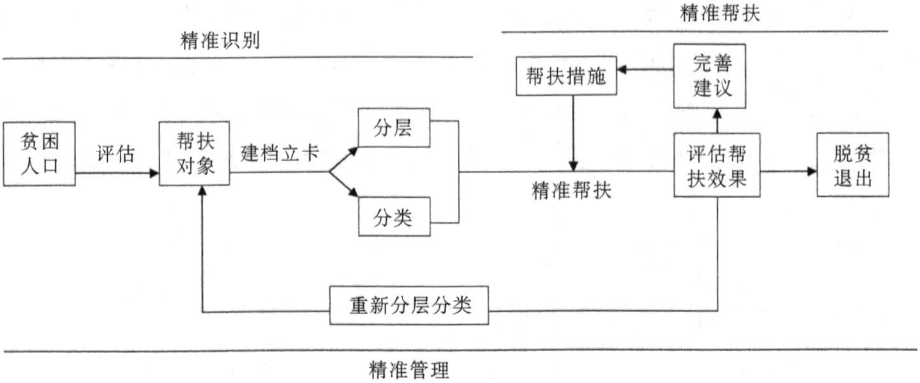

图 9-4 大别山地区户外运动旅游精准扶贫管理系统示意图

通过精准管理,大别山地区户外运动旅游精准扶贫工作将实现:

①精准扶贫与户外运动旅游协调发展。户外运动旅游是大别山部分地区可以利用的扶贫资源,也是部分地区可以用来帮助部分贫困人口实现减贫脱贫的自然资源,但并不是大别山地区脱贫攻坚的唯一选项。而且根据大别山地区户外运动旅游发展状况,当地的户外运动旅游应主要发挥精准扶贫补充作用,我们要想办法在部分地区使其扶贫效果更好(如贫困人口的收入增加多一点)、扶贫面更广(如被帮扶的贫困人口多一点),着力充分发挥户外运动旅游的扶贫潜能。由于户外运动旅游健康发展是大别山地区精准扶贫的有益支持,一旦户外运动旅游项目难以为继,将直接影响当地的精准扶贫工作,所以依托户外运动旅游扶贫,不能损害户外运动旅游可持续发展的基础,要采取合理的管理措施,保证户外运动旅游与精准扶贫协调发展。

②有效发挥户外运动旅游的扶贫潜能。大别山地区不同的户外运动旅游项目能够提供的扶贫路径不同、不同的贫困人口能够依托户外运动旅游实现减贫脱贫的方式不同,通过分层、分类管理,综合考虑贫困人口和户外运动旅游扶贫潜力的关系,使能扶之人得到帮扶。大别山地区拥有的扶贫资源有限,主要依靠各级政府的帮扶,若能利用好户外运动旅游的扶贫功能,使得当地非户外运动旅游类扶贫资源可以用来帮扶其他贫困人口,将为当地脱贫攻坚工作提供重要的助力。因此,要加强大别山地区户外运动旅游扶贫管理,既发挥户外运动旅游的直接扶贫功能,还要引导贫困人口自身具备的减贫潜力与户外运动旅游相结合

(如黄梅戏艺人为漂流游客表演),产生综合扶贫效益,提高户外运动旅游的扶贫实效。

③高效利用户外运动旅游的扶贫效益。对大别山地区的精准扶贫工作而言,能够利用的扶贫资源均是宝贵的。在区域社会经济发展比较落后的情况下,具体到户的扶贫工作往往受到区域社会经济发展的制约。本研究调查发现,大别山地区户外运动旅游产生的扶贫效益也较多表现为促进当地社会经济建设,并被冠以"整体扶贫"的帽子,实际上大部分户外运动旅游收益被精英俘获,真正的贫困人口只能获得微薄的收入,这种增收只能有限地改善生活,对脱贫的贡献有限。所以需要建立相应的管理机制,有目的地引导合适的贫困人口进入户外运动旅游生产环节,既维持户外运动旅游的运营效益,又较好地发挥贫困人口的劳动能力,从而使户外运动旅游的扶贫效益最大化。

④保证扶贫工作精准性。当前阶段我国扶贫工作贵在"精准",大别山地区利用户外运动旅游扶贫也应体现"精准",既要精准识别贫困人口,还要精准识别出可以依托户外运动旅游帮扶的贫困人口,并予以精准的帮扶措施。但是帮扶过程中,贫困人口会发生动态变化,所以帮扶对象、帮扶措施也要做出相应的调整。这意味着要建立动态化管理系统,一方面根据帮扶对象的变化调整帮扶措施,使扶贫效果最优化;另一方面根据帮扶效果调整帮扶对象,将更需要帮扶的人纳入户外运动旅游扶贫体系。

9.4 本章小结

精准识别、精准帮扶和精准管理是精准扶贫的三大要素,直接决定精准扶贫的实际成效。大别山地区利用户外运动旅游扶贫面临着实际问题:①户外运动旅游作为大别山地区脱贫攻坚的重要补充力量,承担部分地区、部分贫困人口的部分减贫脱贫责任,所以不是所有精准扶贫对象都会纳入户外运动旅游的帮扶体系,而是那些能让户外运动旅游扶贫功能充分展现的对象才适合得到帮扶,使当地精准扶贫工作与户外运动旅游可持续协调发展。②户外运动旅游能够提供的帮扶途径与当地贫困人口具备依托户外运动旅游减贫的能力应契合,通过分层、分类管理,既充分利用户外运动旅游的扶贫潜能,又激发贫困人口的减贫主动性,才能不断提高户外运动旅游精准扶贫的效果。③贫困人口的贫困程度、自身具备的减贫能力和各地不同户外运动旅游项目能够提供的减贫潜能均存在差异,所以大别山地区户外运动旅游精准扶贫要采取分层、分类管理,综合实施“帮、扶、带、补”等措施,虽然不一定能够使贫困人口直接脱贫,但帮扶效果能体现户外运动旅游项目和贫困人口的特征,实现帮扶效益“精准”。④在帮扶过程中,贫困人口和户外运动旅游项目的情况会发生变化,而且帮扶对象的潜能将逐渐体现,所以采取的帮扶措施需要根据实际情况进行适当调整,取得预期帮扶效果的贫困户(如果户外运动旅游扶贫标准低于国家标准,虽未达到脱贫的条件,但根据相关规定应该退出户外运动旅游扶贫的对象)退出,同时新的扶贫对象进入。对于户外运动旅游项目扶贫功能较好、当地扶贫压力较小的大别山地区,户外运动旅游扶贫标准可以适当高于国家标准,贫困人口即使达到脱贫的条件,依然可以享受户外运动旅游扶贫政策。因此,大别山地区的户外运动旅游资源作为宝贵的精准扶贫力量,应通过建立合适的管理体系,确保产生良好的精准扶贫实效。

第十章 大别山地区户外运动旅游精准扶贫的实现路径

大别山地区的户外运动旅游和贫困状况具有区域特性，根据调查结果可见，除了充分利用户外运动旅游的直接扶贫功能，更要积极发挥当地户外运动旅游的带动效应，动员其他相关力量，共同支持该地区的精准扶贫工作。现将目前可以利用的路径细述如下。

10.1 通过优化户外运动旅游资源开发增加就业机会实现精准扶贫

旅游业是劳动密集型产业，能够创造较多劳动岗位，吸纳大量劳动力，同时带动发展的其他相关产业也能提供大量就业机会，这些岗位和机会可以提供给当地百姓（黄渊基和匡立波，2018）。创造就业机会是旅游扶贫的重要贡献（Croes，2014）。因为乡村旅游需要聘用保洁员、服务员等低技能工人（Jamieson，Goodwin & Edmunds，2004），据测算每新增 1 名村民在旅游业就业，就会带动产生 3 名、5 名甚至 11 名村民获得就业岗位，山东、陕西、福建、宁夏等省区一个普通村民通过参与乡村旅游接待服务，平均每年可增收 1 万—2 万元（马仪亮，2017），所以贫困地区发展旅游产业产生新的就业机会（刘士军，2019），是精准扶贫的主要路径。

为贫困人口提供就业岗位也是大别山地区户外运动旅游支持精准扶贫的重要举措，例如河南省尧山大峡谷漂流为贫困户提供了 400 个就业岗位（马路，2018）。本研究在大别山地区随机抽样调查了 406 名当地居民，7.5%的被试享受了精准扶贫政策（抽样率高于当地贫困发生率），其中 32.1%的精准扶贫户参加了户外运动旅游相关工作(80%的被试家中只有1人参加工作,20%的被试家中有2人参加工作),28.1%的非精准扶贫户参加了户外运动旅游相关工作(90.3%的被试家中有1人参加工作,8.6%的被试家中有2人参加工作,1.1%的被试家中有3人参加工作)。这意味着:①大别山地区户外运动旅游相关工作对精准扶贫对象的支持力度略大于非精准扶贫户,但是将近70%的精准扶贫户还没有参与户外运动旅游相关工作;②大别山地区户外运动旅游相关工作对精准扶贫的支持力度有限,因为绝大部分精准扶贫户家中仅有1人参加工作,而从业人员偏少对家庭增加收入的贡献有限;③大别山地区户外运动旅游相关工作分配可能存在"精英俘获"现象,即需要帮扶的贫困人口未能得到就业机会,而非贫困人口从中获益。鉴于户外运动旅游对大别山地区脱贫攻坚的重要意义,我们应该完善方案、优化路径,帮扶更多贫困人口参加相关工作。

10.1.1 发挥户外运动旅游项目吸纳贫困人口就业的潜力

本研究在大别山地区的调查发现,受社会经济发展环境的影响,当地户外运动旅游业更多体现为商业行为,对贫困人口的帮扶有限。一方面,大别山地区被利用但未开发的户外运动资源产生的主要收益基本被精英俘获,贫困人口缺乏受益渠道;另一方面,在脱贫攻坚的社会大背景下,户外运动旅游企业为了兼顾企业利益和社会影响,聘用少数贫困人口,大部分工作岗位还是分配给了非贫困人口,甚至有8.3%的户外运动旅游企业没有聘用附近村民。综合而言,目前大别山地区户外运动旅游参与精准扶贫的行为更像是形象工程,所以通常户外运动旅游项目周边的贫困发生率高于区域整体的贫困发生率。目前,大别山地区的户外运动旅游项目面临着较严峻的行业竞争,本身又不具备独一无二的特色优势,并承载着基层政府推动社会经济建设的希望。而投资人还要考虑投入产出效率,他们基于投资成本的考虑,普遍认为年收入几十万元、上百万元的利润偏低,所以将更多的精力和规划用于增加利润,对招聘、工资、福利、扶贫等方面的关注较少。虽然基层政府(91.7%)很关心户外运动旅游企业的扶贫工作,但投资人仍然不愿意为脱贫攻坚提供更多支持,其中1/3的户外运动项目高管认为企业能力有限,很难帮助村民减贫。因此,基层政府需要积极动员户外运动旅游项目吸纳贫困人口就业:①对于被利用但未开发的户外运动资源,由所属村委会主持申请扶贫资金，开发成集体所有制的户外运动旅游项目，为解决贫困人口就业创造条件；②对于已有投资商开发的户外运动旅游项目，应该与开发商约定解决贫困人口就业的岗位设置和数量，保证户外运动旅游项目发挥基本的扶贫作用；③由政府或政企联合，利用扶贫资金对有劳动能力但没有专业技能的贫困人口进行培训，使他们能够承担户外运动指导员等工作；④积极利用优质户外运动资源，创造保洁员、护林员、看管员、服务员、搬运工等低技能岗位，为贫困人口提供一份生活保障。缺乏收入来源，或者入不敷出是致贫的重要原因，当贫困人口生活开支难以“节流”的时候，应想办法帮助他们“开源”，挖掘他们的劳动潜力，获得一份可观的收入。

10.1.2 优化户外运动资源利用模式，创造更多具有扶贫功能的就业岗位

大别山地区具有利用价值的户外运动资源并不等同于户外运动旅游项目。例如，本研究调查发现湖北省麻城市屈家畈村龙潭冲拥有一处水质优良的溪流，溪下有潭，周边森林风景优美，是“驴友”圈里有名的溯溪、野泳、徒步、攀岩、露营场所，当地村委会早就制订了旅游景区开发规划，但是该处户外运动资源容纳能力有限、盈利前景不足，至今未能实现招商引资。目前除了周边户外运动爱好者予以利用，当地精英人士也招揽外地“驴友”和团建人员前往活动，为他们提供食宿、购买土特产、向导等服务。这样的户外运动资源利用模式仅为少数乡村精英带来收益，而普通百姓和贫困人口没有获取利益的途径。对于贫困地区的户外运动资源，若采取“谁有本事谁赚钱、谁有能耐谁利用”的政策，那么当地脱贫攻坚基本上只能依赖政府的帮扶举措，而现存的地方资源却使富者愈富，造成结构性贫困。对于大别山地区的扶贫工作而言，户外运动旅游无疑是一分有益的助力，调查发现53.3%的村委会要求户外运动旅游企业安排村民就业，59.6%的当地村民（精准扶贫户的比例是71.4%）希望户外运动旅游企业提供工作。这意味着当地社会对户外运动旅游就业扶贫抱有较高的希望，所以大别山地区的户外运动资源应被积极利用：①以村或村民合股的方式利用当地的户外运动资源接待游客，在组织层面产生扶贫工作岗位，从而避免户外运动资源利用价值全部被精英俘获；②争取政策、政府和企业支持，将优质户外运动资源融入乡村

旅游、农业旅游、特色产业、区域旅游等，产生融合发展效应，呈现和放大户外运动旅游的社会经济价值，形成容纳更多贫困人口就业的能力。

10.1.3 积极利用户外运动旅游相关行业提供扶贫岗位

调查结果显示，大别山地区的村委会和户外运动旅游企业能够在一定程度上支持当地居民创办旅社/宾馆、农家乐/餐馆、商店和销售农副产品，而且当地居民也自觉在这些行业开展投资，其中包括贫困居民（见表 10-1）。但是相对而言，贫困人口得到村委会和户外运动旅游企业扶持的范围较小，他们自主创办相关产业的比例也较低，这应该与贫困人口的经营能力和条件受限有关。相较于村委会和户外运动旅游企业的扶持，当地居民自发创业的热情相对较高，甚至部分村民在没有得到外部支持的情况下仍然参与创业，其中 79.2%的人年收入超过 2500 元（超过 2300 元的贫困线），大约 20%的人年收入不低于 5 万元，5.4%的人年收入不低于 10 万元，最高年收入达到 50 万元，平均年收入 28522.27 元。这意味着户外运动游客在游憩地发生的吃、住、行、玩、购等活动本身具备一定的扶贫功能，但是：①大部分投资者尚不富裕，尽管从相关产业中获得可观收入，但从脱贫走向致富的愿望并不支持他们向贫困户分享收益；②投资者基于亲情方面的考虑，通常聘请同村或外村的亲属朋友承担相关工作，实际上将户外运动旅游的扶贫效益向外转移；③当地村民普遍认同“靠本事赚钱”的观点，而贫困户又属于弱势群体，缺乏争取利益的话语权，同时部分贫困户认为自己已经得到了政府帮扶，再向那些业主“要”帮助不合适，因此大别山地区户外运动游憩地的相关产业几乎没有向当地贫困人口提供工作岗位。户外运动资源在性质上属于当地居民集体所有的自然资源，对其开发利用产生的收益理应向全体居民分配，所以要想办法促使户外运动旅游相关产业适当地向贫困人口提供工作岗位：①由村委会统一管理吃、住、购、行、玩等相关产业的经营权，通过特许经营的方式获得面向贫困人口的扶贫工作岗位；②综合利用政府扶贫政策，对贫困户的住房进行改造，使其具备接待游客的能力，从而帮助他们融入户外运动旅游产业链，自动获得劳动机会；③制定户外运动旅游相关产业扶贫奖励政策，对安排贫困人口就业的商户给予奖励、税费减免等优惠；④实施户外运动旅游相关产业扶贫规定，要求不同营业收入的商户接纳相应数量的贫困人口参加工作。

表 10-1 利益相关主体支持大别山地区居民依托户外运动旅游发展其他产业的情况

利益相关主体	开办旅社/宾馆		开办农家乐/餐馆		销售农副产品		开办商店	
	所有人	贫困人口	所有人	贫困人口	所有人	贫困人口	所有人	贫困人口
村委会	30.6%	11.1%	36.2%	25.9%	20%	7.4%	22%	7.4%
户外运动旅游企业	22.8%	7.4%	29.2%	25.9%	16.5%	7.4%	19.8%	7.4%
村民	34.7%	18.5%	42.6%	29.6%	28.2%	18.5%	30%	14.8%

10.1.4 依托户外运动旅游推动当地贫困人口转移就业

除了户外运动旅游项目自身需要的工作人员，大别山地区户外运动旅游业一方面催生了相关的经营活动（如餐饮、住宿、购物等），另一方面产生了相关的服务工作（如护林员、环卫工、保安、停车场管理员等）。这些相关行业能够提供更多符合当地贫困人口劳动能力的工作机会，但是大别山地区至今未能充分利用这些相关行业支持精准扶贫，主要缘于户外运动旅游具有季节性和时效性，对当地社会经济的影响通常是“短期繁荣、长期萧条”。雇主基于成本控制方面的考虑，会聘用临时工，但聘请劳动能力有限的贫困人口的意愿较低，他们更愿意临时请家人和亲戚帮忙应对旅游高峰期，这也有“肥水不流外人田”的考虑。因此，伴随着户外运动旅游业的兴起，要积极动员户外运动旅游相关产业承接贫困人口就业。例如，定点设置农家乐和民宿向贫困人口提供岗位，地方政府向这类商家提供优惠政策和政府补贴，并利用行政手段引导游客消费，或者要求户外运动旅游景区、农家乐、餐馆、民宿、农副产品市场等定向采购贫困农户生产的农产品；或者在户外运动旅游线路上设置扶贫销售点，由贫困人口负责销售周边村庄出产的物品，或将部分劳动能力较好的贫困人口转移到户外运动旅游项目开发商所属其他企业就业（例如由户外运动旅游项目开发商对当地贫困户中较有发展潜力的中青年人口进行适当培训，然后安排到开发商下属企业工作）。

10.2 通过包村入股分享户外运动旅游收益实现精准扶贫

在我国精准扶贫实践过程中，将国家拨付的扶贫资金直接入股，或利用扶贫资金采购的生产资料(如牛、羊、猪等)入股,帮助贫困村民获得经济收入,被认为是一种简单、有效的扶贫方式,但也存在入股收益分配不当、不利于斩断穷根、有的贫困人口养成好吃懒做习惯等弊端(许建民,2018;杨玉龙,2019),甚至有人认为"分红式"扶贫让一些贫困人口不努力就能脱贫,对那些奋斗者而言不公平(赵家明,2019)。随着乡村旅游的发展,我国不少村寨入股开发旅游项目,村民享受分红收入。例如,广西龙脊梯田景区的大寨村曾是国家级贫困村,2003年与旅游公司达成共同开发旅游景区的协议,旅游公司每年将门票收入的7%向村民分红,2018年该村271户1232人参与分红670.6万元(赵琳露,2019)。分红是村民合法、合理的收益,不能因为他们是否贫困或贫困程度降低而质疑分红扶贫。大别山地区现存的贫困人口主要是缺乏增收能力和途径的人口,既然能够通过入股分红的方式帮扶他们,就无须强迫他们苦寻其他增收途径。既然非贫困人口都可以获得分红收益,如果有机会帮助贫困人口通过分红收益获得减贫实效,更无可非议。所以我们首先要改变害怕贫困人口不劳而获的观念,应积极利用大别山地区的户外运动资源,开拓入股分红的路径,帮助贫困人口创收增收。

10.2.1 基于户外运动旅游的包村扶贫策略

可开发利用的自然资源匮乏,当地居民缺乏增收途径、长期依赖几亩薄田度日,是造成大别山地区贫困的重要原因。如果没有外界的支持和帮扶,沿用既有生产劳动方式,很难脱贫。户外运动旅游的兴起,无疑给当地精准扶贫工作带来希望,但通常迎来"景区一派繁荣,周边依旧贫穷"的"掠夺式"旅游开发方式(黄晓慧,2018)。目前,大别山地区户外运动资源开发投资经费通常需要数百万元甚至上千万元。例如,2017年安徽省金寨县计划投资10亿元在梅山、白塔畈、汤家汇、吴家店、花石、天堂寨等17个乡镇建设山地户外营地、自驾房车、民宿营地、青少年户外教育营地、徒步骑行营地等,在吴家店或天堂寨镇建设航空飞行营地,这就要求投资主体具备较强的经济实力。鉴于投资企业的财力和户外运动旅游项目的收益,大别山地区的部分精准扶贫工作可以通过投资企业包村帮扶的策略予以消化,既能快速实现整村脱贫,又能将乡村振兴与户外运动旅游融合发展。具体措施包括:①将包村扶贫作为招商引资的条件,包含合理包村扶贫方案的投资标书作为中标条件之一;②充分评估投资企业包村扶贫的投入,对相应额度的经营收入给予免税政策;③对包村扶贫企业给予适当的政策优惠和经营支持。由于户外运动旅游投资企业直接联系贫困村和贫困户,他们的资源开发和经营活动以及企业本身的运营背景,使开发商与户外运动游憩地之间存在着密切的利益关系,所以他们也是大别山地区精准扶贫极有希望的社会支持力量。

10.2.2 基于户外运动旅游资源入股分红的扶贫策略

调查发现,大别山地区的户外运动资源由于旅游基础条件较差,招商引资比较困难,地方政府为了“稳赚”,希望将户外运动资源的开发经营权出租或出售给开发商。由于有些户外运动资源的产业前景有限,大型开发商看不上,而中小型开发商不愿承担开发风险,导致大别山地区许多户外运动资源至今闲置。同时我们还发现大别山地区一些比较成功的户外运动旅游项目,是由政府或国有企业出资开发,后来转让给民企。考虑到地方政府和村民集资开发户外运动资源面临资金困难,潜在投资商对开发经营风险存在顾虑,大别山地区部分合适的户外运动资源可以采取多方合股投资的方式予以开发利用。虽然村集体不能获得租金或出让费收入,但每年可以分享经营利润,从而带动当地旅游基础条件逐步完善,提高当地居民和贫困人口的参与率,获得可持续发展的扶贫工作实效。具体措施包括:①将户外运动资源作价入股,村集体所有的户外运动资源由村委会牵头参股,村民小组所有的户外运动资源由当地村民集体入股,收入分配先保证扶贫需要,再考虑农户投入大小,最后均分所得利润;②将户外运动资源和投资商的客户资源作价合作,采用独家授权开发利用的方式,释放户外运动资源的经济潜力,通过收取人头费的方式向当地村民分享收益。许多地方开发的户外运动旅游项目(如漂流、滑雪、露营)年营业收入超过百万元,若能盘活大别山地区的户外运动资源,所能获得的收益对脱贫攻坚具有重要的支持作用。

10.2.3 基于户外运动旅游的整村开发扶贫策略

调查发现,大别山地区许多村庄拥有的户外运动资源体量较小,单纯开发户外运动旅游的产业潜力不大,既缺乏招商引资的吸引力,也缺乏开发利用价值。但是大别山地区特殊的地理位置和历史背景,使其还拥有红色文化、山野景色、田园风光、民风民俗等,可以综合打造成集旅游(探险)、休养、养老、团建、创意、生态农业、文化艺术、研学旅行等多种业态于一体的新型游憩产业模式,户外运动旅游项目只是其中的特色之一。具体措施包括:①对待开发村落进行全面评估,提取优质资源进行整合规划,制订综合户外休闲游憩区的整体开发方案;②利用户外运动路线特点,对周边分散的优质旅游资源进行移植利用,打造富有吸引力的户外旅游项目;③充分融合片区内各种旅游资源的开发价值,发挥优势补偿作用,形成多个以户外游憩为主的村落,打造户外运动特色小村。村落,是大别山地区户外运动旅游发展过程中需要予以重视的构成要素,它们为游客提供必要的社会支持服务。若能对大别山地区户外运动项目沿线村落所拥有的多种旅游资源进行开发利用,将有助于吸引游客、提高当地旅游业综合产值。同时"绿色"是大别山地区的"特色",在食品安全备受关注的当下,除了积极开发大别山地区的旅游资源,还可以借机发展生态农业、养老业、创意产业等,积极发挥当地户外休闲游憩功能的边际效益和户外运动旅游的杠杆作用。

不过,投资商开发大别山地区的户外运动资源,并不意味着可以将当地脱贫攻坚的负担转让给投资商,而应客观认识当地精准扶贫工作的实际需要和户外运动旅游的扶贫潜力,积极为扶贫工作争取更多支持。户外运动资源只是大别山地区拥有的特色比较鲜明、当前比较受社会关注的一种自然资源,该区域的社会发展历史和地理位置使当地村落还拥有绿色、红色和古色等优质旅游资源,所以包村入股应该对当地多种户外休闲游憩资源进行整合和盘活利用,使投资商和村民双方利益最大化。引导大别山地区户外运动旅游支持精准扶贫不能仅关注户外运动旅游,而应重视挖掘村落或片区内多种资源的扶贫开发潜力,通过开发商包村帮扶的方式遴选较有实力的投资主体,采用入股分红和整村开发的模式,调动当地村民和开发商的积极性,为盘活当地多种储量资源奠定基础,从而既夯实户外运动旅游发展的社会基础,也为脱贫攻坚赢得更多有力支持。

10.3 通过户外运动旅游带动农村产业结构调整实现精准扶贫

产业扶贫是指在贫困地区或贫困群体中培育可持续发展的产业,通过产业发展让贫困人口获得可持续发展机会的一种扶贫模式。产业扶贫是扶贫开发工作的核心和关键,是解决贫困地区和贫困人口生存发展的根本手段,是实现稳定脱贫的必由之路和根本之策(许贵舫,2018)。党中央、国务院高度重视产业扶贫工作,习近平总书记多次强调产业扶贫的重要性:2016 年 4 月 24 日,习近平总书记在安徽省金寨县考察时,对产业扶贫提出新要求:“要脱贫也要致富,产业扶贫至关重要,产业要适应发展需要,因地制宜、创新完善”;习近平总书记在十九届中央政治局第八次集体学习时指出:“产业兴旺,是解决农村一切问题的前提,从‘生产发展’到‘产业兴旺’,反映了农业农村经济适应市场需求变化、加快优化升级、促进产业融合的新要求”;习近平总书记在打好精准脱贫攻坚战座谈会上指出:“我们加强产业扶贫,贫困地区特色优势产业和旅游扶贫、光伏扶贫、电商扶贫等新业态快速发展,增强了贫困地区内生发展活力和动力。”在我国的扶贫实践中,产业扶贫已经成为最具活力的扶贫模式之一,尤其是党的十八大召开以来,产业扶贫方式越来越受到重视,中央人民政府布局的脱贫攻坚战“五个一批”工程中,发展生产脱贫是处于第一位置的工程(宋圭武,2019)。面对发展的需要,我国学者早就探讨了农村产业结构调整的经济发展贡献(廖岷,1991;段庆林,2001)。鉴于大别山地区户外运动旅游直接扶贫的局限性,以及户外运动旅游与农村的紧密联系,依托户外运动旅游带动当地农村产业结构调整,具有较好的精准扶贫前景,所以大别山地区利用户外运动旅游扶贫的过程中不仅要利用户外运动旅游业的直接社会经济贡献,还应合理利用户外运动旅游带动当地农业产业结构改革,通过农村产业提质升级实现精准扶贫和乡村振兴。

10.3.1 大别山地区产业结构调整的必要性

产业结构不合理是贫困地区落后的一个原因(向和友,1986)。传统种养业的经济附加值较小,导致山区居民收入低(叶英林,2015)。从大别山地区的产业结构看(见表 10-2),第一产业占比较高,是全国平均水平的 2—4 倍、是上海市的 50—70 倍。而第三产业占比较低,这不仅会影响人民生活水平的提高和就业的扩大,还会制约消费,影响经济增长的可持续性(江小涓,2004)。同时大别山地区广泛存在小农经济,普遍种植粮食,较少种植经济作物,而且饲养的牲畜以自己食用为主(邵延学,2014)。在国际农产品的冲击下,第一产业以农业为主的经济结构是大别山地区贫困的重要致因。根据大别山地区的自然资源禀赋和社会发展条件，适当降低第一产业的比重，在难以提高第二产业比重的情况下，依托旅游业的兴起提高第三产业的比重，将劳动力转移到附加值较高和就业密度较大的旅游相关服务业上去，不仅能够帮助当地居民增加收入，同时会反向促使第一产业和第二产业提质升级，从而构建创收增收的产业基础，切实发挥产业结构优化的扶贫红利。所以大别山地区应积极借助有利时机优化产业结构，而户外运动旅游的发展能够在一定程度上提供有益的促进作用。

表 10-2　2018 年大别山地区产业结构及与全国、其他地区比较分析

区域	第一产业占比	第二产业占比	第三产业占比
全国	7.2%	40.7%	52.2%
上海市	0.32%	29.78%	69.90%
湖北省大别山地区	22.1%	43.9%	34%
安徽省金寨县	16.6%	35.9%	47.5%
河南省信阳市	18.69%	37.59%	43.72%

10.3.2 户外运动旅游对当地产业结构调整的带动作用

旅游产业融合对产业结构升级表现出显著的促进作用，能够推动产业结构升级（袁月，2017），对第一、第二、第三产业的影响呈递增趋势（乔小燕，2019），对地方社会经济发展的拉动贡献明显（阿廖沙，2019），所以全球许多国家和地区将旅游业作为可持续发展的支柱产业。以体验户外运动为特色的新型旅游业态，为世界各地的产业结构调整做出了贡献：①20 世纪 50 年代在尼泊尔兴起的徒步和登山旅行，为这个贫穷国家的经济注入活力，成千上万涌入尼泊尔的游客催生了住宿、饮食、购物、高山向导、牦牛工等产业，不少夏尔巴人将自家房屋改造成茶馆或旅社，从户外运动爱好者身上赚取可观的收入，其中，1 名夏尔巴人高山向导的单次服务费高达 2000 美元（Conger，2008）；②重庆佛影峡漂流景区十年来累计提供就业岗位 4 万余人次，推动了农民职业角色的转变，景区周边农家乐家庭年收入超过 10 万元，同时带动了附近圣灯山、五洲园、林海、茶山等各具特色的乡村旅游及服务业的发展（龙飞，2019）。通过发展户外运动旅游业，将外地消费群体引入游憩地，服务游客消费的过程将促使相关产业的诞生和发展，助推当地产业结构调整和优化升级，许多地方尝到了户外运动旅游的“甜头”，依托户外运动旅游推动农村产业提质升级，获得了良好的扶贫成效。

10.3.3 基于农村产业结构调整的扶贫贡献

创造条件帮助贫困人口增加收入是精准扶贫的主要手段，而随着科技进步和产业结构升级，第二产业需要的工人越来越少，发展第三产业成为承接富余劳动力最好的途径之一。实践表明第三产业就业对减贫的带动作用最强，它对GDP的拉动作用大约是第一产业的13倍、第二产业的1.6倍（郑长德和陈田，2019）。所以贫困地区要加强产业扶贫，将产业结构升级作为扶贫工作的主要手段，促使贫困人口从产值较低的第一产业转移到收入较高的第二和第三产业，着力提高他们的收入水平，从而实现减贫目的。例如，河北省发布26个产业扶贫典型案例，带动全省125.4万贫困户321.4万贫困人口增收，贫困发生率由9.84%降至0.78%（郝东伟，2019）。户外运动旅游带动周边社区产业结构调整能够直接优化贫困人口的收入结构。例如，福建省神摇漂流于2017年建成投产，贫困户林镇国介绍：“现在半天时间管理自家柚子园，还饲养土鸡土鸭，种植竹笋以及高山蔬菜，卖给公司，得到部分收入；半天的时间在景区打工。”（黄喜祖，2018）由此可见，以发展乡村旅游为契机的产业扶贫，既帮助贫困村民获得一份额外收入，又为富余农产品提供了销售渠道，可以切实产生扶贫实效。传统包产到户的农业生产模式，不仅缺乏扶贫潜力，而且已经成为致贫的主要原因，所以我国农村进行产业结构调整，带动农民进入更高水平的产业体系，是一条较有希望的脱贫攻坚道路。

10.3.4 户外运动旅游带动大别山地区农村产业结构调整实施精准扶贫

本研究调查发现，大别山地区大部分家庭的经济来源以外出务工收入为主，留在本地的“精英”从事客运、商贩、村委会干部、规模化种养、经营商店和餐馆、手艺人（理发师、泥瓦匠、木工、电工、电信工）、作坊工人、清洁工等工作，贫困人口基本是五保户、重病户（包括精神病）、少年儿童（父母死亡或失踪）、刑满释放人员、赌徒、青壮年子女失散的独生子女户等。贫困人口家庭要么缺乏劳动能力，要么有劳动能力的家庭成员因需要照顾其他家人，只能从事低收入工作，入不敷出。大别山地区的户外运动旅游业具有一定的产业效益，但大部分项目

(如徒步、国家登山健身步道)的公益性大于经济诉求,即使能够提供务工机会,又因为大部分工作没有专业技能要求(如护漂员、保洁员、保安、搬运工等),存在很强的竞争性,工作强度大、工资收入低,平均日薪不足100元。而且户外运动旅游相关的工作受季节、气候和时段影响,收入不稳定,全年总收入较低。例如,一个两名老人带两名儿童的家庭(孩子父亲离世、母亲离家),爷爷担任漂流艇搬运工,每年收入1万元左右,奶奶在家务农和操持家务,只能维持全家温饱生活。这个家庭的人均年收入水平基本达到了脱贫线(约3346元/人),家里有一栋10年前建造的二层半楼房,没有债务。但是这个家庭的经济非常困难:①每年人情礼金大约2000元;②两名儿童每年学校收取的杂费和其他开销大约3000元;③全家每年治病吃药大约1000元(扣除医保);④逢年过节改善生活和置办用品(如春联、门画、鞭炮、坟标、纸钱等)大约1500元;⑥其他杂七杂八的支出大约1000元。很显然,漂流旅游带来的这份工作收入确实帮助该户家庭脱贫,但只是名义上的脱贫,他们现实的生活仍然非常困难。这是我们在大别山地区调研期间发现的依托户外运动旅游直接获益较好的一个扶贫案例,实际上许多贫困户的收益和减贫效果远不如此。从户外运动旅游的扶贫潜力看,不适合作为大别山地区脱贫攻坚的直接途径,而应着力发挥户外运动旅游的杠杆作用,带动其他产业高质量发展。因此,大别山地区要利用户外运动旅游点燃的星星之火,燎燃当地各种产业的扶贫潜能,在此基础上制定以户外运动旅游为核心的农村产业结构调整的脱贫攻坚策略。

10.3.4.1 围绕户外运动旅游,充分开发大别山地区的"红古绿"旅游资源,做大旅游产业

《大别山革命老区振兴发展规划》和《大别山片区区域发展与扶贫攻坚规划(2011—2020年)》均认为大别山地区"旅游资源丰富","北抵黄河,南临长江,淮河横穿其中,生物物种多样,森林覆盖率为31.9%",是"革命老区,历史文化重镇",具备良好的旅游资源禀赋。红色旅游和历史文化旅游一直是大别山地区旅游业的支柱项目,随着生态环境保护红利逐步体现,大别山地区已经成为华中森林康养旅游的核心区,以薄刀峰等地为主的"红古绿"旅游产业格局基本建立。本研究调查发现,旅游业较为发达的大别山部分地区基本不存在贫困人口,

而那些面临着精准扶贫任务的地区,优质旅游资源欠缺、旅游业发展水平较低,其中部分地区存在户外运动旅游项目和户外运动活动,并且旅游业发展水平较高的地区户外运动发展较好。但既有的户外运动旅游项目(如漂流、滑雪、滑翔伞等)的独立扶贫贡献有限,它们确保自身投资收益和可持续发展都面临困难,更遑论助力扶贫,而这主要缘于大别山地区交通不便,单体户外运动旅游项目招揽的游客较少,同时“红古绿”等其他旅游资源还没有充分开发利用。此外,能够开展户外运动活动的地方(如蕲春县太平森林公园等)旅游承载能力有限、旅游资源禀赋不足,能够容纳和吸附的旅游消费者较少,产生的旅游社会经济效益较低,不足以带动周边居民依托旅游业为生。除了徒步线路上的少数住户在旺季的时候短暂回家从事民宿、餐馆、零售等经营活动以外,当地青壮年居民均常年外出打工。根据这些户外运动旅游资源与周边社区的互动特征,建议通过户外运动旅游的带动作用,激活其他乡村旅游资源(如民宿、田园风光、特色采摘、农耕节庆、传统文化等)的支撑作用,从户外运动旅游这个点发展成为以体验户外运动、田园村趣、文化生活为主题的乡村旅游项目。具体做法如下:由本村精英或联系户外运动专业人士,首先盘活当地的户外运动资源(如徒步、露营、溯溪、嬉水、拓展等),借此机会向户外运动游客展现当地的特色农产品、田园风光、农耕传统、历史遗迹和红色文化,同时优化当地的旅游资源布局(如适当植树种花、设立具有一定接待水平的民宿和农家乐、发展采摘农业等)。通过2—3年的市场培育,在户外运动专业人士和旅游从业者的大力支持下,根据当地旅游资源禀赋,设计专门的乡村旅游产品,引导游客前往游玩和就地消费(如食宿、购物等)。通过壮大旅游业,推动第三产业快速发展,从而带动现代农业、特色手工业、电商等相关产业的发展,构建当地居民脱贫致富的产业基础。

10.3.4.2 *利用户外运动旅游激活的旅游消费潜力带动地方特色产业化*

大别山地区除了薄刀峰等少数片区以外,绝大部分地区缺乏高品质户外运动资源,而那些具备一定户外运动条件的地区,又缺乏产业化的潜质。要么资源品质不高,户外运动爱好者在不付费的情况下愿意前往体验;要么资源容量较小,能够接待的游客数量不足,产生的经济效益较低。大别山地区适合开展户外运动的地域较广,具有发展全域户外运动旅游的潜力,而且当地常年活跃着为数不小的户外运动爱好者,但是整个大别山地区的户外运动旅游业发展水平依然较低,主要缘于缺乏全盘规划和运营。根据本研究实地调查发现,在大别山地区不适合广泛建设旅游景区性质的户外运动旅游项目。例如,湖北省大悟县张八寨(装八寨)海拔260米,是一条备受欢迎的徒步穿越线路,虽然每年不少户外运动爱好者前往体验游玩,但至今未能商业化开发,能够为当地村民带去的收益依然是少数户外运动爱好者在村里小卖部补给食品,或向村民购买土鸡、羊、土鸡蛋等少量农产品。目前尚找不到盈利点,如果围起来,以前过来游玩的人可能就不来了,那么投入的开发资金就会“打水漂”。当地基层政府还没有确定合适的投资方案,除了围山收门票,很难构建其他有效的经营开发策略。在大别山地区,像这样的户外运动资源、户外运动游客与当地社区之间的互动方式广泛存在。由于大家对户外运动旅游资源开发利用的预期效益信心不足,这类户外运动资源基本处于被利用但未开发的状态。对于大别山地区广泛的精准扶贫工作而言,不能依赖户外运动旅游直接发挥减贫脱贫作用,而要发挥当地特色产品产业化的扶贫功能。同时对于土生土长的贫困人口而言,引导他们切入旅游业或利用旅游业投资创业,显然比较困难——如果他们具备这样的能力,在各级政府精准扶贫政策的支持下,早就可以实现脱贫致富。所以当前精准扶贫工作需要发挥地方特色优势,通过特色产业化增强产业脱贫效力。由于传统种养业缺乏销售市场,户外运动爱好者基本不会在目的地购买萝卜、白菜、大米等一般农产品,能够吸引他们的主要是土特产,如土鸡、山猪、羊、板栗、冷水鱼、竹制品、藤制品、实木制品等,这些物产属于绿色有机食品和天然环保用品,符合城市居民的采购需求。因此,一方面基层政府和地方精英要通过宣传、与户外运动专业人士合作等方式,向他们免费开放户外运动资源,吸引更多的户外运动爱好者到大别山地区体验户外运动项目,形成较大的游客消费群体;另一方面适度规模化生产土特产,利用户外运动游客的消费动力和口碑,结合互联网订购和快递运送,加大土特产的销量,并提高销售价格(如秭归脐橙打响品牌名声后价格一路走高),提升农业产业价值,并带动手工业规模化发展。除此之外,还可以有效利用文化(如黄梅戏)、野菜(如季节性特色野菜米苋)、中药(如蕲艾)、节庆(如闹元宵)等特色元素,形成一条服务于户外运动旅游的特色文化产业链,增加休闲旅游的容纳能力,吸引游客延长在当地的行程。

10.3.4.3 依托户外运动旅游催生的游客群体提高产业产值

“东西不值钱”“东西卖不出去”“为什么你们城里板栗十几元钱一斤,我们这里5元钱一斤都没人要”等是大别山地区村民向调研人员反映最多的问题。实地调研期间发现,当地商贩低价收购农副产品(如2019年7月份,当地小龙虾收购价13—18元/斤、绿豆3元/斤),萝卜、白菜等一般农产品无人收购。由于是小农经济,当地村民收获的农副产品数量较少,个人无力运往县城或城市售卖,同时他们普遍文化水平低、社会经验不足,也无法进行多户合作外销,只能就地卖给商贩,而且觉得“吃亏不大”。主要原因在于:①农副产品分散销售,缺乏竞价能力,农户面对的是买方市场,只能任由商贩定价,因为农民认为“卖一个是一个,不卖就一分钱都没有,留地里就丢了,自己也吃不了这些”;②田地分块耕种,采用传统种养方式,导致农副产品质量低、规格参差不齐、产量不高、没有品牌效应,市场竞争力不足;③销售渠道单一,主要卖给当地商贩;④农户之间有时候会发生降价促销。即使在大别山地区户外运动游憩地,调研人员发现售卖给户外运动旅游者的农副产品也缺乏较好的价格,因为农户一方面担心价格高会被同村村民抢走生意,另一方面以“比城里便宜”作为卖点。由此可见,销售面窄是导致农副产品售价较低的原因,所以大别山地区应该积极利用户外运动旅游,努力扩大游客群体规模,因为游客增加了,顾客就会增加,继而当地的土特产就会产生“物以稀为贵”的现象。例如,2009年底浙江省宁海国家登山健身步道甫一建成,当月就吸引游客20余万人次,村民褚银良意外发现:“过去农民挑粉丝到县城来卖,10元一斤;现在坐在家门口卖,20元一斤!”(王晓易,2013)。如果大别山地区能够利用户外运动旅游的契机,扩大土特产销售渠道和客户群体,掌握产品定价权,将能够获得更高的产值。具体做法如下:以当地特色产品为切入点(如土鸡、蕲艾等),由村委会和当地精英牵头,逐步实现规模化生产,保证品质和规格,建立品牌,利用户外运动游客的消费体验,逐步打开销售市场,并利用电商平台建立面向户外运动游客的长期销售关系,夯实游憩地特色农副产品的需方市场。若能帮助相关产品拥有可观的销售出路,建立品牌效应,赢得市场口碑,就会拥有定价权。虽然农副产品的产量比较稳定,但价格存在增长空间,所以价格适当增长将使当地居民拥有更多的产值,从而实现创收增收的目标。

实践经验表明,对大部分大别山地区而言,户外运动旅游的直接扶贫贡献有限,单纯寄希望于户外运动旅游带动当地贫困人口脱贫致富的难度较大。但是大别山地区拥有“红古绿”等其他旅游资源,以及板栗、黄梅戏、蕲艾、跑山猪等特产,既可以利用户外运动旅游尝试盘活周边的“红古绿”资源,做大旅游业,也可以满足周边城市居民的休闲游憩需要,打造具有一定规模的以体验户外运动为特色的乡村旅游,从而增强当地旅游承载力,挖掘游客群体的消费潜能来带动当地贫困人口创收增收。同时,全面对外开放户外运动资源(大别山地区的户外运动资源特征能够限制游客流量,气候特征能够保证生态环境具备一定自我补偿能力),吸引大量(相较于目前的客流量而言)户外运动爱好者前来游玩,构建当地特色产品对外销售的需方渠道,然后利用户外运动爱好者的消费体验和电商平台,延伸和扩大特产销售路径,带动更多的地方特色产品实现产业化、品牌化和规范化,同时推动优质产品价格提升。从大别山地区的贫困人口特征、户外运动资源禀赋和户外运动旅游业发展态势看,农业和手工业依然是当地贫困人口可持续脱贫和实现乡村振兴的主要希望,所以要积极利用户外运动旅游的“点火”效应,着力带动游憩地产业结构提质升级,扩大当地农副产品、手工制品和特色产品销售,增加第二产业和第三产业的产值。

10.4 通过户外运动旅游投资商转移当地劳动力就业实现精准扶贫

不管是就业扶贫,还是产业扶贫,首先需要解决的是被帮扶对象具备一定的劳动能力,但是大别山地区目前的脱贫攻坚对象主要是具有较强返贫风险的贫困人口和缺乏劳动能力的人口,他们共同的特点是难以通过就业市场竞争获得扶贫工作岗位,而他们长期从事的农业生产至今无法达到减贫脱贫目的。从扶贫工作的角度看,需要想办法将他们从农业生产转移到收入更高的工作岗位上去以实现脱贫,并获得避免返贫的稳定收入来源。

10.4.1 将转移贫困人口就业作为户外运动旅游资源开发招商投资的条件

就业,是帮助贫困人口脱贫最有效的途径之一。调查人员在大别山地区某漂流景区附近的社区调查发现，一名贫困人口（失独、离婚、本人曾长期酗酒和赌博）在当地政府的支持下通过借贷入股某公司（非户外运动行业），然后利用每年的入股分红收益和政府扶贫支持购置小客车一辆，漂流季节在漂流景区负责转运游客，平时在当地运送旅客，这些举措帮助该贫困户快速脱贫致富。在大别山地区的许多农村，户外运动旅游景区是唯一的"企业"，依托户外运动旅游脱贫也是大部分贫困人口的愿望，而未能在户外运动旅游景区获得工作安置，导致"没有收入"被他们视为贫困的根源。由于大别山地区户外运动旅游项目及其边际效应所能发挥的创业或就业扶贫功能有限，户外运动旅游企业能够安置的岗位有限（数量和质量），部分具有较好劳动能力、就业潜力和劳动能力较差的贫困人口自主创业的能力不足，他们需要更具容纳能力的就业平台。调查发现，旅游、教育、商贸等行业是大别山地区户外运动旅游资源开发的主要投资来源，虽然其在本地的产业项目只能安置少量贫困人口，但若能利用投资商拥有的其他产业的扶贫就业功能，将产生重要的减贫作用。具体做法如下：根据当地精准扶贫任务，提出合适的帮扶对象数量，并明确他们的劳动能力和就业意愿，作为遴选当地户外运动旅游资源开发投资商的一个条件，要求投资商承担脱贫攻坚任务，争取"用资源换脱贫"效益。

10.4.2 将转移贫困人口就业作为户外运动旅游企业申请地方扶持政策的考核指标

为了保证企业可持续经营和市场竞争力，确保实现社会经济发展目标，地方政府会根据实际情况对辖区内满足相关条件的企业予以扶持，根本目的是支持这些企业带动当地社会经济发展，维持社会稳定。脱贫攻坚作为当前大别山地区面临的重要任务，也是关系当地社会经济发展与稳定的关键因素。促进该目标达成的政府扶持企业的相关政策，理应设置相应的考核指标，引导户外运动旅游业积极帮助贫困人口就业。可是，调研人员在大别山地区发现地方政府并未采取相关措施，当地的户外运动旅游企业（如漂流景区、滑雪场、拓展训练基地、露营地等）主要基于社会舆论、企业形象、投资人意愿等自发参与当地的扶贫工作，扶贫成效可以得到口头表扬、媒体报道、群众称赞及优化投资商与政府关系等，但没有相应的考核评价，也不确定是否对投资人保持或增加当地投资有益，所以户外运动旅游企业普遍缺乏主动扶贫的考虑或规划。因此建议:大别山地区政府制定和出台配套政策,将户外运动旅游企业转移当地不同贫困程度居民就业的数量和质量作为计分依据,根据评估结果给予相应的扶持力度或措施。

10.4.3 将转移贫困人口就业作为户外运动旅游企业在当地扩大投资的前提

随着大别山地区各项开发工作不断推进,当地的发展潜力逐步展现出来,一些较有实力的或凭借户外运动旅游积攒了较好经济基础的投资人,开始在当地寻找新的投资领域。例如,新建乡村旅游景区、规模化种植蕲艾、创办工厂、承接基础设施建设工程等。在评估户外运动旅游投资人扩大投资范围的时候,地方政府更多关注投资主体的实力、口碑、社会关系等,而他们的扶贫贡献没有作为主要评估指标。企业投资是政府与社会之间建立互利互惠合作的联结桥梁,推动了当地社会经济发展,也帮助企业获得经济收入。脱贫攻坚和乡村振兴工作是大别山地区当前重要的社会议题,应该成为政府和社会互惠合作内容的构成部分,政府通过项目使投资人获利,而投资人也应该具备“取之于民,用之于民”的社会责任感,所以政府应该支持那些积极扶贫的投资人参与地方建设,在项目合作上向他们倾斜。具体做法如下:有意向在大别山地区扩大投资的户外运动旅游项目投资人,应向政府部门汇报帮扶贫困人口就业的情况(包括在当地就业和转移到投资人在外地所属企业就业),并向社会公示。对于积极帮助当地贫困人口获得高质量就业岗位的投资人,在经营能力符合条件的情况下,应优先与其开展项目合作,且通过委托建设等方式适当加强合作。

10.4.4 对户外运动旅游投资商转移贫困人口就业给予适当的财政补贴

财政补贴是运用与财政一般分配所不同的方式,通过对国民收入的分配和再分配,对社会供求和经济生活进行有计划的调节,以促进生产、流通、分配和消费之间的相互协调(项镜泉,1991)。现在地方政府为了实现这类目标,通常会对辖区内的企业给予一定的财政补贴,所以大别山地区可以利用财政补贴的政策导向,引导辖区内的户外运动旅游项目开发商积极转移当地贫困人口赴外就业。调研人员在大别山地区发现,不少户外运动旅游项目开发商为了保证项目可持续健康发展,仅能向当地少数贫困人口提供一些低收入工作岗位,但是部分投资人表示，他们在武汉等其他地方所属的企业具备承载少量贫困人口就业的能力，因此建议如下：①对申请财政补贴的户外运动旅游企业提供的直接和转移就业岗位数量和质量进行评估，做出重要贡献的企业，适当提高补贴力度；②尚未出台财政补贴政策的地方，政府应根据当地户外运动旅游企业支持贫困人口就业的情况，给予一定的奖励性财政补贴，发挥激励和引导作用。

企业是推动就业扶贫的重要平台，大别山地区的户外运动旅游企业投资人利用当地优质的户外运动资源赚取可观收入，理应回报当地社会经济建设，当地政府可以采取“资源换减贫”的策略。同时这些投资人作为社会精英，拥有帮扶贫困人口的能力，除了从政策层面要求他们帮助贫困人口就业，还应利用资源分配、经费补贴等奖励性措施，引导和鼓励他们提供扶贫就业岗位。虽然大别山地区户外运动旅游企业就地解决贫困人口就业的能力有限，但可以发挥投资人的整体就业支持能力，将部分有能力、潜力和意愿的贫困人口带到大别山以外的地方参加工作，获得更好的发展机会和收入，切实推动该片区的精准扶贫工作。

10.5 通过户外运动旅游吸引外部捐赠实现精准扶贫

公益募捐在救灾、扶贫、助学及资助公益事业方面发挥了很大作用（侯建星等，2008），其中“扶贫”是我国捐赠投向的主要领域，2019 年的捐赠金额达到 379.02 亿元，年度增长率达到 6.55%（王倩，2020），所以中央人民政府出台多项政策鼓励社会力量加大扶贫捐赠（国家税务总局，2020），促进社会各界进行捐赠回报社会，助力脱贫攻坚工作（宋征和贾燕，2008）。社会捐赠也对大别山地区脱贫攻坚给予了重要支持。例如，2018 年 11 月 14 日，河南省光山县众鑫商贸商会向泼陂河镇何尔冲村捐款 2.26 万元和棉被、羽绒服、油、面等价值 1 万余元的物品（胡志军，2018）；2019 年 8 月 13 日，天津市康婷生物工程集团有限公司向光山县晏河乡付店村捐款 11.75 万元（张建武，2019）。这些社会捐赠经费和物品将直接发挥扶贫作用。

10.5.1 利用户外运动旅游提高外界对大别山地区贫困信息的认知程度

在政府供给不足或供给效率较低，市场又无法供给的情况下，产生了公益需求，促使社会捐赠的发生（郭健，2009），但是捐赠主体提供的钱物流向，受他们掌握的捐赠需求信息影响,即捐赠人认为哪里或谁需要帮扶,他们就会向那里或某人提供捐赠支持。调研人员在大别山地区发现,一方面当地贫困人口不知道如何求助、如何获得捐助,另一方面捐赠主体不确定捐赠的钱物能否惠及贫困人口,也不清楚贫困人口需要捐助的情况,导致部分有捐赠意愿的游客不知道捐给谁或如何捐给他们。同时地方政府认为将贫困展现给游客,可能损害当地的旅游市场,而且有损政府形象,造成有的游客"觉得这边的人不穷"。所以大别山地区贫困户受捐程度较低,本研究调查发现大别山地区仅有 0.5%的农户接受过捐赠,其中只有 1 个精准扶贫户(获捐赠价值 2000 元的钱物)。

获取捐赠是支持大别山地区精准扶贫的一种低耗、快速、有效、精准的举措,目前亟待建立贫困人口与捐赠主体之间的联系。对于那些开发利用了户外运动资源的地区,意味着获得了将贫困信息传递出去的途径,因此建议:①利用户外运动旅游的运行机制(如线路、向导、社区服务等),向户外运动游客宣传当地需要捐赠扶贫的信息,建立捐赠主体与捐赠受体之间的联系,使支持大别山地区精准扶贫的捐赠钱物具备明确的流向通道;②户外运动游客一般具备较好的经济条件,地方政府和户外运动旅游运营者可以通过设计线路、构建社区服务等方式,争取他们就地捐赠扶持贫困人口;③地方政府全面评估当地贫困人口情况,形成比较具体的捐赠支持建议,引导和激发户外运动游客捐献资助当地贫困人口的意愿(如提供衣物、食品、工作)。只有外界充分认识到大别山地区的贫困现象,并理解当地需要捐赠扶贫的信息,针对大别山地区精准扶贫需要的社会捐赠才会有效发生。

10.5.2 利用户外运动旅游加强大别山地区贫困村和贫困人口与社会捐赠的联系

城市居民的捐赠行为受社会关系网络和社会信任两个方面的影响,那些广泛参与社会活动、对基层干部比较信任的市民更愿意捐赠(南方和罗微,2013);同时企业也更愿意在信任指数较高的地区捐赠,并且捐赠现金额度较高(宋罡等,2013);而积极的社会交往是促进社会信任的有效途径之一(倪霞,2005),所以大别山地区吸引社会捐赠需要通过建立积极的社会交往,帮助捐赠主体充分认识当地的贫困现象和捐赠扶贫机制,使捐赠主体建立对当地干部和贫困人口的信任，才能获得扶贫效果较好的社会捐赠。调研人员在大别山地区发现，许多户外运动旅游项目与当地社区的融合度较低，通常游客在户外运动线路上完成各种体验活动的过程中，除了偶尔遇见当地村民，很少深入当地社区亲身感受贫困状况，所以无法激起他们捐赠扶持大别山地区贫困人口的意愿。本研究调查发现，只有 4.9%的游客认为大别山地区居民能够获得社会捐赠，19.5%的游客同意争取旅游者增加对当地的捐赠。这意味着不仅社会捐赠较少参与大别山地区的精准扶贫工作，而且现有的捐赠扶贫潜力不足 1/5。因此建议：大别山地区应加强对外宣传当地的户外运动资源，吸引更多游客前来体验，在此基础上通过内容设计引导户外运动游客深入周边社区，并依托积极的社区服务支持，强化大别山地区贫困村和贫困人口与潜在捐赠主体的互动联系，使更多户外运动游客认识到捐赠扶贫对大别山地区脱贫攻坚的重要性，并愿意提供一定的捐赠支持，逐步发挥社会捐赠对大别山地区精准扶贫的支持作用。

10.5.3 利用户外运动旅游争取更多社会捐赠流向大别山地区的贫困村和贫困人口

社会力量参与扶贫与政府的目标是一致的，而动员社会力量参与扶贫比单纯依靠政府扶贫更有优势（李小云和汪三贵，2020）。目前我国每年能够接受大量的社会捐赠，例如 2017 年中国慈善联合会（CCA）接受的捐赠总额达到 1499 亿元，其中 318 亿元用于扶贫和社会发展领域（Shi，2018）。实际上社会捐赠扶贫已经得到大别山地区部分地方政府的重视，例如河南省信阳市商城县将“社会扶贫捐赠”“引凤还巢助脱贫”和“百企帮百村”作为该县社会扶贫工作的“三驾马车”，仅 2018 年上半年，该县获得社会扶贫捐赠资金总额达到 2214.63 万元（商城县委统战部，2018）。随着大别山地区精准扶贫工作不断推进，贫困人口越来越少，同时大别山地区在全面推进脱贫攻坚、布局乡村振兴的背景下，亟待更多社会资源支持当地实施精准扶贫，而社会捐赠作为难得的优质扶贫资源，应本着“好钢用在刀刃上”的理念，合理引导社会捐赠作为脱贫攻坚的重要支持。户外运动旅游能够促使大别山地区加强对外展示和联系，因此建议：①依托户外运动旅游争取更多外界人士关注和关心大别山地区精准扶贫工作；②积极利用大别山地区的户外运动资源,构建社会捐赠主体考察当地的途径,让他们有机会深入认知当地的贫困特征;③加强户外运动旅游服务,在大别山地区贫困人口与捐赠主体之间建立良好的社会互动关系,促使捐赠主体更加重视且稳定地向大别山地区提供扶贫捐赠。

大别山地区脱贫攻坚和乡村振兴需要大量的扶持资源,争取社会捐赠是当地实施精准扶贫的有效路径,而户外运动旅游能够建立捐赠主体与大别山地区贫困人口之间的联系。通过户外运动旅游,大别山地区的贫困问题能够向社会全面展现,捐赠主体有机会充分认识当地的贫困状况,在捐赠与受赠双方实现有效对接的基础上将引导各界捐赠扶贫的钱物流向大别山地区的贫困人口,从而切实支持大别山地区的脱贫攻坚工作,若能建立稳定的捐赠扶贫关系,还将助力大别山地区的乡村振兴。

10.6 通过增加户外运动游客的当地和电子商务消费实现精准扶贫

消费扶贫是社会各界通过购买来自贫困地区和贫困人口的产品与服务,帮助贫困人口增收脱贫的一种扶贫方式,是社会力量参与脱贫攻坚的重要途径(石长毅,2019)。2020 年 3 月,习近平总书记在决战决胜脱贫攻坚座谈会上指出,要切实解决扶贫农畜牧产品滞销问题,组织好产销对接,开展消费扶贫行动,利用互联网拓宽销售渠道,多渠道解决农产品卖难问题。长期以来,大别山地区的农畜牧产品滞销或售价偏低,是导致当地居民收入低的主要原因。一旦某户家庭缺少外出务工的劳动力,只能依靠务农为生,大概率会产生贫困,所以加强农产品对外销售是大别山地区精准扶贫的重要路径。例如,河南省在新县、光山县开展特色农产品消费扶贫专项展销活动,探索多种产销对接形式,助力大别山革命老区人民脱贫(曾鸣,2020)。中央人民政府及有关部门为了着力推进消费扶贫工作,出台《关于深入开展消费扶贫助力打赢脱贫攻坚战的指导意见》《关于大力开展消费扶贫和就业扶贫　助力大别山片区脱贫攻坚的倡议书》等多项政策,同时湖北省、河南省和安徽省也出台了相应的地方政策,所以大别山地区应依托户外运动旅游构建和扩大农产品销售渠道,用销量带动产业和就业发展,充分发挥消费扶贫的效能。

10.6.1 构建农产品就地面向户外运动游客销售的平台

大别山地区农户生产的农产品缺乏对外销售的对象和渠道,不能将农产品转变成经济收入,不仅造成贫困,还限制了他们的生产积极性,这种恶性连锁反应是当地贫困发生的主要根源之一。调研人员在大别山地区发现,已经开发了户外运动项目的地区,存在自发向游客售卖农产品(如玉米、黄瓜、红薯等)的村民,而那些建造了户外运动旅游(如滑雪、漂流、露营等)景区的地方会通过出租摊位等方式向当地村民提供售卖农产品的机会。这些销售行为让42.2%的户外运动游客认为大别山地区居民能够通过售卖农产品获得收入,但实际上只有10.2%的游客在当地购买过土特产(消费金额为2—800元,人均消费186.57元,32.43%的游客花费不超过200元),而且只有21.5%的村民依托户外运动旅游增加了农副产品销售收入,每年大约增收6613.58元(介于100—60000元之间,55.6%的农户年增收不超过2000元)。依托户外运动旅游向游客售卖农产品,并未得到村委会或户外运动旅游景区的广泛支持,只有20%的村委会干部和16.5%的户外运动旅游景区高管持支持态度,所以28.2%的农户自己想办法销售。即使摊位比较充足或摊位费不高,但因户外运动游客的流动性和游玩特征,如果地方政府或户外运动旅游开发商不统一规划组织,依靠村民自主销售农产品的减贫效果不会理想,这促使54.1%的村民希望村委会和户外运动旅游企业帮助他们销售农产品。由此可见,大别山地区的居民目前通过销售农产品获得的经济收益有限,大部分农户的销售行为可以增收,却不足以脱贫,但他们广泛认同提高农产品销售是增收的有效途径。户外运动游客是亲临当地的优质消费者,如果能够建立农产品面向户外运动游客就地销售的渠道,将快速有效地增加当地居民的收入。因此建议:①建立土特产集中展销区,与户外运动旅游企业合作,引导游客前往购买;②在户外运动旅游旺季举办特色农产品展销会;③在户外运动游客通过的线路上设立服务站,直接面向游客销售;④帮助特色农产品品牌化(如罗田板栗、蕲艾),促使游客建立购买观念。

10.6.2 构建符合户外运动游客消费习惯的农产品生产模式

供和需有效匹配,让消费带动产业升级,从而让经济结构向更加协调的方向发展(陈恒,2016)。所以农户作为供给侧,户外运动游客作为需求侧,双方应该有效对接,但是供销关系中不能强求需求侧迎合供给侧,更何况大别山地区的居民以种植粮食、菜蔬等生活资料为主,通常将剩余部分卖给游客,他们提供的农产品(如蔬菜、家禽)并非游客消费主流,而游客喜欢购买的小黄瓜、糖炒栗子、甜玉米、艾绒、卤鸡蛋等产品的供应量不足。同时,当地农户销售农副产品缺乏有效组织,为了争夺游客,还经常发生竞价、抢客等负面行为。调查发现,大别山地区30.7%的户外运动游客希望当地农户售卖农产品,而且将近80%的户外运动游客属于自驾游,游客群体特征奠定了大别山地区扩大农产品销售助力精准扶贫的可行性。这提示大别山地区要了解当地户外运动游客的消费偏好,积极生产和提供他们愿意购买的农产品,这样才能增加农产品的销量和产值。因此建议:①根据户外运动游客在当地吃、住、行、玩等方面的需求特点,提供可以就地消费的农产品。例如,安徽省金寨县马鬃岭的农户养殖土鸡供当地徒步游客食用,价格大约100元/只,成为当地的热销产品。对于户外运动游客而言,品尝当地特色食物,是前往大别山地区开展活动的目标之一。②由村委会统一组织村民规模化种养特色农产品,保证质量,打响品牌,增强农产品的销售竞争力。③不能寄希望于户外运动游客将大批当地农产品转运出去,这将给他们的旅程造成负担,所以要对特色农产品进行深加工,使游客能够便利地就地食用和使用,为旅程增彩。

10.6.3 依托户外运动旅游建立稳定的农产品对外包销渠道

《关于深入开展消费扶贫助力打赢脱贫攻坚战的指导意见》鼓励企业事业单位采购贫困地区的农产品,政府部门和企事业单位对口采购结对帮扶农村的农产品(如蜜柚、脐橙、鸡蛋、石榴、苹果等)作为福利发放给本单位职工,已经是一条重要的扶贫措施。中央国家机关政府采购中心开辟"扶贫馆"(现已改名为"乡村振兴馆",http://mkt.zycg.gov.cn/mall-view/povertyAlleviation/search)在线采购平台,面向中央和国家机关以及有定点扶贫任务的中央企业,供应商和上线产品均来自中央单位对口扶贫地区和国家级贫困县(孙巧凤,2020)。在中央人民政府明确保障职工正常福利待遇后(曹明军,2014),政府机关、企业事业单位、学校等均在节庆日集中采购一定数量的土特产作为福利发放给职工,所以大别山地区在依靠户外运动游客单体消费所能产生的扶贫作用有限的情况下,要想办法建立对外批量包销的渠道。户外运动旅游帮助大别山地区与外界单位建立联系,可以争取其中具备相关实力的游客通过采购扶贫农产品的形式进行集中包销。因此建议:①依托户外运动旅游对外呈现当地的扶贫压力和特色农产品,争取外销渠道;②识别户外运动游客中具有集中采购能力或渠道的个体,建立良好的合作关系,帮助当地土特产集中外销。对于大别山地区的贫困人口而言,这种带有扶贫性质的单位集中采购,将帮助他们长期、稳定地获得农产品销售收入,而且能够促使当地农业提质升级,提高农产品的综合产值。

10.6.4 积极利用电子商务平台联系户外运动游客以长期销售农产品

电商的兴起为精准扶贫提供了强劲动力,许多贫困地区的农产品通过淘宝、天猫、微店、抖音等网络平台销往全国各地,取得了显著的扶贫成效。例如,河南省光山县已形成完整的电商产业链,2400 余户 7300 余人靠电商脱贫,占全县贫困人口的近 1/10(韩朝阳,2020)。电商的扶贫贡献得到中央人民政府认可,例如拼多多荣获全国脱贫攻坚奖“组织创新奖”。但是大别山地区的电商扶贫效率整体上仍相对较低,且存在西高东低、南北低中部高的空间分布趋势,同时伴有空间集聚和空间依赖的特点,并以冷点、温点与次热点地区分布为主(杨雪云和时浩楠,2019)。同时大别山地区居民存在较高的依托电商扶贫的愿望,本研究调查发现 46.2%的村民希望村委会积极向户外运动游客宣传本地的特色农产品,并利用电商(电话、网络)统一对外销售。对大别山地区的居民而言,利用公共电商平台销售农产品,面临着较大的市场竞争和商业风险,而亲临当地的户外运动游客对他们出售的农产品具有一定的直接体验,所以当地村委会应着力优化产品结构和品质,首先利用微信等社交媒体与户外运动游客保持长期联系,向他们提供高质量的土特产。这些游客不仅能够夯实当地土特产稳定产销的需求侧,还能助力户外运动旅游发展,在户外运动旅游业和农业提质升级方面持续发挥贡献。

土特产是大别山地区贫困村能够提供的除户外运动旅游以外的重要产品,可以直接帮助贫困人口增加收入,促使他们树立脱贫信心,是一种“既增收又提志”的精准扶贫路径。而“滞销”不仅导致大别山地区产生贫困,还影响了当地社会的可持续发展。基于市场竞争、商业风险、运营能力等方面的考虑,当前大别山地区支持贫困人口销售农产品的途径主要包括就地售卖和电商,所以需要当地政府和户外运动旅游企业为他们搭建销售平台,依托户外运动旅游不断扩大销量和带动农产品提质升级。同时地方政府应该积极组织工作,保证农产品的品质,巩固当地社会与户外运动游客的良好关系,为当地农产品长期获得高效销售渠道提供保障。

第十一章
大别山地区户外运动旅游精准扶贫的建议

户外运动旅游为大别山地区扶贫工作提供了新思路、注入了新动力,根据当地户外运动旅游在扶贫实践中已经做出的贡献和体现出来的扶贫潜力,可总结一些有益的扶贫策略。本研究调查了大别山地区村委会干部、户外运动旅游景区高管、村民和游客对当地户外运动旅游扶贫困难和扶贫对策的见解,对当地进一步利用户外运动旅游扶贫具有一定的启发意义。

11.1 大别山地区户外运动旅游精准扶贫面临的主要困难

调研人员在大别山地区发现,存在户外运动项目并不意味着产生可观的扶贫实效,即使那些经营较为成功的户外运动旅游景区产生的扶贫效益也比较有限。例如,河南省西河景区经营效益较好,但景区位置较为偏僻,周围居民较少,开发商能够便利地将景区与居民区划分开,除非拥有特殊渠道,否则当地居民很难依托该户外运动旅游项目获得较好的经济收入。这种现象在大别山地区广泛存在,一方面户外运动旅游投资商倾向于开发位置偏僻的户外运动资源,避免占地赔偿,节省开发成本;另一方面优质户外运动资源通常位置偏僻,导致大别山地区大部分户外运动旅游项目与当地精准扶贫工作缺乏积极联动。此外,大别山地区的村民、村委会干部和户外运动旅游景区高管均认为"户外运动资源单一"是制约大别山地区户外运动旅游发展的重要因素,所以"留不住游客,人来了玩一下就走了",而且受此影响目前大别山地区户外运动旅游扶贫似乎陷入了恶性循环:资源单一→游客少→市场竞争激烈→社会矛盾→经营不善→缺乏开发资金→资源单一！综合而言，主要困难如下。

11.1.1 户外运动资源单一，限制了户外运动旅游的扶贫作用

户外运动资源单一是大别山地区村委会干部(60%)、户外运动旅游景区高管(41.7%)、村民(38.9%)和游客(30.7%)反映最强烈的问题。对当地15名村委会干部的调查显示：46.67%的村只有1种户外运动旅游项目，有2种的占20%、3种的占6.67%、4种的占13.33%、5种和6种的各占6.67%；其中漂流最多(8处，占22.86%)，其次是徒步(7处，占20%)，低海拔登山(6处，17.14%)居第三位，随后分别是露营(5处，占14.29%)和拓展训练(5处，占14.29%)、攀岩(2处，占5.71%)和滑翔伞(2处，占5.71%)；而徒步、低海拔登山、露营和拓展训练等户外运动资源的聚集程度较高，且留客能力有限，户外运动爱好者通常选择远离居民区的地方开展活动，所以村委会干部(33.3%)、户外运动旅游景区高管(33.3%)和村民(37.7%)认为当地的户外运动旅游收入有限，不具备带动村民脱贫的能力，并且村委会干部(33.3%)和村民(36.7%)还认为当地户外运动质量不高，产生不了太多的扶贫贡献。由此可见，大别山地区户外运动资源数量和质量有限，大部分地区只能开发一两种户外运动项目，对游客的吸引力和使其停留的能力有限，影响了户外运动旅游的扶贫贡献。有村民直言"基地规模太小，无法实现户外运动带动扶贫"，而且大别山露营公园一位高管也指出"项目比较单一，只是增加了部分村民的收入"。

11.1.2 政策引导缺位，户外运动旅游项目与精准扶贫对接不畅

扶贫，是大别山地区政府部门的工作职责，也是当地企业的社会责任。引导户外运动旅游项目参与扶贫，对企业和投资人而言意味着贡献和付出，所以争取大别山地区的户外运动旅游企业支持扶贫，不仅需要宣传，更需要政策和制度保证。调查发现，45.4%的村民、41.7%的户外运动旅游景区高管和20%的村委会干部认为"缺乏政策支持，影响了扶贫作用"，这导致36.2%的村民和20%的村委会干部认为户外运动旅游企业不关心本村扶贫工作，同时8.3%的景区高管认为地方政府不关心户外运动旅游企业的扶贫工作。在支持户外运动旅游扶贫政策缺位的情况下，大别山地区村委会干部、户外运动旅游景区高管和村民均反映当地缺乏户外运动资源开发资金、户外运动旅游专业人才不足、用地用水困难、

户外运动旅游社会经济效益没有合理规划分配等，这些问题既限制了户外运动旅游的发展，也影响了当地户外运动旅游的扶贫成效。

11.1.3 村民依托户外运动旅游获利的能力不足

户外运动旅游为大别山地区居民提供了获得额外收入的途径，但这并不意味着当地居民就能够轻松获利。调查期间，当地居民反映了“景区附近居民收益多，居住位置偏离景区的没办法获利”“在家的都是老人”“村庄中部和尾部非游客聚集地，大部分（游客）是路过”“资金不足”“不收当地人做工”“距离景区较远，有招工，但得不到第一手信息”等问题。不过，79.8%的村民认为是“自己没有能力利用户外运动赚钱”，因为他们“没有户外运动技能”（73.6%）、“没有文化”（61.9%）、“缺乏经营能力”（43.3%）、“没有条件开办餐馆”（41.8%）、“没有钱做生意”（40.8%）、“没有条件开办民宿”（34.3%）。在缺乏政策支撑、政府扶持和户外运动旅游企业照顾的情况下，大别山地区居民主要依靠自身能力争取依托户外运动旅游获得收入，但是户外运动旅游项目持续时间短、相关资源掌握在少数人手里、当地村民文化程度不高，所以大别山地区户外运动旅游很容易产生“精英俘获”和景区截留现象。虽然户外运动旅游项目产生了一定的社会经济效益，却不等于做出扶贫贡献，根据自己在大别山地区参加户外运动过程中的消费特征，大约22.4%的游客认为“参加户外运动活动相关收益大部分没有落在当地村民手里”。

11.1.4 户外运动旅游基础条件差

著名社会学家贺雪峰指出，全国农村最多只有不足5%具有赚取城市人“乡愁”钱的可能（李昌金，2018），所以大别山地区的户外运动资源并不意味着是具有开发价值的旅游资源，即使开发成了旅游项目，也可能缺乏营利能力。户外运动旅游的基础条件直接关系到大别山地区户外运动旅游发展水平，继而影响这些项目的扶贫功能，因为游客从外地到大别山地区获得的户外运动参与体验将影响他们对当地社会的付出，而这直接关系到大别山地区的精准扶贫和可持续发展。调查发现，不少游客反映在大别山地区开展户外运动时发现当地“卫生状况差”“没有游客休息区”“管理混乱”“饭菜和水果贵”“服务水平低”“没有超市”“缺乏其他玩乐项目”，而且当地村委会干部、村民和景区高管也认识到“户外资源单一,留不住客人”“开发力度不够,无法形成产业”“需要加大地方建设”。大别山地区的户外运动旅游基础条件不足还具体表现为“旅游资源单一”(30.7%)、“缺乏特色”(27.2%)、“地方特色没有开发好”(27.2%)、没有好吃的农家菜(26.3%)、“交通不便”(26%)和“住宿条件差”(17.8%),这导致16.8%的游客认为当地的户外运动旅游项目“发展潜力有限,很难做大”。

11.1.5 村委会和户外运动旅游企业利用户外运动旅游扶贫的工作不力

村委会干部(代黎黎和金泽南,2018)和企业(章辉和车建国,2019)应该是扶贫带头人,但是大别山地区的村委会存在“不带领村民一起做生意”(49.4%)、“不提供就业帮助”(42.9%)、“不组织村民参加技能培训”(33.9%)、“不向景区争取分红”(33.2%)和“不帮助村民从景区争取摊位费优惠”(27.9%)等现象,同时当地户外运动旅游企业出现“不提供工作”(44.1%)、“工资低”(43.9%)、“不分红”(27.6%)、“不提供摊位”(15%)和“摊位费高”(7.3%)等问题。这意味着不少村委会没有组织和引导村民依托户外运动旅游创收增收,更没有实施利用户外运动旅游取得精准扶贫效益的方案,同时当地户外运动旅游企业可能出于保护自身利益的考虑,在资源和利益分配时对贫困人口的照顾不足,从而形成村委会和户外运动旅游企业类似“暗箱操作”式的户外运动旅游利益分配方式。这可能激起部分村民的悲叹,将无法依托户外运动旅游获利归因为自己“没本事”!

11.2 大别山地区户外运动旅游精准扶贫的建议

随着大别山地区户外运动旅游不断发展,其与周边社区之间的联动关系日益密切,当地社会开始重视依托户外运动旅游带动精准扶贫和乡村振兴。本研究从村委会干部、户外运动旅游景区高管、村民和游客等与大别山地区户外运动旅游密切相关的利益主体视角考量该地区户外运动旅游精准扶贫的策略。调查发现,4类主体对大别山地区户外运动旅游精准扶贫的态度存在差异:①大部分户外运动游客不希望大别山地区将扶贫的希望寄托在他们身上,只有少数人支持“争取游客增加对当地的捐赠”(19.6%)和“争取游客中的企业家招纳当地村民进城务工”(28.3%);②大部分村民将希望寄托在村委会发挥带头作用和户外运动旅游企业积极帮扶上面，只有 36.2%的村民认为“村委会要加强向游客宣传本村的人才，争取有实力的游客招聘村民务工”；③村委会和户外运动旅游企业均较少主动作为，他们寄希望于村民依靠户外运动旅游自主谋取财路。因此，相关建议如下。

11.2.1 统一管理户外运动旅游扶贫工作

人口差异确实存在，大别山地区户外运动旅游带来的社会经济效益，如果缺乏统一管理，就会产生差异化分配，当地的贫困人口和弱势群体依靠自身能力和努力将很难从户外运动旅游中获益，所以“统一管理”是当地户外运动游客和村民重点强调的建议，例如游客建议“依托户外运动项目，由村委会牵头发展集体所有制的服务业”（32.4%）。在贫困人口主动脱贫能力不足的情况下，集体减贫将是脱贫攻坚的关键路径，因此大别山地区基层政府要做好统一管理工作。一方面，统一管理当地贫困人口参与户外运动旅游谋求利益的方式，根据人口差异和贫困程度，进行合适的利益获取途径分配；另一方面，统一管理户外运动旅游带动当地贫困人口减贫的路径，从集体和个体两个层面利用户外运动旅游的减贫功能，例如集体参股、发展集体经济、发挥个体特长等。通过优化管理，提高户外运动旅游扶贫的效率、促进户外运动旅游与当地社区进步和谐发展，从而夯实大别山地区脱贫致富、实现振兴的社会基础，构建当地社会可持续健康发展的产业平台。

11.2.2 做大做强户外运动旅游业

在大别山地区，户外运动项目是较有特色的旅游资源，也是当前该地区利用率较高的旅游资源，并带动了周边“红古绿”资源的开发利用，实际上不少户外运动爱好者在当地瞻红、观古和赏绿，户外运动可谓大别山地区许多地方旅游业的中流砥柱。但是这些具有利用价值的户外运动资源不一定具有商业开发价值，所以大别山地区广泛存在户外运动旅游项目，却罕有成熟、知名的户外运动游憩区。在市场竞争的冲击下，大部分户外运动旅游项目的经营收益受限，因此纯粹依靠户外运动旅游扶贫的难度较大，而应想办法“扩大规模”“将景区越做越大”“加强服务质量”，这也是游客和村民重点强调的建议。例如，游客建议“综合开发当地的旅游资源”（64.3%）、“挖掘地方特色”（59.2%）和“提高服务质量”(42.3%)。一方面做大旅游项目,可以利用多种户外运动资源打造综合性户外运动体验特色小镇,也可以利用多种旅游资源打造综合性旅游风景区;另一方面做强旅游服务质量,可以围绕户外运动项目构建社会支持系统(如向导、补给站、救援等),也可以加强社会基础设施改造,为游客提供一定质量的生活服务(如住宿、餐饮、娱乐等)。通过做大做强大别山地区的户外运动旅游业,既发挥潜在旅游资源的社会经济效益,又获得“1+1>2”的发展效益。

11.2.3 集体经营户外运动旅游扶贫项目

个体自主脱贫能力有限是现阶段脱贫攻坚面临的最大挑战之一。户外运动旅游为大别山地区带来减贫希望,在个体依托户外运动旅游减贫效益不足的情况下,应该发挥集体力量。同时在大别山地区依然存在山林湖泊等集体资源,而户外运动资源通常坐落在集体所有的土地和水域上。虽然只有少数村委会“集体经营户外运动相关产业”(26.7%)和将“本村户外运动资源整体入股,每年获得分红收益”(20%),而且户外运动旅游企业也较少接受“户外运动资源整体入股,每年分红”(8.3%)的做法,但是不少游客建议“将户外运动资源整体入股开发”(35.6%),且村民对集体经营的愿望更高,他们建议“村委会统一经营旅社、餐馆等服务性商业,村民从中分红”(46.4%)、“村委会加强向游客宣传本村特色产品,用电商(电话和网络),统一对外销售”(46.2%)和“户外运动占用当地的土地和资源应该集体入股,村民从中分红”(44.9%)。这意味着“集体经营”已经成为大别山地区居民脱贫致富的希望,他们感受到自身能力的不足,希望抱团取暖,而且集体经营有利于发挥资源和人力的综合贡献,具有更强的抵御风险和争取收益的能力。

11.2.4 主动帮扶贫困人口

大别山地区的村民,尤其是贫困村民,属于弱势群体,他们在与村委会干部、户外运动旅游投资人的交互过程中处于劣势地位,若政府和投资人不主动给予帮扶,将很难增收减贫。但是调查发现只有部分村委会“面向游客搭建农副产品销售平台”(60%)、“要求户外运动旅游企业招聘村民就业”(53.3%)和“组织村民参加户外运动方面的技能培训”(33.3%),而户外运动旅游企业除了积极“招聘村民就业”(91.7%),在“组织村民参加技能培训,帮助他们能够为户外运动游客服务”(50%)和“帮助村民搭建农副产品销售平台”(33.3%)方面的参与程度不高。虽然只有35.8%的游客建议“培养当地村民的户外运动技能,增加就业机会”,但大部分当地村民希望获得自食其力的能力,54.1%的人建议“对村民进行培训,让村民能够参与户外运动方面的工作”,同时他们希望村委会和户外运动旅游企业能够向当地居民分享更多收益,包括“吸纳村民就业”(59.6%)、“提高工资”(58.8%)、“减免村民摊位租金”(42.7%)、“帮扶贫困户和五保户”(41.4%)、“资助当地教育”(39.5%)和“争取有实力的游客招聘村民务工”(36.5%)。现有贫困人口亟待“输血”救助,大别山地区发展户外运动旅游为当地基层政府和企业帮扶贫困人口提供了产业基础,这就要求他们建立主动帮扶的观念。

11.2.5 依托户外运动旅游加强产业扶贫

户外运动旅游给大别山地区带来的不仅仅是利益分配,还是创业增收的机会,既有利于促进当地农产品销售,还催生了吃、住、行、玩、购等周边产业,所以“创业”扶贫得到了广泛共识,其中32.4%的游客建议“依托户外运动项目,发展服务业”,大部分村民希望“利用户外运动,帮助村民销售农副产品”(54.1%)和“出资扶持村民开办旅社、餐馆”(50.1%)。村委会和户外运动旅游企业鼓励村民创业的态度更积极,93.3%的村委会“支持村民向游客提供住宿”、86.7%的村委会“支持村民做生意/开商店”和80%的村委会“支持村民向游客提供饮食服务”,同时91.7%的户外运动旅游景区“支持村民做生意/开商店”、75%的户外运动旅游景区“支持村民向游客提供住宿”和66.7%的户外运动旅游景区“支持村民向游客提供饮食服务”。但是普通村民和贫困村民显然不具备投资创业的资金和能力,户外运动旅游催生的创业机会也无法支持村民普遍开办农家乐等创业行为,所以地方政府、户外运动旅游企业和当地精英要发挥带头作用,利用户外运动旅游催生的创业机会优化当地产业结构,带动贫困人口实现减贫。

11.3 大别山地区户外运动旅游精准扶贫的策略

脱贫攻坚,是我国中央人民政府制定的基本国策之一。大别山地区作为革命老区和集中连片特困地区,是我国脱贫攻坚的主要战场之一,并对精准扶贫具有重要的示范意义。虽然户外运动旅游不是大别山地区精准扶贫的唯一道路或主干道,但重视和发挥户外运动旅游的扶贫功能,对大别山地区如期脱贫和实现乡村振兴具有重要价值。根据大别山地区户外运动旅游精准扶贫的主要困难和可行建议,当地政府和居民可以采取以下策略争取减贫脱贫。

11.3.1 对当地待业青壮年进行户外运动技能培训,通过培训再就业实施精准扶贫

调查发现,目前大别山地区大部分居民没有对户外运动旅游产生脱贫依赖,他们更希望自己有能力和有机会利用户外运动旅游获得收益,这种自力更生的减贫思想为支持当地居民主动脱贫奠定了基础。由于户外运动项目具有一定的风险,比较适合青壮年人口参与,而大别山地区的青壮年基本外出务工,留在当地的主要是辍学的少年、待业的青年和无法离家的青壮年,他们具备承担户外运动旅游相关工作的能力,但缺乏必要的技能。这些潜在劳动力处于失业或低收入状态,是许多家庭贫困的原因。因此,对他们进行户外运动技能培训,支持他们加入户外运动旅游业(如成为向导、教练、户外运动指导员等),不仅可以解决他们的就业问题,还将帮助他们通过承担具有一定专业技术含量的工作而获得更好的收入。此外,这些人口具有较好的主观能动性、发展潜力和创造精神,他们通过掌握一定的户外运动技能,得以比较深入地参与户外运动旅游业,有助于他们储备实力和发现其他发展机会。暂时贫困的青壮年有着较大的发展希望,充分动员这部分人口的脱贫动能,将为大别山地区精准扶贫和乡村振兴注入强劲动力,因为驱动大别山地区脱贫致富的原动力是当地居民,他们的发展将直接带动当地社会的振兴。

11.3.2 将户外运动旅游与传统旅游相结合,通过增加客流量实施精准扶贫

“留客”是挖掘游客消费价值的关键路径,随着游客群体扩大,游憩地的旅游综合收益就会相应增加,从而增强户外运动旅游企业的扶贫能力,也为周边居民带来更多的创收增收机会。但是大别山地区 53.2%的户外运动游客仅参加“户外运动旅游项目”,只有 28%的游客会参加“其他旅游项目”和 16.6%的游客“会在当地玩几天”。而且旅程安排直接影响游客在当地的消费水平,方差分析

结果显示"仅体验户外运动旅游项目"的游客消费水平显著性低于其余两种旅程的游客($p=0.000$)。大别山地区户外运动游客的整体消费水平不高,大部分游客消费不高于1000元,且仅参加户外运动旅游项目的游客中消费水平"不足500元"的比例较高,而超过1000元消费的比例较低(见图11-1)。这提示:①大别山地区户外运动游客存在其他旅游消费的愿望;②游客旅程延长,将增加他们在当地的消费。因此,大别山地区要全面评估当地的户外运动资源与其他旅游资源的融合关系,并积极开发利用多种旅游资源,增加游客的体验选择空间,通过吸引更多游客和延长游客在当地的驻留时间,进一步发挥旅游消费效应,产生更多的精准扶贫实效。

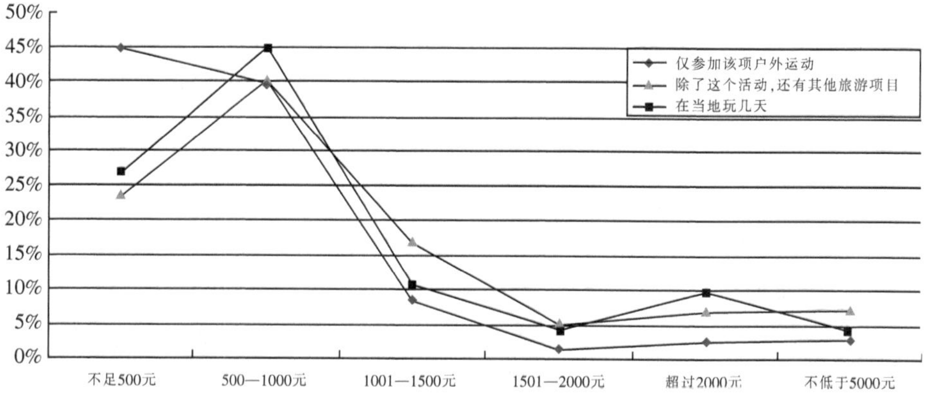

图11-1 大别山地区不同旅程户外运动游客的消费水平分布特征

11.3.3 推进大别山地区户外运动旅游一体化,通过做精品项目实施精准扶贫

大别山地区背依东南沿海经济发达地区,而且湖北、安徽和河南三省有着中部地区的主要城市群,所以大别山地区拥有较好的户外运动旅游消费市场,使当地户外运动旅游具有较好的发展环境,但也容易造成蜂拥而上的局面(如大别山地区已建成漂流景区20多个,华中地区的滑雪场也集中在大别山地区),导致区域内部激烈竞争,既扰乱了市场秩序,也削弱了当地户外运动旅游的产值,还阻滞了户外运动旅游产品提质升级的进程。从大别山地区户外运动游客反映的情况来看,该地区亟待提高户外运动旅游服务水平和旅游项目品质。随着我国居民旅游消费水平的提高,以及域外户外运动旅游市场的竞争,目前我国户外运

动旅游产品已经走过从无到有的阶段，游客们更加重视参与体验。因此大别山地区的户外运动旅游需要团结合作，对区域内的优质户外运动资源进行整体开发规划布局，既保证户外运动旅游项目的品质，又能打造高质量的区域性户外运动旅游产品，从而实现该地区户外运动旅游提质升级增值。此外，通过一体化发展，消除大别山地区户外运动旅游恶性竞争，构建优质户外运动旅游环境，使大别山地区的户外运动旅游项目更具市场吸引力，从而带动当地一般品质的户外运动资源开发与利用，推动大别山地区户外运动旅游做大做强，继而产生更高质量的扶贫贡献。

11.3.4 利用户外运动旅游发展契机，依托国家政策，通过产业结构升级实施精准扶贫

我国中央人民政府和湖北省、安徽省、河南省均出台了支持大别山地区脱贫攻坚的扶持政策，户外运动旅游作为产业扶贫的重要内容，符合相关政策的支持范围。从大别山地区户外运动旅游的发展水平看，其应该发挥带动当地产业结构改造升级的功能，利用相关产业对当地居民和贫困人口的支持作用，间接发挥扶贫功能。大别山地区的脱贫攻坚实践已经表明，户外运动旅游直接扶贫的贡献有限，而对带动农产品销售、催生服务业、促使农副产品生产结构调整等发挥的扶贫贡献要大得多。调查结果显示，大别山地区户外运动游客人均住宿花费476.22元($N=253$)、饮食花费325.96元($N=451$)、购买土特产支出186.57元($N=37$)、停车费支出43.63元($N=101$)、购买装备支出47.83元($N=23$)、购买纪念品支出144元($N=18$)。此外，当地村民因户外运动旅游资源开发平均获得土地租金收入29934.6元($N=137$)、土特产销售收入6613.58元($N=81$)、农家乐/民宿/商店增收28522.28元($N=202$)。比较分析可见，相对于户外运动游客的消费，以及门票等不会落入当地村民手中的收益，户外运动旅游带动当地村民收入结构发生变化显得更有扶贫价值。所以对于大别山地区的精准扶贫工作而言，户外运动旅游应作为当地产业结构优化的“催化剂”，而不是被围猎的“唐僧肉”，发展其相关产业更有扶贫价值。

11.4 大别山地区户外运动旅游精准扶贫的实现路径构建

综上所述，大别山地区户外运动资源聚集度不高，大部分地区的户外运动资

源较为单一，而且商业开发潜力有限、资源承载力不足。虽然该地区能够吸引大量户外运动游客前往开展活动，但社会经济价值主要集中在薄刀峰、国家登山健身步道等少数资源禀赋较高的区域。所以户外运动旅游对大别山地区精准扶贫的主要贡献不是普遍性的，而是呈点状分布；也不是直接产生作用，而是充分发挥了自身的边际效益。

11.4.1 基于户外运动旅游的大别山地区发展模式改革

户外运动旅游改变了大别山地区的需求侧，将外部消费潜力引入当地。对于户外运动爱好者而言，首先吸引他们进入大别山地区的是当地的优质户外运动资源。因此大别山地区要积极利用机遇，围绕满足户外运动游客参与和消费需求，充分开发当地的特色资源，着力为户外运动游客提供差异化、特色化和高品质的户外运动旅游体验，在此基础上带动大别山地区供给侧改革，实现当地多种自然、文化、历史、生产资源的利用，盘活发展潜力、构建发展基础、建立发展动能，通过区域社会经济发展模式提质升级，改变大别山地区贫穷落后的面貌，实现区域化脱贫致富和乡村振兴(见图 11-2)。

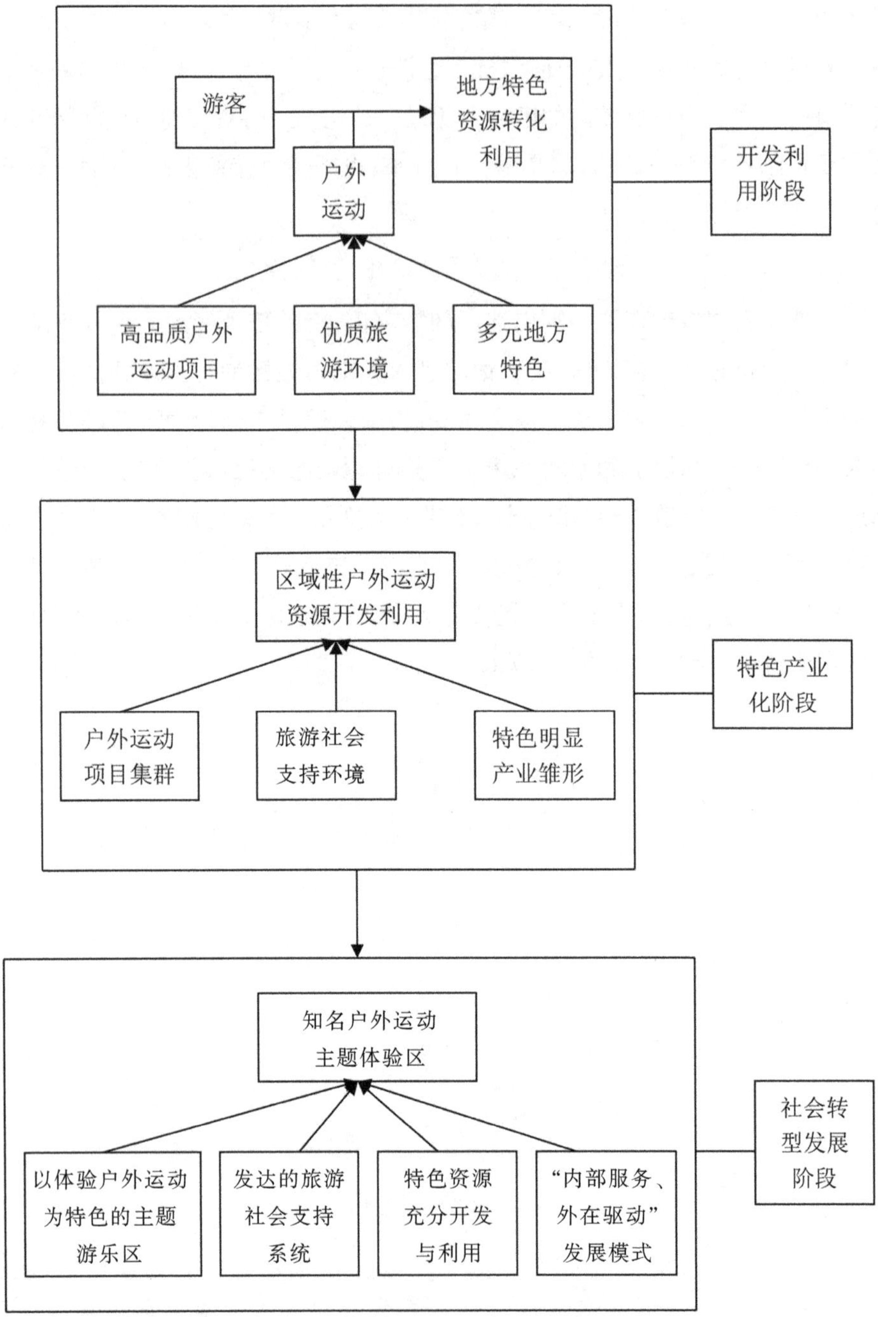

图 11-2 基于户外运动旅游的大别山地区发展模式改革路径

11.4.2 基于户外运动旅游的精准扶贫路径

根据旅游扶贫的相关理论和大别山地区户外运动旅游扶贫的实践经验，可见户外运动旅游作为旅游业的一支，在扶贫过程中面临的局限与收益分配模式有关（见图 11-3）。

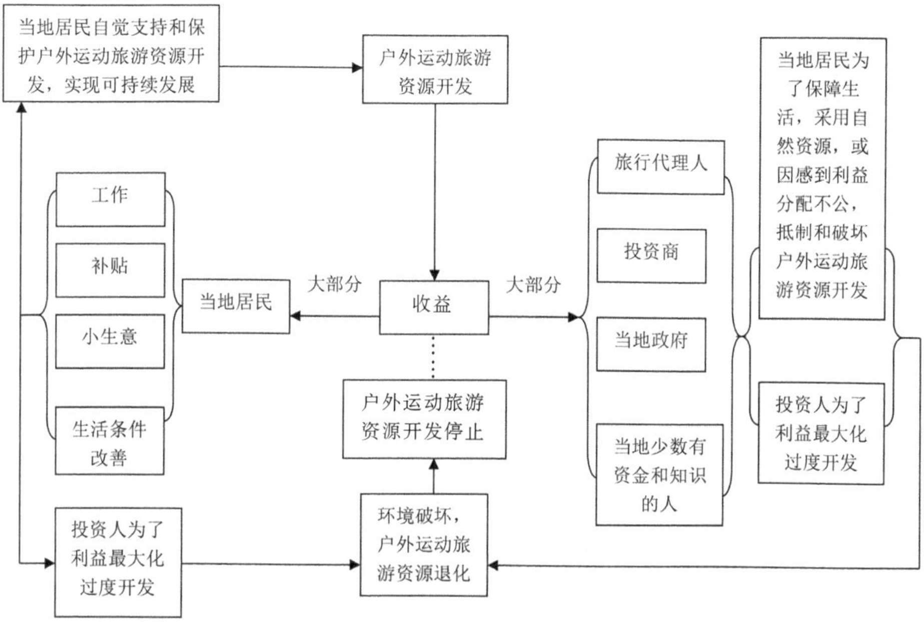

图 11-3 收益分配模式与户外运动旅游的扶贫效应

（1）如果按贡献分配（谁投资谁受益和按劳分配），户外运动旅游的大部分收益被旅行代理人、景区开发商、当地政府和有资金、有技能、有知识的当地居民分享（He, Chen & Liu et al., 2008），无力参与的贫困居民将难以获益，那么户外运动旅游实际上在"扶富"而不是"扶贫"，就会损害当地居民对户外运动旅游企业的支持，他们可能会破坏户外运动旅游发展的社会（如拦路）和资源（如毁林）基础，导致旅游企业无法正常经营。

（2）如果按 PPT（有利于贫困人口的旅游，Pro-Poor Tourism）分配，户外运动旅游的大部分收益归属当地贫困居民，可能损害开发商的经营积极性。例如，湖南省宁乡县沩山漂流景区与当地村民之间的纠纷显示：大约 90% 的漂流直接收入被沩山漂流投资人赚走，当地少数有技能、有资金的村民依托漂流旅游带来的游客创办了农家乐、民宿、商店等,还有少数村民通过在漂流景区打零工获得微薄收益,而大部分村民无受益,当他们争取更多利益的时候,投资商关停漂流景区(宁乡县沩山乡政府,2012;周斌,2013)。

因此,户外运动旅游收益分配重视开发商或当地贫困居民,均是一把“双刃剑”:前者能够决定是否继续投资,后者有能力影响户外运动旅游运营的社会和资源基础,一旦双方发生利益纠纷,就会破坏户外运动旅游扶贫的工作机制。

随着“削减贫困”作为20世纪90年代主要的发展议题(Scheyvens & Russell,2012),旅游扶贫成为旅游研究的热点话题(曾本祥,2006)。由于旅游目的地普遍存在为数不小的贫困人口(Ashley,Roe & Goodwin,2001),并广泛存在扶富未扶贫(Pro-rich but not Pro-poor)的现象(Suzanne,2010),为此英国国际发展署(DFID)委托海外发展研究院(ODI)、国际环境与发展研究院(IIED)和德勤会计师事务所(D&T)开展专项研究,项目完成人Ashley、Roe和Goodwin(2001)提交的研究报告中首次提出了“有利于贫困人口的旅游”的概念,旨在帮助真正的贫困人口从旅游业中获得更多净利润,使贫困人口获得更多的发展机会,确保旅游业的发展有利于削减贫困。该理论提出后得到了全球研究者的重视,主要包括:①PPT的实践经验,PPT已经在南非(Nel,2005)、尼泊尔(Saville,2001)、乌干达和捷克(Holland,2003)、肯尼亚(Kareithi,2003)、中国(Bowden,2005)等诸多发展中国家取得可喜成效;②PPT的方法,如Torres等(2004)提出通过旅游带动农业以实现PPT目标,Meyer(2007)提出将旅游目的地与周边贫困社区联系起来,给当地居民创造福祉;③PPT的策略,如Duim(2008)认为需要发挥旅游产业链的作用来实现PPT,Briedenhann(2011)认为小型旅游机构要在PPT中扮演重要角色,这有利于平衡旅游从业者和当地社区的利益;④警示旅游扶富未扶贫现象,Hall(2007)领导的研究团队在东南亚地区开展了多年PPT研究,发现了旅游扶富未扶贫问题,Meyer(2009)甚至怀疑旅游扶贫的贡献言过其实;⑤旅游政策对PPT的影响,如Truong(2013)指出越南旅游政策应帮助PPT更好地发挥扶贫作用。我国袁书琪(2001)和马忠玉(2001)将PPT理念引入国内,张伟等(2005)、张祖群(2012)、宋德义等(2014)、李会琴等(2015)、张志刚等(2016)对国外PPT文献进行了综述。整体而言,我国研究者将PPT作为旅游扶贫的战略思想，既有综观全国的宏观分析，如王颖（2006）研究中国农村贫困地区旅游扶贫 PPT 战略，孙东峰等（2008）构建贫困地区实施 PPT 的决策系统；也有关注某个地区的中观研究，如杨桂红（2003）分析了 PPT 在西部贫困消除中的作用，王孔敬（2015）分析了武陵山片区实施 PPT 的战略；还有以乡镇为单位的微观探讨，如齐丹等（2010）以丽江市玉龙县黎明傈僳族乡为例分析了旅游扶贫中 PPT 战略的应用，党荔（2016）基于 PPT 战略构建了长安镇旅游扶贫模式。

Ashley 等（2001）比较了 PPT 与可持续旅游、生态旅游、以社区为基础的旅游，可见：①可持续旅游关注主流景区，而 PPT 关注贫困人口所在的地区；②环境保护只是 PPT 考虑的一部分，增加贫困人口的净收益才是 PPT 的核心目标；③PPT 要求全方位地向贫困人口开放发展机会。PPT 扶贫模式是一种全心全意为贫困人口服务的旅游扶贫理念（李会琴等，2015）。由于旅游扶贫缺乏法律保护，一旦政府疏于干预，旅游业的既得利益集团就会挑战对穷人的旅游收益平权行动（Sofied，Lacy & Lipman et al.，2004），所以 PPT 理念在实践中存在弊端，且过于理论化（Harrison，2008）。PPT 模式过分关注贫困人口从旅游业中获得的收益，忽视投资人利益，不利于扶贫旅游项目可持续发展，因而催生了可持续旅游扶贫（Sustainable Tourism - Eliminating Poverty，ST-EP）理念，重视在微观、中观和宏观层面为贫困人口创造机会，倾斜“蛋糕”分配，而不是将大块“蛋糕”让给他们，继而产生的扶贫效益远超经济层面（Roe & Urquhart，2001），强调旅游扶贫要注重可持续发展，但通过旅游促进当地经济建设还是其主要目的（李会琴等，2015）。ST-EP 由联合国世界旅游组织（UNWTO）在 2002 年世界可持续发展峰会上正式提出，包括 7 项举措：①当地人在旅游企业就业；②当地人或有当地雇员的企业向旅游企业提供商品和服务；③当地人直接向游客销售商品和服务；④建立和运营地方旅游企业；⑤对旅游收入或利润的税收或征税应有益于当地社区发展；⑥旅游企业和游客自愿给予或支持当地建设；⑦鼓励旅游企业投资基础设施建设以带动当地社会发展（Simpson，2017）。但是 ST-EP 只是对 PPT 予以完善，PPT 仍然是旅游扶贫的核心指导思想（Goodwin，2008），向贫困人口分配旅游收益是旅游扶贫的中心思想。由此可见，我们既不能将户外运动旅游企业视作“唐僧肉”予以分食，也不能罔顾贫困人口的减贫实效，应该：①通过合理的利益分配支持当地贫困人口发展(就业和创业);②支持地方政府的扶贫工作(建设集体经济和美丽乡村);③鼓励开发商在当地进行多元化投资。

户外运动是大别山地区难得的可开发利用自然资源,如果户外运动旅游都无法带动当地居民脱贫,那么实现精准扶贫或乡村振兴的目标将比较困难,所以我们要重视户外运动资源开发和户外运动旅游企业可持续经营,将户外运动旅游看作精准扶贫和乡村振兴的“希望与种子”。既要保护开发商的经营积极性,奠定当地居民依托户外运动旅游长期收益的产业平台,也要引导户外运动旅游扩展收益结构,在户外运动旅游直接收益向当地居民分配较少的情况下增加综合收益的扶贫贡献,激励各利益主体保护户外运动旅游的长远发展(见图 11-4),从而夯实大别山地区依托户外运动旅游实现脱贫、走向振兴的产业基础。

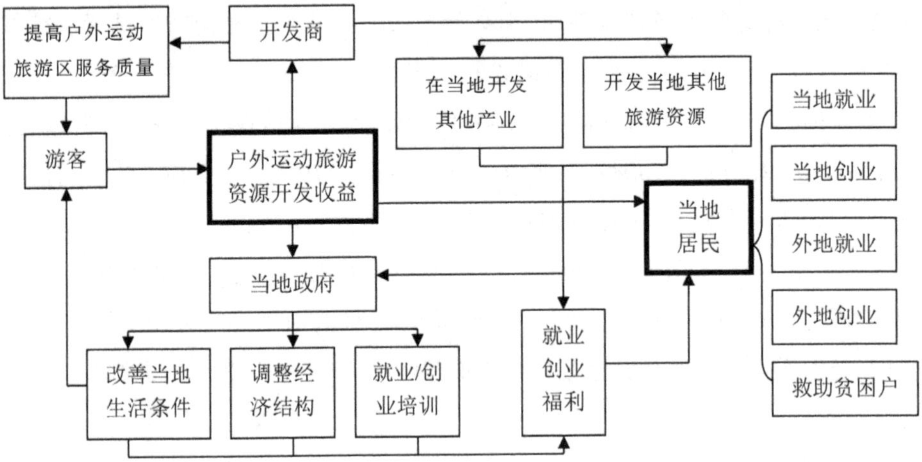

图 11-4　大别山地区依托户外运动旅游实现可持续精准扶贫的收益分配模型

11.4.3 小结

在国家政策的鼓励和扶贫目标的促使下,大别山地区已经开发或正在积极规划开发户外运动旅游资源,这些项目承载着当地居民脱贫致富、实现乡村振兴的美好夙愿。但并不是所有人都能从中获利,因为广泛采用的“谁投资谁受益”和“按劳分配”原则使真正的贫困人口很难受益,PPT 理念强调贫困人口依托旅游业减贫,但忽视了开发商、管理者和游客的利益,缺乏应用价值。所以本研究借鉴 ST-EP 理念,认为户外运动游憩地首先应保护旅游业可持续发展,奠定当地居民长期获益的产业基础;其次积极挖掘当地贫困居民的发展潜能,扩大他们从旅游业综合收益中获得减贫实效的途径,不断增强户外运动旅游的扶贫贡献。从户外运动旅游中获取扶贫效益,不能采取“杀鸡取卵”的方式,而应种下脱贫致富和乡村振兴的“希望之树”,围绕户外运动旅游,激励开发商扩大投资规模、保证经营质量、支持地方政府的扶贫工作并为当地居民创造可持续发展的机会,形成一个支持户外运动旅游可持续扶贫的收益分配模式。

参考文献

[1]Andkjær,S. ,Arvidsen,J. . Places for Active Outdoor Recreation-A Scoping Review[J]. *Journal of Outdoor Recreation and Tourism*,2015,12(6):25-46.

[2]Ashley,C. ,Roe,D. , Goodwin,H. . *Pro-Poor Tourism Strategies:Making Tourism Work for the Poor:A Review of Experience*[M]. Nottingham:The Russell Press,2001.

[3]Ashley,C. ,Boyd,C. , Goodwin,H. . Pro-Poor Tourism:Putting Poverty at the Heart of the Tourism Agenda[J]. *Significance*, 2000,(51):1-7.

[4]Barry,K. ,O'Hagan,J. . An Econometric Study of British Tourist Expenditure in Ireland[J]. *Economic & Social Review*, 1972, 3 (2):143-161.

[5]Blake,A. ,Arbache,J. S. ,Sinclair,M. T. ,et al. . Tourism and Poverty Relief[J]. *Annals of Tourism Research*,2008,35(1):107-126.

[6]Cristen Conger. How has Mount Everest Tourism Affected Nepal? [EB/OL]. https://adventure. howstuffworks. com/outdoor-activities/climbing/mt-everest-tourism. htm,2008-04-01.

[7]Croes, R. . The Role of Tourism in Poverty Reduction: An Empirical Assessment[J]. *Tourism Economics*, 2014,20(2):207-226.

[8]Deery, M. ,Jago,L. , Fredline, L. . A Framework for the Development of Social and Socioeconomic Indicators for Sustainable Tourism in Communities[J]. *Tourism Review International*, 2005,9(1): 69-77.

[9]Donaghey, R.. Education Structures for Ecotourism: A Case Study on Shangri-La[EB/OL]. https://digitalcollections.sit.edu/isp_collection/1343,2012-03-08.

[10]Farooquee, N. A., Budal, T. K., Maikhuri, R. K.. Environmental and Socio-Cultural Impacts of River Rafting and Camping on Ganga in Uttarakhand Himalaya[J]. *Current Science*,2008, 94(5):587-594.

[11]Fredline, E.. Host and Guest Relations and Sport Tourism[J]. *Sport in Society Summer*,2005, 8(2):263-280.

[12]Frick, J., Degenhardt, B., Buchecker, M.. Predicting Local Residents' Use of Nearby Outdoor Recreation Areas through Quality Perceptions and Recreational Expectations[J]. *Forest Snow & Landscape Research*, 2007, 81(1/2): 31-41.

[13] Garbacz, C.. The Ozarks: Recreation and Economic Development[J]. *Land Economics*,1971,47(4): 418-421.

[14]Hall, M.. *Pro-Poor Tourism: Who Benefits? Perspectives on Tourism and Poverty Reduction*[M]. Clevedon: Channel View Publications,2007.

[15]Harrison, D.. Pro-Poor Tourism: A Critique[J]. *Third World Quarterly*, 2008,29(5):851-868.

[16]He, G., Chen, X., Liu, W., et al.. Distribution of Economic Benefits from Ecotourism: A Case Study of Wolong Nature Reserve for Giant Pandas in China[J]. *Environmental Management*,2008,42(6):1017-1025.

[17]Israr, M., Khan, H., Ahmad, N., et al.. Role of Local Food and Handicrafts in Raising Eco-Tourism in the Northern Areas of Pakistan[J]. *Sarhad Journal of Agriculture*,2010,26(1):119-124.

[18]Jamieson, W., Goodwin, H., Edmunds, C.. Contribution of Tourism to Poverty Alleviation Pro-Poor Tourism and the Challenge of Measuring Impacts[EB/OL]. http://haroldgoodwin.info/resources/povertyalleviation.pdf,2004-11-16.

[19]Job, H., Paesler, F.. Links between Nature-Based Tourism, Protected Areas, Poverty Alleviation and Crises—The Example of Wasini Island (Kenya)[J].

Journal of Outdoor Recreation and Tourism,2013,1-2(4):18-28.

[20]Mitchell, J. ,Ashley, C.. Can Tourism Offer Pro-Poor Pathways to Prosperity? Examining Evidence on the Impact of Tourism on Poverty[R]. Oversea Development Institute,2007-07-16.

[21]Outdoor Industry Association. 2012 Annual Report[EB/OL]. https://outdoorindustry. org/,2016-08-24.

[22]Russell, P.. Community-Based Tourism[J]. *Travel & Tourism Analyst*, 2000,(5):89-116.

[23]Shi, Y. L.. Charitable Donations Swarm into Poverty Alleviation: Report [EB/OL]. http://www. xinhuanet. com/english/2018-09/26/c_137493787. htm, 2018-09-26.

[24]Shoo, R. A. , Songorwa, A. N.. Contribution of Eco-Tourism to Nature Conservation and Improvement of Livelihoods around Amani Nature Reserve, Tanzania[J]. *Journal of Ecotourism*,2013,12(2): 75-89.

[25]Sims, C. B. , Hodges, D. G. , Scruggs, D.. Linking Outdoor Recreation and Economic Development: A Feasibility Assessment of the Obed Wild and Scenic River, Tennessee[C]. Proceedings of the Fourth Social Aspects and Recreation Research Symposium,2004.

[26]Suzanne,V.. Tourism in Developing Countries:'Pro-Poor' or 'Pro-Rich' Tourism? [EB/OL]. http://www. tourism-master. com/2010/10/31/tourism-in-developing-countries-pro-poor-or-pro-rich-tourism/,2010-12-18.

[27]Swarbrooke,J. ,Beard,C. ,Leckie,S. ,et al.. *Adventure Tourism: The New Frontier*[M]. Oxford:Butterworth-Heinemann , 2003.

[28]Tirasatayapitak, A. , Chaiyasain, C. , Beeton, R.. Can Hybrid Tourism be Sustainable? White Water Rafting in Songpraek Village, Thailand[J]. *Asia Pacific Journal of Tourism Research*,2015,20(2):210-222.

[29]Truong,D. , Hall,M. , Garry,T.. Tourism and Poverty Alleviation: Perceptions and Experiences of Poor People in Sapa, Vietnam[J]. *Journal of Sustainable*

Tourism,2014,22(1):1-19.

[30]Zhu,P.. Studies on Sustainable Development of Ecological Sports Tourism Resources and Its Industry[J]. *Journal of Sustainable Development*,2009,2(2):80-83.

[31]阿廖沙. 旅游产业对伊尔库茨克经济的发展促进作用研究[D]. 沈阳:沈阳理工大学,2019.

[32]无痕山林(美国的一种户外运动方式)[EB/OL]. https://baike. baidu. com/item/无痕山林/7888187? fr=aladdin,2019-05-12.

[33]鲍明晓. 体育市场——新的投资热点[M]. 北京:人民体育出版社,2004.

[34]鲍明晓. 户外运动休闲与体育旅游:在2015年中国运动休闲大会上的讲话[Z]. 浙江宁海,2015-11-08.

[35]蔡朝双. 福建省入境旅游市场聚类分析及对策研究[J]. 吉林师范大学学报(自然科学版),2011,32(2):122-124.

[36]蔡国祥. 展丰富资源　打造山地户外大省[N]. 中国体育报,2011-10-28,特刊.

[37]曹明军. 保障干部职工正常福利待遇[N]. 大河报,2014-12-26.

[38]陈恒. 供给侧、需求侧如何双向发力[EB/OL]. http://www. gov. cn/xinwen/2016-01/03/content_5030295. htm,2016-01-03.

[39]陈诺. "将军县"向振兴高地发起冲锋——安徽金寨决胜脱贫攻坚见闻[EB/OL]. http://www. chinanews. com/sh/2020/01-14/9059545. shtml,2020-01-14.

[40]陈同先,谢忠萍. 体育旅游市场开发的功效探析[J]. 体育与科学,2012,33(2):88-90.

[41]长沙晚报. "中华第一漂"今年停漂　村民带客不买票很受伤[EB/OL]. http://hunan. voc. com. cn/avticle/201307/201307040952112646. html,2013-07-04.

[42]代黎黎,金泽南. 敦化市大石头镇三道河子村党支部书记、村委会主任谷凤杰:巾帼勇担当　扶贫带头人[EB/OL]. http://dangjian. people. com. cn/n1/2018/0913/c117092-30290773. html,2018-09-13.

[43]邓小海.旅游精准扶贫研究[D].昆明:云南大学,2015.

[44]董范,曹志凯,牛小洪.户外运动学(第二版)[M].武汉:中国地质大学出版社,2014.

[45]段庆林.典型贫困地区农村产业结构调整问题研究[J].经济与管理研究,2001(4):19-23.

[46]郭健.社会捐赠运行机制及其影响因素的经济学分析[J].经济学家,2009(7):25-30.

[47]国家旅游局,国家发展改革委,国土资源部,等.乡村旅游扶贫工程行动方案[EB/OL].https://baike.baidu.com/item/%E4%B9%A1%E6%9D%91%E6%97%85%E6%B8%B8%E6%89%B6%E8%B4%AB%E5%B7%A5%E7%A8%8B%E8%A1%8C%E5%8A%A8%E6%96%B9%E6%A1%88/19908175?fr=ge_ala,2016-11-09.

[48]国家旅游局,国家体育总局.关于大力发展体育旅游的指导意见[EB/OL].https://www.sport.gov.cn/n10503/c781831/content.html,2016-12-22.

[49]国家旅游局办公室.国家旅游局办公室关于开展全国旅游市场秩序综合整治"暑期整顿"的通知[R].内部文件,2017-06-28.

[50]国家旅游局规划财务司.国家旅游局启动大别山扶贫片区旅游发展规划编制工作[EB/OL].http://lyxy.hbue.edu.cn/00/b0/c152a176/page.htm,2015-06-15.

[51]国家税务总局.支持脱贫攻坚税收优惠政策指引[EB/OL].https://www.chinatax.gov.cn/n810219/n810744/n3439465/index.html?eqid=a7f6f62f0024e44e00000003645060b5,2020-06-01.

[52]国家体育总局,国家发展改革委,工业和信息化部,等.关于印发《航空运动产业发展规划》的通知[EB/OL].https://www.sport.gov.cn/n315/n330/c774668/content.html,2016-11-25.

[53]国家体育总局,国家发展改革委,工业和信息化部,等.关于印发《山地户外运动产业发展规划》的通知[EB/OL].https://www.sport.gov.cn/n315/n330/c774667/content.html,2016-11-25.

[54]国家体育总局,国家发展改革委,工业和信息化部,等.关于印发《水上运动产业发展规划》的通知[EB/OL]. https://www.sport.gov.cn/n315/n330/c774670/content.html? eqid=bcdc76ee002f229700000006647b9893,2016-11-25.

[55]国家体育总局,国家发展改革委,教育部,等.关于印发《冰雪运动发展规划(2016—2025年)》的通知[EB/OL]. http://www.moe.gov.cn/jyb_xxgk/moe_1777/moe_1779/201702/t20170220_296760.html,2016-11-25.

[56]国家统计局.沧桑巨变七十载　民族复兴铸辉煌——新中国成立70周年经济社会发展成就系列报告之一[EB/OL]. https://www.stats.gov.cn/sj/zxfb/202302/t20230203_1900355.html,2019-07-01.

[57]国家统计局.国家体育产业统计分类[EB/OL]. https://www.sport.gov.cn/n315/n331/n403/n1957/c784229/content_2.html,2015-09-28.

[58]国务院关于大别山革命老区振兴发展规划的批复[EB/OL]. https://www.gov.cn/gongbao/content/2015/content_2878211.htm,2015-06-01.

[59]国务院关于大别山片区区域发展与扶贫攻坚规划(2011-2020年)的批复[R].内部文件,2013-02-04.

[60]国务院关于大力实施促进中部地区崛起战略的若干意见[EB/OL]. https://www.gov.cn/gongbao/content/2012/content_2218027.htm,2012-08-31.

[61]国务院办公厅关于促进全域旅游发展的指导意见[EB/OL]. https://www.gov.cn/zhengce/content/2018-03/22/content_5276447.htm,2018-03-22.

[62]国务院办公厅关于加快发展健身休闲产业的指导意见[EB/OL]. https://www.gov.cn/zhengce/content/2016-10/28/content_5125475.htm,2016-10-25.

[63]国务院办公厅关于加快发展体育竞赛表演产业的指导意见[EB/OL]. https://www.gov.cn/zhengce/content/2018-12/21/content_5350734.htm,2018-12-21.

[64]韩朝阳.贫困县"邱教头":大别山里练出"电商军团"[EB/OL]. https://baijiahao.baidu.com/s? id=1654964195762585754&wfr=spider&for=pc,2020-01-06.

[65]郝东伟.河北省发布26个产业扶贫典型案例[EB/OL]. https://www.

gov. cn/xinwen/2019-10/17/content_5440901. htm,2019-10-17.

[66]贺文,汪发元. 农林牧渔业总值与旅游动态互动影响分析——基于VAR模型对山东省22年数据的实证分析[J]. 长江大学学报(自科版),2017,14(6):77-81.

[67]洪永淼. 我国经济能够保持中高速增长[N]. 人民日报,2019-11-26.

[68]侯建星,倪韶红,林继凯,等. 社会募捐现状及意向调查——以上海宝山区为例[J]. 健康教育与健康促进,2008,3(3):36-38.

[69]胡志军. 光山县众鑫商贸商会爱心捐赠助推脱贫攻坚[EB/OL]. http://hn. ifeng. com/a/20181114/7027925_0. shtml,2018-11-14.

[70]环球时报. 珠峰大本营无限期关闭,清理人员冒生命危险爬险峰,仅1年搬运垃圾8.4吨[EB/OL]. http://sports. 163. com/19/0214/09/E7VD0FN400059A0M. html,2019-02-14.

[71]绿水青山就是金山银山有效实现途径研讨会在京举行[EB/OL]. http://env. people. com. cn/n1/2018/0922/c1010-30309357. html,2018-09-22.

[72]黄恬恬,王斌. 山地户外运动与生态环境保护的冲突与协调[J]. 武汉体育学院学报,2012,46(8):20-23+44.

[73]黄喜祖. 平和县南胜欧寮村:众筹漂流项目领村民致富! [N]. 福建日报,2018-11-01.

[74]黄晓慧. 旅游扶贫,让日子富而美[J]. 人民周刊,2018,(2):26-27.

[75]黄渊基,匡立波. 旅游扶贫的作用机理及减贫效应探析[J]. 南华大学学报(社会科学版),2018,19(1):75-80.

[76]江苏省体育局. 江苏省加快发展山地户外运动产业行动方案[EB/OL]. http://www. sohu. com/a/245195101_828950,2018-08-03.

[77]江小涓. 加快发展服务业　提高第三产业在国民经济中的比重[N]. 人民日报,2004-05-27.

[78]姜倩雯. 欠发达地区推进绿色发展的路径与政策建议——以湖北省大别山区为例[D]. 咸宁:湖北科技学院,2019.

[79]金寨县政府网. 2018年金寨县国民经济和社会发展统计公报[EB/

OL]. http://www. ahmhxc. com/tongjigongbao/15948. html,2019-09-07.

[80]李相如,凌平,卢峰.休闲体育概论[M].北京:高等教育出版社,2016.

[81]柳伯力.体育旅游概论[M].北京:人民体育出版社,2013.

[82]刘汉波,夏亚华.大别山旅游扶贫开发研究[M].北京:中国经济出版社,2014.

[83]凌平.我国山地户外运动的发展现状和特点[R]."山地旅游·户外运动休闲"主题论坛,2015.

[84]李红艳.户外运动的理论与实践研究[D].北京:北京体育大学,2006.

[85]李昌金.只有5%的农村能赚"乡愁钱"[J].决策,2018(8):78.

[86]李小云,汪三贵.宣战2020——中国扶贫报告[EB/OL]. https://pit. ifeng. com/report/special/zgfpbg/,2020-10-01.

[87]张竟竟.激发脱贫攻坚的强大内生动力[EB/OL]. http://theory. people. com. cn/n1/2019/1210/c40531-31498001. html,2019-12-10.

[88]浙江省体育局.2015中国运动休闲大会在浙江宁海举办[EB/OL]. https://www. sport. gov. cn/n14471/n14482/n14519/c690412/content. html, 2015-12-02.

[89]廖岷. 农村贫困地区经济脱贫与产业结构调整[J]. 统计研究, 1991, 8(2): 15-20.

[90]林南枝.旅游市场学(第2版)[M].天津:南开大学出版社,2000.

[91]林雪琴.砥砺奋进求发展　不忘初心谱新篇[EB/OL]. http://www. gcfd. cn/politicsNews/detail/5106925? columnId=0,2019-03-19.

[92]刘峰.让公众享有更多的旅游福利[J].旅游学刊,2012,27(12):7-8.

[93]刘华荣,王华倬.户外运动游憩地生态环境破坏行为的负外部性成因分析与治理方策[J].北京体育大学学报,2016,39(4):29-33.

[94]刘倩."旅游+扶贫"　让好风景换来好日子[N].桂林日报,2019-07-02.

[95]刘士军.旅游减贫与可持续发展[C].桂林:第十三届联合国世界旅游组织(UNWTO)/亚太旅游协会(PATA)旅游趋势与展望国际论坛,2019.

[96]刘星彤,蔡苗.漂流是项“技术活” 解密漂流河道的“水下功夫”[N].羊城晚报,2011-06-20.

[97]刘洋.荆门东宝区圣境山滑翔伞基地建设正酣 确保8月15日正式投入运营[EB/OL].http://xy.cnhubei.com/gdbb/201807/t4141993.shtml,2018-07-26.

[98]宋圭武.脱贫攻坚要以产业扶贫为抓手[EB/OL].http://theory.people.com.cn/n1/2019/0903/c40531-31332827.html,2019-09-03.

[99]刘永富.全力补齐全面建成小康社会的突出短板[J].求是,2016(7):26-28.

[100]唐昱州.民建渝中区二支部考察调研会员企业[EB/OL].https://www.cqmj.gov.cn/? Service/14197.html,2021-09-24.

[101]栾开封.走向户外——漫议户外时尚运动的兴起与我国的社会进步[J].体育文化导刊,2002(5):16-17.

[102]胡晓辉.“真扶贫,扶真贫” 鲁山旅游扶贫行动大会400个岗位等你来[EB/OL]. https://hn.cnr.cn/hngd/20180630/t20180630_524287268.shtml,2018-06-30.

[103]马欣祥,田庄.对户外运动概念的重新甄别与界定[J].中国体育科技,2015,51(1):140-144.

[104]马仪亮.可衡量的旅游就业与扶贫及其中国的贡献[EB/OL].https://www.sohu.com/a/151091562_124717,2017-06-22.

[105]马勇,郭田田.践行“两山理论”:生态旅游发展的核心价值与实施路径[J].旅游学刊, 2018, 33(8): 16-18.

[106]马勇,李玺,李娟文.旅游规划与开发[M].北京:科学出版社,2004.

[107]暮归老牛.潢川户外俱乐部、光山力峰户外 联合穿越麻城羊首寨[EB/OL].https://www.meipian.cn/1zc98wpx,2019-03-19.

[108]南方,罗微.社会资本视角下城市居民捐款行为的影响因素分析[J].北京师范大学学报(社会科学版),2013(3):121-128.

[109]倪霞.现代社会中的信任[D].北京:北京师范大学,2005.

[110]宁乡县沩山乡政府.沩山乡政府回复“沩山漂流惹民怨”[EB/OL].

https://people. rednet. cn/front/messages/detail? id=1250877,2012-07-26.

[111]张建民,曹雯,姚炅岑,等."绿水青山就是金山银山"的贵州体育旅游发展实践[EB/OL]. https://www. sports. cn/cydt/cyrh/2018/1023/185514. html, 2018-10-23.

[112]乔小燕 . 旅游业发展对产业结构升级的影响——基于经济增长新旧动能转换视野[J]. 商业经济研究,2019(10):173-175.

[113]旅游业与贫困地区的"新农村"建设[EB/OL]. http://drc. jiangxi. gov. cn/art/2006/5/19/art_14664_672071. html,2006-05-19.

[114]信阳商城县:三驾马车并驰行　社会扶贫硕果丰[EB/OL]. https://www. sohu. com/a/273799396_100258226,2018-11-07.

[115]邵延学. 我国农村贫困特点、成因及反贫困对策探讨[J]. 商业经济,2014(9):29-32.

[116]沈青. 大健康时代的旅游[J]. 市场观察,2014(5):42-48.

[117]石璐言. 多部门关于印发《百万公里健身步道工程实施方案》的通知[EB/OL]. http://www. gov. cn/xinwen/2018-03/16/content_5274663. htm,2018-03-16.

[118]宋罡,江炎骏,徐勇. 企业捐赠行为的影响因素:社会资本视角下的实证研究[J]. 财经论丛,2013(2):107-111.

[119]宋圭武. 脱贫攻坚要以产业扶贫为抓手[N]. 光明日报,2019-09-03.

[120]宋征,贾燕. 我国可持续发展进程中企业扶贫状况及对策研究[J]. 中国人口·资源与环境,2008, 18(1):212-214.

[121]搜狐户外. 尼玛次仁:山地户外运动已经是西藏体育旅游和扶贫攻坚的重要推手[EB/OL]. http://www. sohu. com/a/258382136_532917,2018-10-09.

[122]龙尧,张立人,程星,等. 山地体育"动"起来[J]. 当代贵州,2015(37):24-28.

[123]国采中心电子卖场暨扶贫馆采购平台正式上线[EB/OL]. https://zycg. gov. cn/freecms/site/zygjjgzfcgzx/gzdt/info/2020/98802. html,2020-05-19.

[124]孙业红, 闵庆文, 成升魁, 等. 农业文化遗产资源旅游开发的时空适

宜性评价——以贵州从江“稻田养鱼”为例［J］. 资源科学,2009,31(6):942-949.

[125]安龙县“三个带动”助推旅游扶贫[EB/OL]. https://www. gzal. gov. cn/xwzx/bmdt/201808/t20180829_81101496. html,2018-08-29.

[126]体育扶贫:让贫困地区动起来、富起来[EB/OL]. https://www. guizhou. gov. cn/zwgk/zdlygk/shsyjzdms/tysy/tyjjgl/201810/t20181016_73777796. html,2018-10-16.

[127]国家体育总局印发《山地户外运动产业发展规划》[EB/OL]. https://www. sport. gov. cn/dszx/n5411/c774519/content. html,2016-11-08.

[128]体育蓝皮书. 珠峰脚下的体育扶贫课:打造自己的户外旅游产业[EB/OL]. http://www. sohu. com/a/162884493_499971,2018-08-07.

[129]王辉. 秋游好时节户外运动装备销售呈现新趋势[N]. 中国体育报,2019-09-26.

[130]王敬文. 习近平诠释环保与发展:绿水青山就是生产力[EB/OL]. http://politics. people. com. cn/n/2014/0815/c1001-25472916. html,2014-08-15.

[131]王倩.《2019 年度中国慈善捐助报告》发布,我国慈善捐赠总额创新高[EB/OL]. https://new. qq. com/rain/a/20200919A0HNBZ00,2020-09-19.

[132]王伟红. 旅游发展对当地居民收入和分配影响的研究进展[J]. 中国商论,2013(21):126-128.

[133]王霞光. 中外专家在贵阳畅谈生态体育[EB/OL]. http://sports. people. com. cn/n/2014/0714/c22155-25280037. html,2014-07-14.

[134]王晓易. 宁海国家级登山健身步道　政府执政理念转变的标签[EB/OL]. http://news. 163. com/13/1129/00/9EQEA65S00014Q4P. html,2013-11-29.

[135]韦宗林. 山地户外运动与体育旅游研究[M]. 北京:民族出版社,2013.

[136]吴胜涛. 西北民族地区体育旅游产业扶贫路径选择[J]. 贵州民族研究,2015,36(2):150-153.

[137]吴芳先. 基于资金流的旅游扶贫增收机制[D]. 昆明:云南师范大学,2018.

[138]西藏自治区人民政府."体育+旅游"融合促发展——我区体育旅游产业发展工作综述[N].西藏日报,2018-01-03.

[139]熊宝包.283具尸体、45吨垃圾和12吨屎,是人类留给珠穆朗玛峰的"伤痕"[EB/OL].https://baijiahao.baidu.com/s?id=1697184968670129182&wfr=spider&for=pc,2021-04-17.

[140]向和友.产业结构不合理是贫困地区落后的一个原因[J].开发研究,1986(5):56-57.

[141]项镜泉.关于财政补贴问题[J].中央财政金融学院学报,1991(2):7-11.

[142]大别山将编制旅游总体规划[EB/OL].https://news.sina.com.cn/o/2012-11-03/050725500168.shtml,2012-11-03.

[143]小手,马继龙."瀑降"玩的就是心跳[J].湖北旅游,2010(3):76-77.

[144]新华社评论员:践行"两山论"是一场发展的革命[EB/OL].http://www.xinhuanet.com/politics/2018-06/13/c_1122982004.htm,2018-06-13.

[145]信阳市统计局.信阳市2018年国民经济和社会发展统计公报[EB/OL].http://www.tjcn.org/tjgb/16hn/36020.html,2019-05-12.

[146]熊志鹏.乡村旅游发展对农民生活质量影响的实证研究[D].成都:成都信息工程大学,2016.

[147]许贵舫.强化产业扶贫　打赢精准脱贫攻坚战[EB/OL].https://theory.dahe.cn/2018/08-27/365394.html,2018-08-27.

[148]许建民.扶贫办许建民:不允许"简单分红"式扶贫[EB/OL].http://finance.sina.com.cn/meeting/2018-09-01/doc-ihinpmnr3265432.shtml,2018-09-01.

[149]杨辉,张枭.户外运动深刻改变黄冈旅游业态[EB/OL].https://www.hg.gov.cn/zwxw/bmdt/9041180.html,2017-01-25.

[150]杨雪云,时浩楠.电商扶贫效率的空间特征及影响因素分析:以大别山区为例[J].统计与决策,2019(16):103-107.

[151]杨玉龙."分红式扶贫":扶贫不是送钱那么简单[EB/OL].https://baijiahao.baidu.com/s?id=1638391854450944557&wfr=spider&for=pc,2019-07-07.

[152]杨德进. 旅游扶贫——国际经验与中国实践[M]. 北京:中国旅游出版社,2015.

[153]叶英林. 关于山区农村种养业发展的思考[J]. 湖南农业科学,2015(7):120-122.

[154]曾莉,冯庭权,万隆,等. 湖北英山整治漂流景区安全隐患[EB/OL]. https://www.chinanews.com.cn/sh/2013/08-05/5124908.shtml,2013-08-05.

[155]盈斌,方一平. 中国山区类型划分及其空间格局特征[J]. 贵州师范大学学报(自然科学版),2017,35(5):7-14.

[156]游茂林. 湖北省漂流旅游调研报告(2018)[EB/OL]. http://bbs.8264.com/thread-5534185-1-1.html,2019-03-29.

[157]中国首条国家登山健身步道建成10周年庆祝活动举行[EB/OL]. http://nh.cnnb.com.cn/system/2019/11/22/012049401.shtml,2019-11-22.

[158]袁月. 陕西省礼泉县乡村旅游产业融合及其影响研究[D]. 咸阳:西北农林科技大学,2017.

[159]远志. 速读:11省市打算如何发展户外运动产业[EB/OL]. http://www.8264.com/viewnews-103031-page-1.html,2018-08-31.

[160]张瑞林,闻兰. 户外运动[M]. 北京:高等教育出版社,2005.

[161]张建武. 天津康婷河南分公司向光山县精准扶贫捐助善款[EB/OL]. https://www.henandaily.cn/content/2019/0815/182076.html,2019-08-15.

[162]张立强. 贵州山地户外运动大省建设的实施路径研究[D]. 成都:成都体育学院,2018.

[163]张万武. 特色旅游兴 致富农家乐——湖北宜昌市兴山县靠旅游增收致富的农民剪影[J]. 新产经,2012(10):82-84.

[164]张耀武,龚永新,黄启亮. 山区茶业与旅游业协同发展研究——以湖北省秭归县九畹溪镇为例[J]. 中国茶业加工,2013(2):10-14.

[165]章辉,车建国. 扶贫路上带头人——记沙洋县人大代表李良华[N]. 荆门日报,2019-03-12.

[166]中共保亭黎族苗族自治县委宣传部. 海南保亭全力打造极限运动之

乡[N].人民日报,2021-09-10.

[167]曾鸣.河南:以消费扶贫助力大别山革命老区脱贫攻坚[EB/OL].http://www.gov.cn/xinwen/2020-06/13/content_5519180.htm,2020-06-13.

[168]赵家明."分红式扶贫"有违社会公正[N].南方农村报,2019-07-06.

[169]赵建军.消费扶贫　为脱贫注入新动力[EB/OL].https://www.shanxi.gov.cn/ywdt/sxyw/202008/t20200805_6060920.shtml,2020-08-05.

[170]浙江日报评论员.金山银山是绿水青山的硕果[EB/OL].http://cpc.people.com.cn/pinglun/n/2014/0314/c78779-24637238.html,2014-03-14.

[171]郑长德,陈田.经济增长、产业结构变迁与贫困治理[J].西南民族大学学报(人文社科版),2019(6):113-121.

[172]中共中央办公厅,国务院办公厅.关于以2022年北京冬奥会为契机大力发展冰雪运动的意见[EB/OL].http://www.gov.cn/zhengce/2019-03/31/content_5378541.htm,2019-03-31.

[173]中共中央文献研究室.习近平关于社会主义生态文明建设论述摘编[M].北京:中央文献出版社,2017.

[174]中共中央宣传部.习近平综述系列重要讲话读本(2016年版)[M].北京:学习出版社、人民出版社,2016.

[175]中国登山运动管理中心.国家登山健身步道标准(NTS国家标准0708)[EB/OL].http://cmasports.sport.org.cn/fgzc/hybz/2013/0307/239001.html,2013-03-07.

[176]周泽炯,陆苗苗.集中连片贫困地区金融扶贫效果评价研究——以大别山区为例[J].山东科技大学学报(社会科学版),2020,22(1):73-80+110.

附　录

附件1:户外运动扶贫情况调查问卷（村民版）

您好！我们是中国地质大学(武汉)国家社会科学基金项目课题组。本次调查采集的信息仅用于科研,保证在研究报告中匿名呈现。研究成果旨在帮助你们从户外运动中获得更多的利益。非常感谢您对此次调查工作的支持。

年龄________岁　性别:□男　□女　学历________

家庭年收入约________万元　您掌握哪门技术________

是否享受精准扶贫:□是　□否　　您属于:□五保户　□低保户

您或家人是否:□重病　□重伤

本地的户外运动包括:□漂流　□攀岩　□露营　□徒步　□登山　□拓展训练　□滑翔伞　其他:____________

1. 户外运动带动了当地经济发展

□非常同意　□比较同意　□同意　□没意见　□不同意　□比较不同意　□非常不同意

2. 户外运动促进了当地社会进步

□非常同意　□比较同意　□同意　□没意见　□不同意　□比较不同意　□非常不同意

3. 您是否希望户外运动带您减贫

□非常希望　□很希望　□希望　□没想法　□不希望　□很不希望　□非常不希望

4. 您家是否从户外运动获得好处

□是　□否

5. 您或您家人参与了户外运动工作

□是　□否　若是，您家有________个人参与，平均每年大约收入________元　从事哪些相关工作____________

6. 跟户外运动景区（项目）开发前相比，您家收入是否增加

□是　□否　若是，每年大约增收________元

7. 您家是否从户外运动景区（项目）获得分红

□是　□否　若是，每年大约分得________元

8. 您家是否从户外运动景区（项目）获得土地租赁金

□是　□否　若是，每年大约获得________元

9. 户外运动景区（项目）是否给您家送了慰问金或礼品

□是　□否　若是，每年大约获得________元

10. 户外运动是否增加了您家农副产品销售

□是　□否　若是，每年大约收入________元

11. 游客是否后来通过电话或网络继续购买您家农副产品

□是　□否　若是，每年大约收入________元

12. 户外运动是否让您家生意（□商店　□农家乐/餐馆　□旅社/宾馆）更好

□是　□否　若是，每年您家预计增收________元

13. 户外运动是否给您家造成损失

□是　□否　若是，具体指：□占用田地　□破坏农作物　□损坏您家财产　其他：________

14. 您是否支持户外运动景区（项目）继续搞下去

□是　□否　因为：________

15. 村委会采取哪些措施帮助您家利用户外运动增收

□就业　□支持开旅社/宾馆　□支持开农家乐/餐馆　□支持农副产品销售　□分红　□组织技能培训　其他：________

16. 户外运动景区（项目）开发商采取哪些措施帮助您家利用户外运动增收

□就业　□支持开旅社/宾馆　□支持开农家乐/餐馆　□支持农副产品销

售 □组织技能培训 其他：________

17. 您自己采取哪些办法利用户外运动增收

□打工 □开旅社/宾馆 □开农家乐/餐馆 □销售农副产品 □获得分红 □学习技能 其他：________

18. 您依托户外运动增加收入的困难

户外运动企业：□不提供工作 □工资低 □不提供摊位 □摊位费高 □不分红 其他：________

自己：□没有文化 □没有户外运动技能 □缺乏经营能力 □没有条件开办民宿 □没有条件开办餐馆 □没有钱做生意 □没有政策支持 其他：________

村委会：□不提供就业帮助 □不帮助村民从景区争取摊位优惠 □不带领村民一起做生意 □不支持村民技能培训 □不向景区争取分红 其他：________

□户外运动企业对本村扶贫工作不够关心

□自己没有能力利用户外运动赚钱

□本村地理位置不好，户外运动产生不了太多的扶贫作用

□本村的户外运动资源单一，产生不了太多的扶贫作用

□本村的户外运动质量不高，产生不了太多的扶贫作用

□缺乏政策支持，影响了户外运动的扶贫作用

其他困难：________

19. 利用户外运动扶贫，您有哪些建议

□吸纳村民就业 □减免村民摊位租金 □提高工资 □资助当地教育 □帮扶贫困户和五保户 □对村民进行培训，让村民能够参与户外运动方面的工作 □出资扶持村民开办旅社、餐馆 □利用户外运动，帮助村民销售农副产品 □户外运动占用当地的土地和资源，应该集体入股，村民从中分红 □村委会统一经营旅社、餐馆等服务性商业，村民从中分红 □村委会加强向游客宣传本村特色产品，用电商（电话、网络）统一对外销售 □村委会加强向游客宣传本村的人才，争取有实力的游客招聘村民务工 其他：________

附件2：户外运动扶贫情况调查问卷（游客版）

您好！我们是中国地质大学（武汉）国家社会科学基金项目课题组。本次调查采集的信息仅用于科研，保证在研究报告中匿名呈现。研究成果旨在提高户外运动项目的扶贫贡献。非常感谢您对此次调查工作的支持。

性别	□男　□女	年龄	岁	居住地	市
年收入	约　万元	职 业			
学历	□博士研究生　□硕士研究生　□本、专科　□高中及以下				

1. 本活动能带动当地经济发展

□非常赞同　□比较赞同　□赞同　□没意见　□不赞同　□比较不赞同　□非常不赞同

2. 本活动能带动当地社会发展

□非常赞同　□比较赞同　□赞同　□没意见　□不赞同　□比较不赞同　□非常不赞同

3. 当地人从本活动获得的利益

□增加就业　□农副产品销售　□做生意　□捐款　□增加收入　□开旅社/宾馆　□开农家乐/餐饮　□改善基础设施　其他：________

4. 您参加本次活动的消费包括（仅限于在当地的消费）

□交通费：　元　□景区门票：　元　其他消费 1________：　元

□停车费：　元　□购买土特产：　元　其他消费 2________：　元

□住宿：　元　□购买装备：　元　其他消费 3________：　元

□饮食：　元　□租用装备：　元　其他消费 4________：　元

□团费：　　元　□购买纪念品：　　元　其他消费 5________：　　元

□照相：　　元　□储物费：　　元　其他消费 6________：　　元

5. 您参加这次活动总共大约消费（仅限于在当地的消费）

□不足 500 元　□500—1000 元　□1001—1500 元　□1501—2000 元　□超过 2000 元　□不低于 5000 元

6. 参加本次活动，当地人提供了哪些服务

□住宿　□饮食　□看管物品　□售卖物品　□向导　□教练　□司机　其他：________

7. 您参加本次活动的基本情况

□只参加这个活动　□除了这个活动，还有其他旅游项目　□在当地玩几天

8. 您认为本次活动的承载地存在哪些问题

□缺乏特色　□地方特色没有开发好　□住宿条件差　□没有好吃的农家菜　□旅游资源单一　□交通不便　□发展潜力有限，很难做大　□本次活动相关收益大部分没有落在当地村民手里　其他：________

9. 您对当地发展的建议

□综合开发当地的旅游资源　□提高服务质量　□挖掘地方特色　□培养当地村民的户外运动技能，增加就业机会　□依托户外运动项目，由村委会牵头发展集体所有制的服务业　□没有开发价值，对老百姓几乎无益，还扰民　□争取游客增加对当地的捐赠　□加强宣传村民的技能，争取游客中的企业家招纳他们进城务工　□将户外运动资源整体入股开发　其他：________

附件 3:户外运动扶贫情况调查问卷(村委会干部版)

您好!我们是中国地质大学(武汉)国家社会科学基金项目课题组。本次调查采集的信息仅用于科研,保证在研究报告中匿名呈现。研究成果旨在帮助村民更好地利用户外运动项目扶贫。非常感谢您对此次调查工作的支持。

您的职务__________,年龄________,性别________,担任村委会干部________年

本村开发的户外运动有:□漂流 □攀岩 □露营 □徒步 □登山 □拓展训练 □滑翔伞 其他:__________

1. 户外运动项目带动当地经济发展

□非常赞同 □比较赞同 □赞同 □没意见 □不赞同 □比较不赞同 □非常不赞同

2. 户外运动项目带动当地社会发展

□非常赞同 □比较赞同 □赞同 □没意见 □不赞同 □比较不赞同 □非常不赞同

3. 当地村民从户外运动项目获得的利益包括

□增加就业 □农副产品销售 □做生意 □捐款 □增加收入 □开旅社/宾馆 □开农家乐/餐馆 □改善基础设施 其他:________

4. 据估计,每年户外运动项目帮助本村经济增收约________万元,其中分红________万元、土地租赁费________万元;带动农副产品销售________万元,增加就业________多人,其他收入________万元

5. 村委会采取了哪些措施帮助村民利用户外运动项目减贫

□要求开发企业招聘村民就业

□面向游客搭建农副产品销售平台

□支持村民向游客提供住宿

□支持村民向游客提供饮食服务

□组织村民参加户外运动方面的技能培训

□本村的户外运动资源整体入股,每年获得分红收益,按比例分配给村民

□村委会集体经营户外运动相关产业

其他措施:________

6. 本村发展户外运动项目的困难

□缺乏特色 □地方特色没有开发好 □住宿条件差 □没有好吃的地方菜 □旅游资源单一 □交通不便 □发展潜力有限,很难做大 其他困难:________

7. 本村依托户外运动扶贫的困难

□户外运动企业的收入有限,没有能力带动本村扶贫

□户外运动企业对本村扶贫工作不够关心

□村民没有能力利用户外运动赚钱

□本村地理位置不好,户外运动产生不了太多的扶贫作用

□本村的户外运动资源单一,产生不了太多的扶贫作用

□本村的户外运动质量不高,产生不了太多的扶贫作用

□缺乏政策支持,影响了户外运动的扶贫作用

其他困难:________

附件4:户外运动扶贫情况调查问卷(景区高管版)

您好!我们是中国地质大学(武汉)国家社会科学基金项目课题组。本次调查采集的信息仅用于科研,保证在研究报告中匿名呈现。研究成果旨在提高户外运动项目的扶贫贡献。非常感谢您对此次调查工作的支持。

您的职务______________,年龄________,性别________

1. 本项目带动了当地经济发展

□非常赞同 □比较赞同 □赞同 □没意见 □不赞同 □比较不赞同 □非常不赞同

2. 本项目带动了当地社会发展

□非常赞同 □比较赞同 □赞同 □没意见 □不赞同 □比较不赞同 □非常不赞同

3. 当地村民从本项目获得的利益包括

□增加就业 □农副产品销售 □做生意 □捐款 □增加收入 □开旅社/宾馆 □开农家乐/餐饮 □改善基础设施 其他:________

4. 据估计,每年本项目帮助附近村集体经济增收约________万元,其中分红________万元、土地租赁费________万元;带动农副产品销售________万元,增加就业________多人,其他收入________万元

5. 本项目采取了哪些措施帮助村民减贫

□招聘村民就业

□帮助村民搭建农副产品销售平台

□引导村民向游客提供住宿

□引导村民向游客提供饮食服务

□组织村民参加技能培训,帮助他们能够为户外运动游客服务

□户外运动资源整体入股,每年获得分红收益,按比例分配给村民

其他措施:________

6.依托本项目扶贫的困难

□本项目能力有限,很难帮助村民减贫

□地方政府不关心企业的扶贫工作

□村民没有能力通过本项目赚钱

□项目地理位置不好,产生不了太多的扶贫作用

□项目资源单一,产生不了太多的扶贫作用

□项目质量不高,产生不了太多的扶贫作用

□缺乏政策支持,影响了扶贫作用

□扶贫不符合开发商的利益

其他困难:________

附件5:户外运动扶贫情况访谈提纲

景区或项目管理人员

1. 项目在当地的扶贫工作情况如何?
2. 项目在当地扶贫遇到哪些困难?
3. 将来打算采取哪些措施加强扶贫工作?

村委会干部

1. 项目给村里带来了哪些好处?扶贫效果怎么样?
2. 依托项目扶贫有哪些困难?
3. 将来打算采取哪些措施加强扶贫工作??

村民

1. 您是否希望依托这个项目脱贫?想获得哪些好处?
2. 您已经获得了哪些利益?同村其他人情况怎样?
3. 您认为该项目从哪些方面可以带动你们增加收入?

附件6：大别山地区户外运动资源利用情况信息表

序号	地点	户外运动项目	地址
1	潜山市中联天柱山	自驾营地	济广高速六潜段G35-820千米（近天柱山服务区）
2	潜山市黄铺田园景区	自驾营地	安徽省安庆市潜山市黄铺镇下楼北500米
3	长岭关	溯溪	湖北省黄冈市麻城市木子店镇
4	许洼村	徒步	河南省信阳市光山县晏河乡许洼村
5	“一字水”生态文化小镇	拓展训练	湖北省黄冈市团风县贾庙乡八字垴林场
6	艾河	漂流、攀岩	湖北省黄冈市红安县天台山森林公园内
7	巨石山	蹦极	安徽省安庆市潜山市巨石山
8	安山森林公园	徒步	河南省信阳市固始县泉河铺镇
9	鳌鱼水库	垂钓	河南省信阳市潢川县
10	鸳鸯湖水上乐园	划船、钓鱼、徒步	湖北省黄冈市罗田县凤山镇登场坳村
11	白大山水库	垂钓	河南省信阳市潢川县
12	白莲河水库	游泳	湖北省黄冈市浠水县
13	白马大峡谷	徒步	安徽省六安市金寨县天堂寨景区内
14	白庙河	溯溪	湖北省黄冈市罗田县
15	白雀园	徒步	河南省信阳市光山县白雀园镇

续表

序号	地点	户外运动项目	地址
16	白云山	徒步	河南省信阳市新县
17	板仓省级自然保护区	徒步	安徽省安庆市潜山市塔畈乡板仓村大别山东南部
18	薄刀峰	徒步、登山	湖北省黄冈市罗田县胜利镇
19	笔架寨	攀岩	湖北省黄冈市武穴市余川镇
20	毕生大峡谷	漂流	湖北省黄冈市英山县(219县道附近)
21	毕生森林公园	徒步	湖北省黄冈市英山县北泉街17号
22	蔡桥后水库	垂钓	河南省信阳市光山县
23	曹家寨	徒步	河南省信阳市固始县
24	查冲水库	垂钓	安徽省安庆市潜山市
25	朝凤岩	攀岩、徒步穿越	黄冈市罗田县306县道大地坳村
26	陈店乡梅花湖	垂钓	河南省信阳市新县陈店乡梅花村
27	陈兴寨水库	垂钓	河南省信阳市光山县
28	陈元广场	骑行	河南省信阳市固始县
29	城门冲水库	垂钓	安徽省安庆市宿松县
30	纯阳山大峡谷	徒步、溯溪	湖北省黄冈市麻城市福田河镇三节街村纯阳山谷地
31	大别山(岳西)骑行基地	山地自行车	安徽省安庆市岳西县冶溪镇
32	大别山地质公园	徒步	安徽省六安市金寨县054县道
33	大别山古树博物馆	徒步	河南省信阳市新县韩山村
34	大别山国家森林公园	徒步	湖北省黄冈市罗田县九资河镇

续表

序号	地点	户外运动项目	地址
35	大别山露营公园	露营、骑行、真人CS、攀岩、徒步、拓展训练	河南省信阳市新县新集镇香山湖风景区
36	大别山瀑布群	徒步、瀑降	湖北省麻城市黄土岗镇
37	大别山天堂峡谷	漂流	湖北省黄冈市罗田县九资河镇307县道
38	大别山万亩油茶	山地自行车	安徽省六安市霍山县但家庙镇
39	大别山主峰景区	徒步、溯溪、登山	安徽省六安市霍山县太阳乡金竹坪村
40	大官湖	垂钓	安徽省安庆市宿松县X063县道到许岭镇向南两公里左右
41	大黑弯—九亮台—棺材石沟穿越	徒步	安徽省安庆市岳西县
42	大龙山国家森林步道	徒步	安徽省安庆市宜秀区杨桥镇余墩村
43	大牛锅	溯溪	湖北省黄冈市蕲春县
44	大崎山森林公园	徒步	湖北省黄冈市团风县贾庙乡东北
45	大苏山国家森林公园	徒步	河南省信阳市光山县晏河乡
46	大苏山国家森林公园王母观片区	徒步	河南省信阳市光山县南向店乡
47	大悟山	登山	湖北省孝感市孝昌县与大悟县交界处
48	大雾山桐花谷	徒步	湖北省黄冈市罗田县
49	大自然生态农业示范园	垂钓	河南省信阳市淮滨县337省道
50	帝王湖景区	划船、拓展训练、骑行、攀岩	湖北省黄冈市红安县高桥镇龙王山村
51	吊桥沟景区	徒步、溯溪	湖北省麻城市木子店镇长岭关村

续表

序号	地点	户外运动项目	地址
52	钓鱼台水库	垂钓	安徽省安庆市宿松县
53	丁李湾村	垂钓	河南省信阳市新县丁李湾村
54	丁寨沟生态农庄	垂钓	河南省信阳市淮滨县
55	东大山	徒步	河南省信阳市固始县东大山
56	东大堰水库	垂钓	河南省信阳市潢川县
57	东风水库钓鱼中心	垂钓	安徽省六安市金寨县吴家店隧道出口处
58	东石笋	徒步穿越	安徽省六安市金安区毛坦厂镇
59	董大畈	徒步	河南省信阳市商城县
60	斗方山	登山	湖北省黄冈市浠水县
61	杜鹃花溪漂流景区	漂流	湖北省黄冈市麻城市张家畈镇余家河第七希望小学东200米
62	对天河漂流	漂流	湖北省黄冈市红安县七里坪镇
63	多枝尖—黄茅尖—驮尖穿越	徒步	安徽省安庆市岳西县
64	鹅包水库	垂钓	安徽省安庆市潜山市
65	鄂人谷生态旅游度假村	钓鱼、徒步	湖北省黄冈市蕲春县漕河镇
66	二道河景区	徒步、露营	河南省信阳市固始县方集镇
67	方姑洞	徒步	湖北省黄冈市麻城市方姑洞村
68	飞岩谷	溯溪	湖北省麻城市张家畈镇屈家畈村内
69	丰宝石山	徒步	河南省信阳市固始县方集镇杨山村
70	风箱沟	溯溪	湖北省黄冈市罗田县
71	凤井河	溯溪、跳潭、游泳	湖北省黄冈市罗田县九资河镇
72	佛图山	徒步穿越	安徽省安庆市太湖县

续表

序号	地点	户外运动项目	地址
73	佛子岭	徒步、垂钓	安徽省六安市霍山县佛子岭镇069县道佛子岭大桥旁
74	父子岭	徒步	湖北省黄冈市英山县
75	高庙水库	垂钓	河南省信阳市商城县高庙水库
76	耕读小镇空中漂流	漂流	河南省信阳市新县茅屋冲家庭农场
77	孤山	徒步	河南省信阳市商城县
78	古碓河	溯溪	湖北省黄冈市罗田县天堂寨景区神仙谷东侧
79	古罗冲	徒步、瀑降	湖北省黄冈市罗田县大河岸镇
80	古塔水库	垂钓	安徽省安庆市潜山市
81	鼓顶山水库	垂钓	河南省信阳市固始县
82	关岗水库	垂钓	河南省信阳市潢川县
83	关塘水库	垂钓	河南省信阳市固始县
84	观天山滑翔伞飞行基地	滑翔伞	湖北省黄冈市麻城市屈家畈村13号
85	观音湖风景区	徒步、垂钓	湖北省孝感市孝昌县环湖南路小悟乡内
86	观音山	徒步	河南省信阳市商城县河凤桥乡
87	官渡河	骑行	河南省信阳市光山县光山第二高级中学
88	官畈村渔场	垂钓、露营	河南省信阳市商城县汪岗镇
89	光州公园	徒步	河南省信阳市光山县渡河店
90	广家河	溯溪、露营	安徽省六安市霍山县胡家河乡内
91	龟峰山	徒步	湖北省黄冈市麻城市龟山镇龟峰山风景区
92	滚龙沟水库	垂钓	河南省信阳市潢川县

续表

序号	地点	户外运动项目	地址
93	郭家河野炊	露营	河南省信阳市新县郭家河
94	郭寨村	徒步	河南省信阳市商城县
95	国家登山健身步道	徒步	河南省信阳市新县阮湾村
96	韩养村	徒步	湖北省黄冈市麻城市石家寨龟峰山北大门
97	昊宇四季滑雪场	滑雪	湖北省黄冈市浠水县绿杨乡黄溪冲村
98	贺堰水库	垂钓	河南省信阳市潢川县
99	鹤皋寨	登山	湖北省黄冈市罗田县胜利镇
100	黑石寨	徒步	河南省信阳市新县黑石寨
101	黑子钓场	垂钓	安徽省六安市霍邱县叶集区孙岗乡大畈村
102	横岗山生态园	钓鱼、青少年户外拓展教育基地、徒步	湖北省黄冈市蕲春县刘河镇高潮村横岗山
103	红安青少年研学实践教育营地	攀岩、素质拓展、露营	湖北省黄冈市红安县
104	红花尖滑雪	滑雪	湖北省黄冈市罗田县九资河镇马岔河村红花尖林场内
105	红军洞	徒步穿越	湖北省黄冈市红安县
106	红石谷风景区	徒步	安徽省六安市金寨县响洪甸镇
107	红玺公园	徒步	河南省信阳市潢川县
108	洪山寨	徒步、登山、露营	河南省信阳市商城县
109	后花园漂流	漂流	大别山主峰天堂寨南麓英山县石头咀镇
110	胡桥水库	垂钓	河南省信阳市潢川县
111	胡寺水库	垂钓	河南省信阳市潢川县

续表

序号	地点	户外运动项目	地址
112	胡湾水库	垂钓	河南省信阳市新县胡湾水库
113	花半湾	徒步	湖北省黄冈市罗田县大河岸镇
114	花桥立盛垂钓中心	垂钓	安徽省安庆市
115	花亭山溜索	溜索、蹦极	安徽省安庆市太湖县马鞍岭东南方向
116	华阳河湖群省级自然保护区	徒步	安徽省安庆市望江县
117	华阳湖旅游风景区徒步	徒步、拓展训练、溯溪	河南省信阳市固始县武庙集乡
118	画石谷	溯溪	安徽省六安市金寨县南部的花石乡千坪村内
119	淮滨西湖	徒步	河南省信阳市淮滨县西湖南路
120	淮河	徒步	河南省信阳市淮滨县
121	黄柏山国家森林公园	徒步、露营	河南省信阳市商城县长竹园乡
122	黄大水库	垂钓	安徽省安庆市宿松县
123	黄国故城风景区	徒步	河南省信阳市潢川县跃进西路 50 号
124	黄淮大丰收乡村世界	徒步	河南省信阳市潢川县付店镇晏庄村
125	黄金谷漂流	漂流	湖北省英山县杨柳镇土门河乡
126	黄龙潭	溯溪、瀑降	湖北省黄冈市黄梅县大河镇
127	黄毛尖杜鹃驿站	徒步	河南省信阳市新县黄毛尖
128	黄毛尖森林公园	登山	河南省信阳市新县田铺乡
129	黄狮寨	徒步、登山	湖北省黄冈市罗田县
130	黄石河漂流乐园	漂流	湖北省黄冈市罗田县九资河镇黄石河村
131	黄洼村	徒步	河南省信阳市商城县余集镇

续表

序号	地点	户外运动项目	地址
132	霍山大峡谷漂流	漂流	安徽省六安市霍山县落儿岭镇白云庵村鹿吐石铺
133	鸡鸣峡谷	溯溪	湖北省黄冈市罗田县白庙河镇左家沟村
134	梁冲村	徒步	河南省信阳市光山县凉亭乡梁冲村
135	将军红红色教育活动中心	拓展训练、真人 CS	湖北省黄冈市红安县七里坪镇将军红红色教育中心
136	将军寨	徒步穿越	湖北省黄冈市罗田县
137	接天山	徒步穿越、岩降	湖北省黄冈市麻城市
138	金刚山地质公园	徒步、露营	河南省信阳市商城县
139	金刚台国家登山健身步道	徒步	安徽省六安市金寨县汤家汇镇西北部
140	金刚台	露营、骑行	安徽省六安市金寨县
141	金刚台峡谷漂流	漂流	河南省信阳市商城县苏仙石乡
142	金刚台镇桐花谷	徒步	河南省信阳市商城县金刚台镇卢店村
143	金冠峰	攀岩、徒步穿越	湖北省黄冈市罗田县三里畈镇
144	金河沟水库	垂钓	河南省信阳市光山县
145	金鸡垂钓中心	垂钓	安徽省安庆市太湖县新仓镇
146	金兰山森林公园	徒步、露营	河南省信阳市新县连康路 1 号
147	金岭村	露营	湖北省孝感市大悟县金岭村
148	金牛寨	徒步	湖北省黄冈市麻城市木子店镇
149	金三角漂流	漂流	安徽省六安市金寨县天堂寨风景区内
150	金沙河水库	垂钓	湖北省黄冈市红安县城关镇红华大道 27 号
151	金沙湾	露营	湖北省黄冈市罗田县平湖乡胡家河村四组

续表

序号	地点	户外运动项目	地址
152	金狮寨	徒步	湖北省黄冈市罗田县河铺镇炉火垸村
153	金塘水库	垂钓	安徽省安庆市太湖县百里镇金塘湾
154	金寨国家登山健身步道	徒步	安徽省六安市金寨县
155	金寨胭脂村五号线	徒步穿越	安徽省六安市金寨县胭脂村
156	进士河漂流	漂流	湖北省黄冈市罗田县大河岸镇
157	九冲碑水库	垂钓	河南省信阳市固始县
158	九角凸水库	垂钓	安徽省安庆市潜山市
159	九井沟旅游风景区	徒步	安徽省安庆市宿松县
160	九龙大峡谷漂流	漂流	湖北省黄冈市英山县温泉镇
161	九龙潭瀑布	徒步	河南省信阳市新县007乡道旁
162	九女潭	徒步穿越、岩降、溯溪、露营	河南省信阳市新县苏河镇八斗畈
163	九焰山古寨	徒步	湖北省黄冈市红安县华河镇发展路红太阳幼儿园东500米
164	韭菜岩	攀岩、徒步	湖北省黄冈市麻城市龟峰山风景区林峰村
165	巨石山生态文化旅游景区	徒步	安徽省安庆市宜秀区罗岭镇小龙山村
166	狼牙谷	溯溪	安徽省六安市霍山县磨子潭镇堆谷山村
167	牢山风景区	徒步	河南省信阳市光山县
168	老君山	徒步	湖北省黄冈市红安县
169	老龙埂水库	骑行	河南省信阳市潢川县
170	老龙埂水库钓鱼	垂钓	河南省信阳市潢川县
171	老塔山	登山	湖北省黄冈市罗田县

续表

序号	地点	户外运动项目	地址
172	雷店镇黄栗树村	溯溪	湖北省黄冈市英山县 218 县道
173	黎河公园绿道	徒步	安徽省安庆市宿松县
174	立新水库	垂钓	安徽省安庆市潜山市 X046 县道(余龙路)
175	连岗金源度假村	垂钓	河南省信阳市潢川县仁和镇
176	连康山自然保护区	徒步	河南省信阳市新县
177	莲花山	溯溪、徒步	安徽省六安市金寨县
178	两河水库	垂钓	河南省信阳市商城县两河水库
179	林峰	徒步	湖北省黄冈市麻城市
180	林家大湾	徒步	湖北省黄冈市团风县
181	临淮岗风景区	徒步	安徽省六安市霍邱县临淮岗乡
182	岭头水库	垂钓	安徽省安庆市潜山市
183	刘王立明故居垂钓中心	垂钓	安徽省安庆市太湖县新仓镇鸣山村
184	柳林玫瑰谷	徒步	湖北省黄冈市黄梅县柳林乡老铺村
185	龙池河峡谷风景区	徒步、滑梯、飞索	湖北省黄冈市黄梅县柳林乡老铺村
186	龙凤谷漂流	漂流	湖北省黄冈市罗田县白庙河镇白庙河村9组
187	龙感湖	垂钓	安徽省安庆市宿松县佐坝乡
188	龙井河	溯溪、徒步	湖北省黄冈市蕲春县
189	龙井水库	垂钓	安徽省安庆市岳西县
190	龙山湖度假村	拓展	河南省信阳市光山县百江镇罗山村
191	龙山湖国家湿地公园	徒步	河南省信阳市光山县百江镇罗山村

续表

序号	地点	户外运动项目	地址
192	龙潭冲	溯溪	湖北省黄冈市麻城市张家畈镇屈家畈村
193	龙潭大峡谷	溯溪	湖北省黄冈市麻城市龙潭河村
194	龙潭沟	溯溪	湖北省孝感市大悟县
195	龙潭古寨	徒步穿越	安徽省安庆市太湖县
196	龙潭河谷	徒步	湖北省黄冈市英山县雷家店镇龙潭河
197	龙潭河漂流	漂流	湖北省黄冈市团风县龙潭河水库
198	龙王尖滑翔伞基地	滑翔伞	湖北省黄冈市英山县 201 省道
199	龙须沟	溯溪	湖北省孝感市大悟县阳平镇铁铺村
200	龙珠峡漂流	漂流	湖北省黄冈市武穴市梅川镇峰口村横岗山森林公园
201	罗山水库	垂钓	安徽省安庆市太湖县小池镇罗山村
202	罗田县河铺镇冰臼群	探洞	湖北省黄冈市罗田县河铺镇 306 县道西 50 米
203	绿康源生态园	真人 CS	河南省信阳市新县计河村
204	绿里家庭生态农场	徒步、露营	河南省信阳市潢川县
205	马鞍山	徒步穿越	湖北省黄冈市麻城市张家畈镇
206	马冲水库	垂钓	安徽省安庆市潜山市 X096 县道
207	马劲寨	徒步	湖北省黄冈市罗田县河铺镇桥头边村西侧
208	马驹河水库	垂钓	河南省信阳市新县马驹河水库
209	马头山国家登山健身步道	徒步	安徽省六安市金寨县
210	马湾乐园	徒步	河南省信阳市光山县滨河北路
211	马鬃岭	徒步	湖北省黄冈市罗田县马鬃岭村

续表

序号	地点	户外运动项目	地址
212	马鬃岭自然保护区	徒步	安徽省六安市金寨县057县道
213	毛尖山水库	垂钓	安徽省安庆市岳西县
214	玫瑰谷漂流	漂流	湖北省黄冈市黄梅县柳林乡老铺村
215	梅山水库风景区	徒步	安徽省六安市金寨县
216	美人谷	溯溪、徒步穿越	湖北省孝昌县双峰山风景区
217	明清生态休闲垂钓园	垂钓	安徽省六安市霍邱县王截流乡朱张村
218	木石河	徒步、溯溪	湖北省黄冈市蕲春县
219	穆客寨农庄	垂钓	河南省信阳市淮滨县洪河湾农业园
220	大别山南麓	登山	湖北省黄冈市浠水县闻一多大道39号
221	南山蓝生态农庄	垂钓	河南省信阳市光山县晏河乡熊畈村
222	南天河漂流	漂流	湖北省黄冈市蕲春县青石镇云丹山药王谷
223	南武当	徒步	湖北省黄冈市英山县吴家山国家森林公园南武当山风景区
224	南武当滑雪场	滑雪	湖北省黄冈市英山县吴家山湖北大别山主峰风景区西北侧
225	鲇鱼山湖生态景区	徒步、垂钓	河南省信阳市商城县鲇鱼山水库
226	宁河峡谷	徒步	安徽省安庆市岳西县
227	牛背脊骨山	登山	湖北省黄冈市英山县陶家河乡
228	牛草山	徒步、露营、滑翔伞	安徽省安庆市岳西县
229	牛车河景区	钓鱼、徒步、露营	湖北省黄冈市团风县
230	牛皮寨	徒步	湖北省黄冈市蕲春县
231	牛形水库	垂钓	安徽省安庆市潜山市

续表

序号	地点	户外运动项目	地址
232	挪步园	徒步	湖北省黄冈市黄梅县27公里处紫云山上
233	潘家小镇情人谷	溯溪、徒步	湖北省黄冈市罗田县白庙河镇
234	彭噶垂钓园	垂钓	安徽省安庆市太湖县江塘乡白云村彭屋组
235	泼河水库	垂钓	河南省信阳市光山县
236	七里牛犟山	徒步	湖北省黄冈市红安县七里坪镇红坪七杨路
237	七里坪阳山河坝	徒步	湖北省黄冈市红安县七里坪镇
238	七龙山生态园	徒步	河南省信阳市新县八里畈镇
239	七丈岩	溯溪	湖北省黄冈市英山县南河镇薛家畈村
240	奇龙岭生态文化园娱乐休闲	露营	河南省信阳市新县杜洼村
241	钱家山绿道	徒步	安徽省安庆市宿松县宿松路6-2号附近
242	潜山森林公园	徒步、拓展训练	安徽省安庆市宜秀区杨桥镇余墩村
243	白马潭	漂流	安徽省安庆市潜山市水吼镇济广高速公路
244	天柱山滑雪场	滑雪	安徽省安庆市潜山市天柱山旅游度假区
245	黄铺田园景区	高山潜水、滑翔伞、滑雪	安徽省安庆市潜山市黄铺镇黄铺村
246	九曲河	漂流	安徽省安庆市潜山市天柱山镇茶庄村
247	潜山市山谷流泉文化园	徒步	安徽省安庆市潜山市天柱山镇风景村
248	天龙关	徒步	安徽省安庆市潜山市水吼镇
249	天柱大峡谷	徒步	安徽省安庆市潜山市

续表

序号	地点	户外运动项目	地址
250	野鸡湾	徒步	安徽省安庆市潜山市黄铺镇古井村郝新屋
251	城姚冲	山地自行车	安徽省安庆市潜山市水吼镇天龙关
252	清风寨	徒步	湖北省黄冈市麻城市木子店镇石磴坳村
253	清塘坳	徒步	河南省信阳市商城县清塘坳村
254	庆丰水库	垂钓	安徽省安庆市潜山市
255	秋浦河景区	徒步	安徽省石台县矶滩乡洪墩村
256	泉水寨森林公园	徒步	湖北省孝感市大悟县城中南路
257	阮湾村体育小镇	徒步	河南省信阳市新县阮湾村
258	塞山生态园钓鱼	垂钓、徒步	河南省信阳市光山县 106 国道
259	三角山	蹦极、漂流、徒步	湖北省黄冈市浠水县三角山旅游景区入口服务区楚龙湖西岸
260	三教洞	徒步	河南省信阳市商城县三教洞村
261	三天门	徒步	湖北省孝感市大悟县黄站镇刘家河村王家湾水库北面山谷
262	伞陂白露河钓场	垂钓	河南省信阳市潢川县
263	沙窝镇大龙潭	徒步	河南省信阳市新县沙窝镇朴店村
264	山水公园绿道	徒步	安徽省安庆市宿松县龙门北路 10 号
265	芍药花节赏花	徒步	河南省信阳市新县苏河镇朱店村
266	深水潭	溯溪	湖北省黄冈市麻城市
267	神山岭度假	露营	河南省信阳市光山县殷棚乡
268	神仙谷	溯溪	湖北省罗田县西南角大别山主峰天堂寨下
269	神仙寨	徒步	湖北省黄冈市团风县城北

续表

序号	地点	户外运动项目	地址
270	胜利镇雁鸣寨	徒步	湖北省黄冈市罗田县胜利镇
271	盛湾公园	徒步	河南省信阳市光山县三环路
272	狮子峰	登山	湖北省黄冈市麻城市三河口镇
273	狮子岩	徒步	湖北省黄冈市英山县 218 县道
274	施线行水库	垂钓	河南省信阳市潢川县
275	十八罗汉尖	徒步	潜岳两县交界的岳西县响肠镇无愁村山边组
276	十八盘漂流	漂流	安徽省六安市金寨县 054 县道南 50 米
277	十八潭景区	溯溪、徒步	湖北省孝感市大悟县三里镇石铺村
278	十里桃花溪	徒步	湖北省黄冈市英山县桃花冲风景区
279	石佛寨	徒步	河南省信阳市光山县罗陈乡石佛寨
280	石猴水库	垂钓	河南省信阳市潢川县
281	石马寨	徒步穿越	湖北省罗田县匡河镇石马山村内
282	石头咀镇周家畈村	溯溪、露营	湖北省黄冈市英山县 201 省道
283	石头湾	徒步	湖北省黄冈市罗田县
284	石源河	徒步	湖北省黄冈市罗田县上石源河村
285	寿县八公山风景区	徒步	安徽省淮南市八公山区丁山路
286	双峰山白马涧	徒步穿越	湖北省孝感市孝昌县丰山镇
287	双峰山国家森林公园	徒步	湖北省孝感市孝昌县丰山镇
288	双庙湖	垂钓	安徽省安庆市太湖县城西乡门岭村
289	水吼湾区	骑行	安徽省安庆市潜山市
290	水门塘公园	垂钓	安徽省六安市霍邱县公园路
291	顺祥渔具钓鱼场	垂钓	安徽省安庆市太湖县师范路

续表

序号	地点	户外运动项目	地址
292	司马光小镇	徒步	河南省信阳市光山县槐店乡
293	司马光油茶园	徒步、骑行	河南省信阳市光山县上黄冲北侧
294	四季花海	滑草、徒步	湖北省黄冈市英山县花海路
295	四祖寺(双峰山)风景区	徒步	湖北省黄冈市黄梅县大河镇四祖村
296	溯溪佛图河	溯溪	安徽省安庆市太湖县
297	太湖花亭湖风景名胜区	徒步	安徽省安庆市太湖县马鞍岭东南方向
298	太湖县花凉亭水库湿地	徒步	安徽省安庆市太湖县
299	太湖县九井溪森林公园	徒步	安徽省安庆市太湖县
300	太湖县罗河谷	漂流	安徽省安庆市太湖县晋熙镇
301	太湖县三千寨风景区	徒步	安徽省安庆市太湖县百里镇松泉村
302	太湖县西风洞景区	徒步	安徽省安庆市太湖县 105 国道旁花亭湖风景名胜区内
303	太平森林公园	徒步	湖北省黄冈市蕲春县青石镇
304	汤泉池度假	露营	河南省信阳市商城县茗阳汤泉
305	桃花冲	溯溪、漂流	湖北省黄冈市英山县
306	桃花冲滑雪场	滑雪	湖北省黄冈市英山县草盘地镇
307	桃花冲森林公园	徒步	湖北省黄冈市英山县
308	陶家河	垂钓	河南省信阳市商城县
309	天赐山	登山、露营	河南省信阳市光山县天赐城村

续表

序号	地点	户外运动项目	地址
310	天景山漂流	漂流	湖北省黄冈市麻城市木子店镇木子店村S309省道与谢家交叉处
311	天龙关景区	探洞、溜索、攀岩	安徽省安庆市潜山市水吼镇天龙关
312	天马寨风景区	徒步	湖北省英山县雷店镇上沟村
313	天宁寨	徒步	安徽省安庆市潜山市潜阳路389号
314	天水涧漂流	漂流	安徽省六安市金寨县X054县道天堂镇
315	天台山风景区	徒步、登山	湖北省黄冈市红安县城北33公里处
316	天堂湖风景区	垂钓、徒步	湖北省黄冈市罗田县九资河镇305县道
317	天堂峡谷漂流	漂流	湖北省黄冈市罗田县
318	天堂寨	徒步、登山、溜索	安徽省六安市金寨县天堂寨镇
319	天柱山	露营	安徽省安庆市潜山市天柱山旅游度假区
320	田铺大湾度假区	露营	河南省信阳市新县田铺乡
321	铁佛寺水库	垂钓	河南省信阳市商城县铁佛寺水库
322	铁寨风景区	徒步	湖北省孝感市大悟县刘集镇铁寨村
323	桐城嬉子湖生态旅游景区	徒步	安徽省安庆市桐城市007县道
324	铜锣寨	徒步	安徽省六安市霍山县上土市镇
325	童子冲森林探险乐园	丛林穿越、滑索	湖北省黄冈市红安县七杨路天台山国家森林公园内
326	徒沙河温泉小镇	徒步	安徽省六安市霍山县蔡家店附近
327	孝感双峰山露营地	露营	湖北省孝感市孝昌县双峰山旅游度假村区剥岸村小溪岭88号
328	土庙村胜天水库	徒步	河南省信阳市光山县土庙村
329	兔子湖生态园	垂钓	河南省信阳市淮滨县梧桐村

续表

序号	地点	户外运动项目	地址
330	湾店村枫杨树林	徒步	河南省信阳市新县郭家河乡湾店村
331	皖东水库	垂钓	安徽省安庆市潜山市
332	皖河	垂钓	安徽省安庆市太湖县晋熙镇晋湖村金屋长河
333	万安村	露营	河南省信阳市商城县吴河乡
334	汪岭水库	垂钓	安徽省安庆市潜山市
335	汪桥思乡谷	徒步	河南省信阳市商城县汪桥镇秦湾村
336	王冲水库	垂钓	安徽省安庆市潜山市
337	王李河水库	垂钓	河南省信阳市新县王李河水库
338	王湾水库	垂钓	安徽省安庆市宿松县
339	望江县雷池	徒步	安徽省安庆市望江县
340	望江县武昌湖	垂钓	安徽省安庆市望江县
341	望江县香茗山	徒步	安徽省安庆市太湖县
342	卧佛山庄	徒步	河南省信阳市新县金兰大道南段
343	邬桥水库	垂钓	河南省信阳市潢川县
344	五脑山龟尾峰	登山、露营	湖北省黄冈市麻城市沪蓉高速与大港高速交叉口东北侧
345	五脑山国家森林公园	徒步	湖北省黄冈市麻城市沪蓉高速与大港高速交叉口东北侧
346	五色蚌露营地钓鱼	垂钓、露营、攀岩、游泳	河南省信阳市潢川县仁和镇连岗村
347	五星潭	溯溪、瀑降	湖北省黄冈市罗田县白庙河镇
348	五岳山	徒步	湖北省孝感市大悟县丰店镇
349	五岳水库	垂钓	河南省信阳市光山县

续表

序号	地点	户外运动项目	地址
350	五云山	徒步	湖北省黄冈市红安县
351	五祖寺	徒步	湖北省黄冈市黄梅县五祖镇059乡道西
352	武家山水库	垂钓	河南省信阳市固始县
353	武山湖	骑行、徒步	湖北省黄冈市武穴市204省道
354	武占岭生态旅游度假区漂流	漂流、露营	河南省信阳市新县刘湾村
355	西大山	徒步	河南省信阳市新县
356	西畈水库	垂钓	河南省信阳市新县
357	西河景区	徒步、攀岩、漂流	河南省信阳市商城县苏仙石乡
358	西河湾	徒步	河南省信阳市新县周河乡西河村
359	西九华山	骑行、徒步	河南省信阳市固始县陈淋子镇西九华山
360	西域风情园	徒步、垂钓	湖北省孝感市孝昌县丰山镇二公王杨线大唐生态观光园东北
361	西寨	露营	河南省信阳市新县金兰山森林公园
362	虾子塘水库	垂钓	安徽省安庆市潜山市
363	仙姑峡	徒步、溯溪	湖北省黄冈市麻城市203省道黄泥坳村
364	仙境度假村	徒步	安徽省六安市霍邱县燕子河大峡谷景区内
365	仙居顶	露营	湖北省孝感市大悟县
366	仙女岩	徒步	湖北省黄冈市麻城市屈家畈村
367	仙人冲	徒步穿越	安徽省六安市霍山县
368	仙人台	徒步、速降、露营	湖北省黄冈市蕲春县
369	香炉山	徒步穿越	湖北省黄冈市麻城市李家寨

续表

序号	地点	户外运动项目	地址
370	香山湖风景区	徒步、垂钓、划船、露营、游泳	河南省信阳市新县城东南部
371	小楼山	徒步	河南省信阳市新县
372	杏花村	徒步	湖北省黄冈市麻城市歧亭镇
373	宿松县白崖山	徒步	安徽省安庆市宿松县趾凤乡
374	宿松县石莲洞国家森林公园	徒步	安徽省安庆市宿松县孚玉镇大河村
375	宿松县小孤山	徒步	安徽省安庆市宿松县东南 65 公里长江之中
376	徐楼村	骑行	河南省信阳市光山县泼陂河镇
377	徐桥小湖	垂钓	安徽省安庆市太湖县徐桥镇诚信大药房东 100 米
378	亚平桃花谷	溯溪、徒步	湖北省黄冈市蕲春县向桥乡向桥村五组
379	严恭山	徒步	安徽省安庆市宿松县
380	严家河峡谷	溪降	湖北省黄冈市罗田县河铺镇严家河村
381	燕儿谷	徒步、骑马、CS 射击基地	湖北省黄冈市罗田县骆驼坳镇燕窝湾村(318 国道)
382	燕子河大峡谷	徒步、攀岩	安徽省六安市霍邱县
383	羊肠湖	垂钓	河南省信阳市固始县
384	杨冲水库	垂钓	河南省信阳市新县
385	杨高山	徒步	河南省信阳市新县千斤乡杨高山村
386	杨高山古银杏群生态风景区	徒步	河南省信阳市新县千斤乡杨高山村
387	野人河	溯溪、徒步	湖北省黄冈市蕲春县何铺村五组
388	一念谷	徒步	湖北省黄冈市罗田县潘家湾村

续表

序号	地点	户外运动项目	地址
389	遗爱湖	徒步	湖北省黄冈市黄州区
390	英山尖徒步	徒步	湖北省黄冈市英山县 309 县道
391	油菜花海	徒步	湖北省黄冈市浠水县兰溪镇
392	游击寨	徒步	湖北省黄冈市英山县
393	鱼鳞山	徒步	湖北省黄冈市麻城市 203 省道李家铺村
394	渔乐哥路亚钓场	垂钓	河南省信阳市淮滨县河湾村
395	鸳鸯溪	溯溪	湖北省黄冈市蕲春县
396	月牙溪	溯溪	湖北省黄冈市罗田县天堂寨圣人堂风景区村部向北 100 米
397	岳西彩虹瀑布景区	徒步	安徽省安庆市岳西县黄尾镇黄尾村
398	岳西司空山太白仙踪	露营	安徽省安庆市岳西县店前镇 211 省道
399	岳西天鹅尖和明山寨	徒步	安徽省安庆市岳西县
400	岳西驮尖	徒步	安徽省安庆市岳西县
401	岳西丛毛尖	徒步	安徽省安庆市岳西县
402	大别山彩虹瀑布风景区	徒步、露营	安徽省安庆市岳西县黄尾镇黄尾村
403	大别山滑雪乐园	滑雪	安徽省安庆市岳西县石关乡石关村西湾组
404	鹭鸶河大峡谷	徒步	安徽省安庆市岳西县
405	妙道山风景区	徒步	安徽省安庆市岳西县五河镇
406	明堂山	徒步	安徽省安庆市岳西县河图镇 318 国道
407	牛草山	徒步	安徽省安庆市岳西县
408	司空山	徒步	安徽省安庆市岳西县店前镇 211 省道

续表

序号	地点	户外运动项目	地址
409	天峡景区	徒步	安徽省安庆市岳西县河图镇
410	天仙河	漂流	安徽省安庆市岳西县天仙河景区(083县道西)
411	云丹山火焰尖	徒步	湖北省黄冈市蕲春县
412	簪子河村	徒步	河南省信阳市商城县伏山乡
413	詹堂村休闲徒步道	徒步	河南省信阳市光山县晏河乡詹堂村
414	张冲水库	垂钓	河南省信阳市光山县
415	张广河	溯溪、露营	湖北省黄冈市麻城市104县道
416	长春水库	垂钓	安徽省安庆市潜山市
417	长林三潭	溯溪	湖北省黄冈市蕲春县
418	长院露营地	露营	安徽省六安市霍山县单龙寺镇
419	长竹园	徒步	河南省信阳市商城县
420	招军寨	徒步	湖北省黄冈市罗田县
421	郑家山	徒步	湖北省黄冈市蕲春县青石镇桐梓乡
422	中桥水库	垂钓	河南省信阳市固始县吴公馆
423	钟鼓楼亲子乐园	徒步	河南省信阳市光山县
424	周河乡西河村	露营	河南省信阳市新县
425	猪头石	徒步	湖北省黄冈市罗田县白莲河乡土库村5组
426	装八寨	徒步	湖北省孝感市大悟县夏店镇西南
427	紫水省级森林公园	徒步	河南省信阳市光山县智慧大道
428	紫水湾游乐园水上娱乐	游泳	河南省信阳市光山县徐李湾
429	紫云山	徒步	河南省信阳市商城县

附件7:大别山地区户外运动赛事信息表

序号	赛事名称	举办地	举办首届的年份	举办周期
1	“庆发杯”跨越淮河自行车大赛	霍邱县	2012	—
2	霍山户外嘉年华	霍山县	2017	每年1次
3	第三届马帮牧马人沙滩河道赛	霍山县	2018	每年1次
4	“健康安徽”环江淮万人骑行大赛暨霍山县首届公路自行车赛	霍山县	2017	每年1次
5	环江淮万人骑行大赛·霍山站暨第二届中国·霍山大别山万亩油茶山地自行车越野挑战赛	霍山县	2019	每年1次
6	大别山白马尖溯溪越野挑战赛	霍山县	2018	—
7	中国·大别山百里杜鹃花溯溪越野挑战赛	霍山县	2019	每年1次
8	霍山避暑节(漂流)	霍山县	2018	—
9	全国群众登山健身大会(金寨站)暨大别山红色越野赛	金寨县	2016	每年1次
10	“徒步大别山　金寨深呼吸”2017金寨中华驴友徒步大会	金寨县	2017	—
11	“重走红军路”户外登山健身活动	金寨县	2015	每年1次
12	西域风情音乐露营节	孝昌县	2017	每年1次
13	湖北省自行车联赛暨“孝行千里”自行车挑战系列赛(孝昌站)	孝昌县	2017	每年1次

续表

序号	赛事名称	举办地	举办首届的年份	举办周期
14	中国·大别山山地自行车超级联赛(大悟站)	大悟县	2019	每年1次
15	悟峰山十八潭登山徒步大会	大悟县	2019	每年1次
16	"孝行千里"湖北省自行车挑战系列赛(大悟站)	大悟县	2017	每年1次
17	中国红岭公路自驾穿越大会	金寨县	2018	每年1次
18	安徽省第二届健身休闲大会暨"泰晤士小镇杯"霍山县公路自行车骑行大赛	霍山县	2018	—
19	"红叶魅力,绿色骑行"湖北山地自行车大悟公开赛	大悟县	2015	—
20	半程马拉松赛	大悟县	2016	—
21	挺进大别山·中国(黄冈)自行车赛	罗田县	2010	每两年1次
22	黄冈国际半程马拉松赛	黄冈市	2018	每年1次
23	麻城五脑山茶花节第二届户外休闲游暨徒步赛	麻城市	2014	每年1次
24	中国·黄冈挺进大别山漂流	英山县	2013	每年1次
25	中国龟峰山登山大赛	麻城市	2019	—
26	第四届英山"四季花海"杯茶文化旅游节	英山县	2017年加入滑翔伞、徒步穿越和骑行比赛	每年1次
27	第一届湖北省"极目楚天舒"全民健身赛事	蕲春县	2017	—
28	"2017中国山地自行车公开赛"湖北·蕲春站	蕲春县	2017	—
29	庆"三八"春天徒步比赛	麻城市	2016	每年1次

续表

序号	赛事名称	举办地	举办首届的年份	举办周期
30	麻城2015"摩尔城杯"首届龟峰山山地自行车赛	麻城市	2015	—
31	麻城市龟峰山第一届"酒祖杜康"杯山地车爬坡赛、"青山园林路捷安特店"环湖联赛第三站暨2012湖北自行车嘉年华	麻城市	2012	—
32	浠水三角山鄂东首届山地车邀请赛	浠水县	2010	—
33	湖北省"极目楚天舒"全民健身赛事——2017年湖北省健身登山系列赛蕲春站	蕲春县	2017	—
34	中国·大别山"情系老区　万山红遍"山地车超级联赛(红安站)	红安县	2019	—
35	罗田县第二届"方南渔具杯"钓鱼邀请赛	罗田县	2017	每年1次
36	中国·大别山桃花溪小镇杯自行车比赛	英山县	2017	—
37	黄梅县微型马拉松比赛	黄梅县	2016	每年1次
38	大别山音乐帐篷节	麻城市	2018	每年1次
39	中国·新县全国百公里山地户外运动挑战赛	新县	2016	2017年举办最后1届
40	全国群众登山健身大会	新县	2016	每年1次
41	国家登山健身步道联赛(新县站)	新县	2015	每年1次
42	河南省定向越野锦标赛	新县	2007	每年1次
43	首届大别山区域露营大会	新县	2017	—
44	"走进大别山　健康万步行"徒步健身活动	新县	2017	—
45	2017亚洲越野大师赛	新县	2015	每年1次
46	"新时代　新征程"登山大赛	新县	2017	—
47	新县相亲&公益半程马拉松赛	新县	2018	每年1次

续表

序号	赛事名称	举办地	举办首届的年份	举办周期
48	河南省首届环保骑行全国邀请赛	新县	2019	—
49	新县第三届全民运动会	新县	2017	每年1次
50	第四届河南省户外露营大会	商城县	2016	每年1次
51	2016河南省徒步大会	商城县	2016	—
52	全国徒步大会	商城县	2011	每年1次
53	商城县第一届登山比赛	商城县	2008	—
54	“亲近自然练意志,工会活动聚人心”登山比赛	商城县	2020	—
55	2019龙山湖国际舟钓锦标赛	光山县	2012	每年1次
56	2019第十一届全国自行车公路赛	光山县	2009	每年1次
57	2019中华垂钓大赛河南光山选拔赛	光山县	2018	每年1次
58	“迎新年,我爱美丽光山”室外徒步活动	光山县	2015	—
59	光山县审计局徒步活动	光山县	2018	—
60	“美丽官渡河 巾帼健康行”徒步竞走活动	光山县	2017	—
61	五大水库职工登山运动会	光山县	2011	每年1次
62	“大苏山杯”首届马拉松赛	光山县	2018	—
63	“大苏山杯”首届龙舟赛	光山县	2017	—
64	狼王杯钓鱼分站赛	光山县	2017	每年1次
65	妇女干部职工徒步比赛	潢川县	2017	每年1次
66	信阳市第十六届钓鱼比赛	潢川县	2019	—
67	“龙源杯”山地自行车比赛	淮滨县	2015	每年1次
68	“名仕杯”钓鱼邀请赛	淮滨县	2016	—
69	全民运动会主题登山活动	固始县	2017	每年1次

续表

序号	赛事名称	举办地	举办首届的年份	举办周期
70	固始县露营大会	固始县	2017	—
71	“全民健身助脱贫　乡村振兴再攀登”主题登山活动	固始县	2019	—
72	“文明出行、全民健身”登山活动	固始县	2016	—
73	“全民健身助力脱贫”登山活动	固始县	2019	—
74	环中原自行车公开赛	固始县	2015	每年1次
75	固始县老干部钓鱼大赛	固始县	2014	每年1次
76	“清爽夏日、渔乐无限”钓鱼比赛	固始县	2019	—
77	潜山市户外运动协会第二届年会	潜山市	2018	每年1次
78	中国·天柱山2017国际长板速降大赛	潜山市	2017	每年1次
79	2017中国·天柱山国际溯溪越野挑战赛暨天空跑全国积分赛	潜山市	2017	每年1次
80	潜山县天龙关攀岩旅游节	潜山市	2016	每年1次
81	2018中国·龙潭古道竹海越野挑战赛	潜山市	2018	—
82	安徽省第三届健身休闲大会暨安庆市第五届全民健身运动会登山比赛	潜山市	2016	每年1次
83	花亭湖国际户外运动之旅	太湖县	2009	—
84	岳西县登山户外运动协会“映山红大观园杯”首届登山比赛	岳西县	2017	—
85	潜山县首届“活力圣象，与爱同行”“圣象杯”山地自行车挑战赛	潜山市	2017	每年1次
86	潜山市第二届“露营地　古井贡酒”杯自行车骑行赛	潜山市	2017	每年1次

附件8:大别山地区户外运动俱乐部信息表

序号	俱乐部名称	所在地
1	原生态户外俱乐部	安庆市
2	行者户外俱乐部	安庆市潜山市
3	天龙关攀岩基地青少年体育俱乐部	安庆市潜山市
4	安庆市航空飞行运动俱乐部	安庆市
5	龙游户外运动有限公司	安庆市
6	野驴户外俱乐部	安庆市
7	游睦名足户外运动俱乐部	安庆市
8	余墩户外运动俱乐部	安庆市
9	雨嫣休闲户外俱乐部	安庆市
10	远山探险国际旅行社	安庆市
11	岳野户外发展有限公司	安庆市
12	众行户外俱乐部	安庆市
13	太湖户外运动俱乐部	安庆市太湖县
14	太湖县花亭湖一方山水休闲户外俱乐部有限公司	安庆市太湖县
15	太湖县远方休闲户外俱乐部有限公司	安庆市太湖县
16	太湖长跑俱乐部	安庆市太湖县
17	松兹斥候单车户外运动俱乐部	安庆市宿松县
18	宿松4560户外拓展俱乐部	安庆市宿松县

续表

序号	俱乐部名称	所在地
19	我爱户外俱乐部	安庆市岳西县
20	岳西户外俱乐部	安庆市岳西县
21	爱生活户外俱乐部	黄冈市
22	乐途户外拓展有限责任公司	黄冈市
23	龙游天下户外俱乐部	黄冈市
24	马自骑联盟	黄冈市
25	蕲行天下单车户外俱乐部	黄冈市
26	信阳登协户外俱乐部	黄冈市
27	易游天下户外拓展自驾游俱乐部	黄冈市
28	游骑兵户外俱乐部	黄冈市
29	GALAXY(银河)骑行户外俱乐部	黄冈市
30	超音速户外运动俱乐部	黄冈市红安县
31	狼人户外运动俱乐部	黄冈市红安县
32	原野户外运动俱乐部	黄冈市红安县
33	源户外运动	黄冈市红安县
34	钓友户外联盟	黄冈市罗田县
35	红叶单车俱乐部	黄冈市罗田县
36	钓友俱乐部	黄冈市罗田县
37	兄弟垂钓俱乐部	黄冈市罗田县
38	捷径单车俱乐部	黄冈市麻城市
39	知行户外旅行运动俱乐部	黄冈市麻城市
40	爱尚户外拓展有限公司	黄冈市麻城市
41	军刀户外俱乐部	黄冈市麻城市

续表

序号	俱乐部名称	所在地
42	飘扬户外运动拓展有限公司	黄冈市麻城市
43	唐宝户外运动服务中心	黄冈市麻城市
44	天地间户外俱乐部	黄冈市麻城市
45	优胜户外拓展有限公司	黄冈市麻城市
46	运动健康快乐户外俱乐部	黄冈市麻城市
47	领航自行车俱乐部(蕲春)	黄冈市蕲春县
48	祥子户外运动有限公司	黄冈市蕲春县
49	阳光户外运动俱乐部	黄冈市黄梅县
50	天天户外拓展服务俱乐部	黄冈市
51	畅行户外拓展服务俱乐部	黄冈市团风县
52	山林路户外俱乐部	黄冈市团风县
53	渔翁钓友俱乐部	黄冈市团风县
54	任我行户外俱乐部有限公司	黄冈市团风县
55	飞渡户外拓展有限公司	黄冈市武穴市
56	佳翔户外拓展有限公司	黄冈市武穴市
57	舞动单车俱乐部	黄冈市武穴市
58	地平线户外俱乐部	黄冈市浠水县
59	喜马拉雅少年户外运动俱乐部	黄冈市浠水县
60	大别山户外拓展野战基地	黄冈市英山县
61	山水情户外俱乐部	黄冈市英山县
62	六安驴友俱乐部	六安市
63	驴途户外运动俱乐部	六安市霍山县
64	绿野江湖野外探险运动俱乐部霍山基地	六安市霍山县

续表

序号	俱乐部名称	所在地
65	白马尖户外运动俱乐部	六安市霍山县
66	026军旅户外俱乐部	六安市金寨县
67	利民户外俱乐部有限公司	六安市金寨县
68	慢生活户外运动俱乐部	六安市金寨县
69	快乐同行徒步运动协会	六安市
70	金裕户外健身运动协会	六安市
71	北山狼户外俱乐部	孝感市
72	结伴同行户外俱乐部	孝感市
73	九州行户外运动有限公司	孝感市
74	七星户外俱乐部	孝感市
75	骑点单车俱乐部	孝感市
76	新途户外拓展有限公司	孝感市
77	雪豹户外俱乐部	孝感市
78	巡天户外俱乐部有限公司	孝感市
79	自胜单车俱乐部活动	孝感市
80	德荣俱乐部	孝感市大悟县
81	钓鱼人俱乐部	孝感市大悟县
82	动感单车俱乐部	孝感市大悟县
83	金岭户外拓展训练基地	孝感市大悟县
84	喜德盛骑行俱乐部	孝感市孝昌县
85	足行天下户外俱乐部	孝感市孝昌县
86	蓝天户外运动俱乐部	信阳市
87	固始户外联盟俱乐部	信阳市固始县

续表

序号	俱乐部名称	所在地
88	固始户外运动俱乐部	信阳市固始县
89	户外运动大本营登山俱乐部	信阳市固始县
90	破风单车俱乐部	信阳市固始县
91	渔者户外俱乐部	信阳市固始县
92	力峰体育文化发展有限公司	信阳市光山县
93	天地人野战俱乐部	信阳市光山县
94	淮滨户外俱乐部	信阳市淮滨县
95	龙源骑行俱乐部	信阳市淮滨县
96	风行天下户外运动俱乐部	信阳市淮滨县
97	潢川户外运动俱乐部	信阳市潢川县
98	闪影自行车俱乐部	信阳市潢川县
99	峰行徒步户外运动俱乐部	六安市霍邱县
100	美利达骑迹单车俱乐部	六安市霍邱县
101	途乐户外休闲俱乐部有限公司	六安市霍邱县
102	勇者户外俱乐部	六安市霍邱县
103	智晟户外运动俱乐部有限公司	信阳市鸡公山
104	放飞梦想户外俱乐部	信阳南湾湖风景区
105	猎鹰真人户外运动有限公司	信阳市平桥区
106	自由行单车俱乐部(骑行寿县)	淮南市寿县
107	鱼乐鱼友俱乐部	信阳市新县